U0135117

打開民主國家的媒體枷鎖

——「黨政軍退出媒體」政策的再審思

吳志光　主編

吳 序

按所謂廣電法中規範的「黨政軍條款」，本應係過渡時期的過渡條款。畢竟其是不折不扣民主轉型過程中特殊管制，尚非因應市場開放或產業自由化政策。且其最初仍聚焦於無線電視事業及同樣使用公有無線電頻率的廣播事業，卻在台灣首度政黨輪替時，「一體」延伸至既無「轉型正義」歷史、又自始即以「民營」型態「就地合法」的有線電視系統及其後分開立法規範的衛星廣播電視。

準此，黨政軍條款雖可視為民主轉型過程的一環，但矯枉過正的結果，卻造成沒有黨政軍控制目的的政府相關部門或單位的正常投資行為，也因為該管制條款而遭致受罰。尤有進者，被處罰的業者往往欠缺「可預見性」；甚或該條款淪為惡意投資者的操作工具。甚且在司法實務上亦備受質疑。

而以產業發展的角度觀之，因應「提升多元化」、「因應科技匯流」及「促進通訊傳播健全發展」之通傳法規範設計，一種全面封殺、政府和媒體絕緣的法令，不但不見得防止得了媒體怪獸的脫法行為，亦會撲滅各行各業政府資金所可能引動網路媒體，創新服務的火種。

本論文集匯集了國內近年來關於「黨政軍條款」的學術討論，其共同的結論不約而同地指出「黨政軍條款」應回歸其過渡條款的本質，縱令「黨政軍條款」係國家於民主轉型過程中應採取回復或匡正之措施，以確立憲法保障廣電自由之價值。惟其內容仍須符合法治國原則之要求，即無論何種國家權力之行使，均須合於基本權之保障，及其所蘊含之比例原則、法律明確性及期待可能性等原則等，而為必要的修正。

又，本論文集之出版，實有賴前大法官陳新民教授之策劃，陳新民

教授助理吳律德同學的費心編輯，以及三民書局劉仲傑董事長的協助出版，僅在此一併表達誠摯感謝。

吳志光

（輔仁大學法律學院院長、法律學系特聘教授）

陳　序
事有不得，反求諸己！

　　由陳新民大法官規劃，輔大吳志光院長主編之《打開民主國家之媒體枷鎖——「黨政軍退出媒體」政策再審思》一書，乃匯集國內十一位公法及媒體法領域學者專家之著述，共十二篇宏文，皆一時之選，有機會為之序，至感榮幸！

　　本書內容要約言之，如吳志光等多位學者所強調，現行廣電法中所規範之「黨政軍條款」，本應屬過渡時期之過渡條款，儘管係國家於民主轉型過程中應採取回復或匡正之措施，以確立憲法保障廣電自由之價值所必需。而無論何種國家權力之行使均須合於法治國原則下之基本權之保障，及其所蘊含之比例原則、法律明確性及期待可能性原則等，而為必要之修正云，本書諸作者，就上述意旨，論述嚴謹，理足氣盛，其形成之結論，亦妥當合理，值得讀者及相關機關，再三細讀與深思。期待本書出版後，立法者或能如諸位作者所主張，劍及屨及地廢止或調整黨政軍退出媒體條款之相關修法，以符合法治國原則之要求，則國家幸甚！

　　黨政軍退出媒體條款之修法長期不得其解，或應從另一角度思索，即針對媒體之規範，事關媒體與法治領域，兩者不免牽涉政治，而以媒體、法律與相關領域為專業之專家學者，面對**政治**時，該如何自處？誠如孟子所云，行有不得反求諸己[1]，對此略陳個人淺見如下：

一、媒體須自律

　　如同書中多位作者指出，黨政軍條款之立法背景已改變，當初所欲

---

[1] 見孟子離婁篇：行有不得者，皆反求諸己，其身正而天下歸之。

避免之現象，即廣電媒體不受政黨或政府控制，而今情況毋寧說已倒過來，反而是有些廣電媒體基於其自身利益考慮，主動、積極成為政黨或政府宣傳工具之現象云。則相關從事廣電媒體及學術、實務工作者，該如何應對？大學第一章指出，物有本末，事有終始。知所先後，則近道矣。本末不可倒置，所以正本清源還是媒體人、媒體業者本身自處問題。所謂「本」，如廣播電視法第 1 條所揭，**維護媒體專業自主，保障公眾視聽權益，增進公共利益與福祉**之原則，媒體人應自始堅持而不偏離，不應只為廣電媒體自身利益考慮，而忘本。媒體人、媒體業者須自律！

二、專家不可說謊

　　法律人普遍認為，經由法治國原則之實踐，可以落實正義。法治國原則固然抽象，但經由中外學界實務界之努力，其解釋適用，已有穩定、成熟之概念內涵可以遵循。我國司法院大法官在解釋中亦屢次提到法治國原則，如「法治國原則為憲法之基本原則，首重人民權利之維護、法秩序之安定及信賴保護原則之遵守。」（司法院釋字第 589 號解釋）然法治國原則之具體實踐，需藉由法適用者就相關法令為解釋適用，並採取法釋義學之解釋方法予以落實。傳統法釋義學之解釋方法，主要在探求「法是甚麼」，而與「法應為什麼」須嚴格區分，其依據為權力分立原則。法律人能否恪守此基本原則，是法治國理想能否實現之關鍵。例如，法律人常云經由組織及程序以實現人民基本權利之保護，具體地如廣電法中規定相關**審議委員會**之組成，以審議依廣電法規定或經中央主管機關提請審議之事項。而審議委員會之組成須包含專家學者，但專家必須具專業性、獨立性與公正立場，**並應避免其專業判斷與決定，流於只配合主管機關之政治、經濟或其他政策**，否則，此猶如專家說謊，其對法治社會及憲政秩序之危害，莫此為甚！

三、風俗之厚薄自乎一二人心之所嚮

語云士不可以不弘毅，任重而道遠，尤其是從事自然科學或社會科學研究之專業人員。古今中外，以天下為己任者，亟思以其專業或價值觀，影響執政者或有權者，實非少數。然，誠如宋朝曾鞏（西元 1019-1083）指出：「蓋法者，所以適變也，不必盡同；**道者，所以立本也，不可不一。**」而，戰國時期之遊士，「不知道之可信，而樂於說之易合。其設心注意，偷為一切之計而已。**故論詐之便，而諱其敗；言戰之善，而蔽其患。**其相率而為之者，莫不有利焉，而不勝其害也；有得焉，而不勝其失也。**卒至蘇秦、商鞅、孫臏、吳起、李斯之徒，以亡其身，而諸侯及秦用之者，亦滅其國。**其為世之大禍明矣，而俗猶莫之寤也。」[2]，殷鑑班班，值得吾人警惕！

以上野人獻曝，謹供參考。

陳春生
（司法院前大法官、國立臺北大學名譽教授、
輔仁大學法律學院法律學系講座教授）

2　曾鞏，《戰國策》目錄序。

打開民主國家的媒體枷鎖

「黨政軍退出媒體」政策的再審思

目 次

第一篇

由憲法與法治國原則檢驗「黨政軍退出媒體」規定的合憲性問題[*]

陳新民[**]

* 本文原刊於《中華法學》期刊第 19 期，頁 47，2021 年。
** 司法院前大法官、輔仁大學法律學院榮譽講座教授，德國慕尼黑大學法學博士。

壹、「黨政軍退出媒體」制度的合憲性孳疑的產生

自從 1995 年「臺灣教授協會」提出「黨政軍退出三台」的訴求，導致 2003 年廣電三法規定黨政軍退出媒體的條文，對違反者處以高額的罰鍰外，也可在變更營業內容的換照、延長營業年限等過程，行使否決權。甚且在該三法對於間接投資的解釋，主管機關 NCC 且作出了「一股都不能有」的解釋。再加上該三法對於違規的處罰，竟然不處罰行為人（即黨政軍的投資人），反而處罰被投資人。這種期待被投資不可能完全知道投資者身分的「歸責性」，也引發被處罰者不滿。

針對層出不窮的 NCC 裁罰，後經訴願或行政訴訟程序，法院都以違反比例原則或行政罰規則對象錯誤為由，駁回 NCC 的裁罰決定，而 NCC 也不欲再行上訴，而定讞。如此一再循環的裁罰、訴願起訴、法院撤銷裁罰、NCC 放棄上訴；再一件裁罰、訴願起訴、……，造成業者沒完沒了的被裁罰以及 NCC 與廣電三法的公權力急速淪喪。而 NCC 也多次提出修法，皆因社會與立法院仍有拘泥於 25 年前的老舊思維，無法大破立新，因此終未修法得成。而法治國家設有釋憲機關，便是希望藉助政治中立，以及法學與司法實務有精湛素養的大法官們能夠審時度勢，指出過時不當立法的繆誤，讓我國關涉重要人權，特別是本案涉及的通訊自由與政黨法制，能夠跟得上時代的腳步與社會的發展。因此，為了解決此一長年的錮疾，學界都認為有仰賴大法官的介入，方為最好的解決之道[1]，為此，據聞已有法院停止訴訟提請大法官解釋（例如臺灣臺北地方法院行政訴訟裁定 109 年度簡字第 43 號），相信以大法官的睿智應當可為此關涉我國民主法治發展的重大議題，提出圓滿的解決方案。

---

[1] 黃仁俊，黨政軍條款的再省思廣電法與政黨法之交錯，教育暨資訊科技法學評論，輔仁大學，2021 年 10 月，第 7 期，頁 59。

廣電三法雖然以民營廣播媒體為規範的對象，且其立法理由也洋洋灑灑地揭示「黨政軍完全退出媒體」，但實質上，仍然讓各級政府擁有公營電台（且都為全部公營）以及軍方仍保留公營電台。顯然地，這已經完全牴觸了此「黨政軍完全退出媒體」的崇高旨意。至於軍方仍然擁有媒體的部分，由於其承擔的任務，極為專門與局限性——只針對軍人。只要不涉及到可能干預到政府政策的決定，而有軍人干政之嫌，軍方電台如同其他公營電台，皆可有一定的節目自由的空間[2]。不過軍方究竟不比政府的任務來得複雜，投資民營媒體的必要性與可能性極低，故黨政軍退出民營媒體禁令，幾乎可排除軍方在外。故「黨政軍條款」的實際運用，也形成了「黨政條款」。

由上述的「黨政軍條款」的理想性與實際實施的規範對象及其內容，都產生了「質變」與「量變」的程序，也達到了應當檢驗其合憲性的時刻。

貳、「黨政軍條款」的合憲性檢驗

一、「黨政軍條款」的公益性及其憲法的重要性

（一）「黨政軍條款」並無憲法位階的地位

「黨政軍條款」涉及到對人民通訊自由與言論自由的限制，也對國家新聞與傳播媒體的制度產生了巨大的影響；而對政黨能否經營及投資媒體，更衝擊了政黨宣傳理念，攸關其能否蓄集民意，獲得選民支持來參與國家或地方政治的理想，這更關涉我國是否為健全法治國家的重要因素。再由本條款主要是針對民營媒體公司所設，連帶著可藉由換照或高額罰則的方式來處罰違反此規定的民營業者，嚴重者可藉不予換照的方式使媒體結束營業，更會

2　世界各國也普遍承認對軍方擁有電台媒體來對國民及軍人傳播有關國防的知識、國內外軍事的新聞與發展，甚至為了軍人的內部教育、以及娛樂，都可以量身定作節目。例如美國在全世界各國如有駐軍時，都有頗受年輕人喜歡的美軍電台節目，臺灣亦同。聽美軍電台的熱門音樂，是50年代至70年代臺灣年輕人的時髦嗜好。

造成業者及廣大投資人（在股票上市的公司），造成鉅額的財產損失與眾多從業人員的失業，影響生計。在此涉及到侵犯人民財產權、工作權及生存權。

又以本條款可能侵犯政黨透過投資，與媒體建立正常連繫，限制了政黨可以透過媒體宣揚其政見的權利，進而影響其進入政府、組織政府的機會。這種嚴重影響我國法治國家立國基本所賴的政黨法制，都必須要有堅實的公益基礎方能夠限制之，方符合憲法第 23 條所保障的法律保留原則。

因此廣電三法所實施的禁令，既然侵犯了諸多的人權以及政黨的權利，便可由釋憲機關來衡量其以公益為由侵犯該些權利是否在憲法有立足之餘地。按憲法諸多保障人權的條款中，並不是所有的人權種類，都有同樣的憲法保障之密度，而會依其重要性與否，而享有不同「力道」的憲法保障，這在憲法學與釋憲實務中，早已獲得了公認。大致上，凡牽涉到人民人性尊嚴、身體與人身自由、家庭倫理以及關涉國家法治重要原則，例如國民政治參與等的權利以及財產權（尤其是涉及眾多財產權人者），以及所謂的「制度性保障」，都享有最高度的憲法保障之「力道」。同時就以同一種類的人權而言，也可在不同的適用範圍，也有保障力度的差別。最明顯的例子莫過於在言論自由的保障方面。大法官也早就爰引美國的憲政實務見解，將此權利分為「一般性言論」以及「商業性言論」，而商業性言論則屬於「較低價值的言論」，故享有較寬鬆的合憲審查（釋字 623 號解釋）。

同樣一個涉及財產權的保障方面，也必須要基於公共利益方可對人民的財產權加以限制。然而若涉及到對於人民財產權的剝奪，例如公用徵收，就必須基於更大的公益考量，且無他法可施時，方得許可之。這也是德國自從 1919 年威瑪憲法以來，直至 1949 年現行的基本法，都強調了一般限制人權的「公益」(Öffentliches Interesse) 和許可徵收的「公共福祉」(Gemeinwohl)，用語及概念都有嚴格的分別，故不許可立法者以泛泛的公益考量，就許可行政機關徵收人民的土地[3]。

然而「黨政軍條款」的公益質量何在？首先必須肯定的是：本條款並非

出自於憲法的明文規定，甚至不是屬於可明白或推論出源於憲法理念、而由立法者必須加以形諸條文、形成制度的「憲法委託」(Verfassungsauftrag)[4]，反而純粹是典型的立法政策，也是基於政治理念所完成的立法，也因此廣電三法也被稱為「政治三法」[5]。這由其產生的背景便可一覽無遺：乃是要破除由黨國一體時代所掌握的老三台電視的狀態。且全由當時反對黨的支持者（臺灣教授協會）所提出的訴求。可知其具有濃厚的針對性與政治色彩。因此這種針對性與政治意味濃厚的政治性立法，當然沒有源自憲法位階的公益重要性。故在憲法的位階上，並沒有壓倒性的公共利益之質量。而「黨政軍條款」明白唯一出現的法條，乃是在 2005 年 10 月 25 日才制定的國家通訊傳播委員會組織法第 1 條：「行政院為落實憲法保障之言論自由，謹守黨政軍退出媒體之精神，……」。廣電三法內並沒有明白揭示這種「黨政軍退出媒體」的條文用語。由此可知，這個條款不是規定在一般規範人民的「行為法」，反而是在規定執法機關的「組織法」。易言之，只是規定執行那些法律，擁有那些執法職權的行政機關的組織與權限之法律。

這些「組織法」並沒有規範人民權利義務範圍的「法源」力，所以不能作為規範人民權利義務的法律依據。換言之，沒有獲得規範人民權利的授權；同時也不能作為指導其他行為法，例如「廣電三法」的法源依據。同時如果認真看待這個組織法所謂「謹守黨政軍退出媒體之精神」，NCC 是否要盡力促使目前所有的公營，包括軍方所擁有的廣電機構都要如同「老三台」般的轉為民股乎？可見得「黨政軍條款」乃是欠缺憲法的上位階之概念，純為政治與立法的產物。

3　可參見陳新民，公益徵收的目的，政大法學評論，1986 年 12 月，第 34 期，頁 217–263。
4　翁曉玲，「黨政軍退出媒體」是憲法要求？──從廣電自由制度性保障和本國文化保護談起，教育法學評論，國立臺灣師範大學，2020 年 1 月，第 6 期，頁 81。
5　張永明，黨政退出廣電媒體條款之再檢視，教育法學評論，國立臺灣師範大學，2020 年 1 月，第 6 期，頁 12。

（二）「黨政軍條款」乃是典型的「個案法律」

　　由「黨政軍條款」產生的背景可知，乃 1995 年所萌發，距離我國宣布解除解嚴（1987 年）僅有 7 年之久，當時臺灣正將實施 38 年之久的戒嚴法制逐漸轉為承平時代的法制。而此條款當時的改革目標極為明確——便是「老三台」。的確，當時「老三台」分別受控於臺灣省政府、中國國民黨及國防部（含教育部）。此「老三台」雖有民營企業之名，實為國營事業。如果將此三台全部轉為名符其實的「國營公共電台」，同時完全貫徹廣電學者所理想化的「獨立與專業的公共電台」，是否更能符合本政策推動者的理念？顯然地，本政策推動者當時並不作此想，反而在本制度實施後，仍然有許多政府與軍方經營的公營電台，這些都不被認為牴觸了「黨政軍條款」。這說明了本政策已有「虎頭蛇尾」之嫌。按本制度實施後，乃針對其他民營媒體增加了嚴厲的管制規定，卻讓軍方與各政府擁有的公營媒體繼續存在，但只在廣電三法中限制政府持股。若謂政府經營「老三台」是公權力介入媒體影響媒體的自由獨立運作。那麼全權擁有股份的公營媒體，對媒體自由營運，包括節目製作的內容與方向的影響力，絕對大過僅單純擁有部分股份的股東。因此由政府持股而論，政府完全擁有股份的經營權，是不牴觸「黨政軍條款」原則，但持股、且不負擔經營權，則違反禁令，是否「大惡可行，小惡不行」，不合邏輯之甚？

　　要證明黨政軍條款，產生「量變」的事實，可由 1995 年所提出的「黨政軍退出三台運動」宣言來看。由宣言的名稱以及宣言的第一段文字：「國內的三家無線電視台（台視、中視、華視）多年來不法、不當、不公霸占電視頻道，已是不爭之事實。」可知道當時完全以「老三台」的背景作為改革的對象。然而在後續的 2003 年修正「廣電三法」之過程中，導入了所謂的「黨政軍退出媒體」的政策條款。當年在條文三讀之前，還另作一項附帶決議，用以強調該立法意旨，略以「為使黨政軍勢力徹底退出媒體，以維護新聞自由與民主健全發展，不以任何形式介入媒體經營……，無線電視台釋應由立法

院依政黨比例推薦之代表、社會公正人士及無線電視台員工組成釋股監督委員會，制定並執行釋股之相關事宜。」

　　這時，廣電三法一方面強調秉持「黨政軍勢力徹底退出媒體」的政策，兩年內「老三台」要完成轉換為民股程序，但是也延續此精神將日後所有民營媒體，都不能持有任何黨政軍的股份。換言之，已將「個案」處理「老三台」的精神，完全改成「通案」的性質，這顯示出已經逸出 1995 年提出的「黨政軍退出三台」政策範圍。這種原始根植於糾正所謂「黨國餘孽」——老三台的重藥，可否延伸擴張到無辜的其他民營媒體業者之上？還是在 2003 年廣電三法修法時的「陳倉暗渡」？恐怕不無令人懷疑。這個有明確針對性的立法改革，既然已經指明了修法的對象，便是憲法學上典型的「個案立法」，且個案立法的概念，不局限於整部法律而論，而是以單一的法條為論，這也是基於每一個法條都有產生拘束力也。

　　按基於平等權原則，法律本來只能夠預定日後出現法律規範的具體案例，以及抽象不確定的行為人態樣，不能夠針對目前存在的具體個案，來規範具體的行為人之行為，否則會形成以國家自立針對某些個案的行為人，形成為某些人「量身規範」的法律。例如，不能夠針對某某公司的勞資爭議，制定「某某公司勞資爭議處理法」，這便是德國基本法第 19 條第 1 項所禁止的「個案立法」(Einzellfallgesetz)。在過去的大法官釋憲實務中沒有出現過這種原則與爭議，直到不當黨產釋憲案中，才由原告提起此違憲爭議。大法官在本案做出的釋字第 793 號解釋，坦承該法的確屬於此類型的法律，也提到應當適用此原則。然而卻以立法的正當性，認為可以例外的承認不適用此原則，大法官的說法如下：「按法律固以一般性、抽象性規範為常態，惟如以特定人為規範對象，或以一般抽象性方式描述規範特徵，但實際適用結果，僅單一或少數對象受該法律規範者，均屬特殊類型之法律，如其目的係為追求合憲之重要公共利益，且其所採取之分類與規範目的之達成間，存有一定程度之關聯性，即非憲法所不許（本院釋字第 520 號、第 745 號、第 750 號及第 760

號解釋參照）。」[6]

　　這種將個案法律視為「特殊性質的法律」，固為正確，但理應採取嚴格的審查標準，同時也多半應當朝向違憲的解釋論，否則德國基本法第 19 條不會採用「禁止原則」。但釋字第 793 號解釋卻採取一般平等權審查的「常態審查標準」，而只要「有重要公益考量」便准許此種立法，完全稀釋了「個案法律禁止原則」，在憲法位階上特別保障的重要性[7]。

　　然而個案立法的適用對象，乃指一般人民而言，假如具有國家、地方政府及其他公法人、公務員（屬於公職義務產生的權利義務為限）等，不具有基本人權享有者時，便不能援引此原則，例如「第一屆資深中央民意代表自願退職條例」（1989 年），便是這種例子。

　　而回到「黨政軍條款」適用的對象，其中國民黨屬於「不純粹民間社團」外，其他黨軍機關都屬於國家機關，因此不能以平等權受侵為由，援引「個案法律禁止原則」，但國民黨的屬性，雖然外表為民間社團，但實質上屬於「準國家組織」，這也是德國長年來將政黨定位為準國家組織，才會引發德國各邦認為政黨不能經營媒體的立法根源。

　　國民黨在過去戒嚴時期，的確也分掌了許多國家的任務，例如國民黨陸工會與國家情治機關分擔對大陸的工作，也犧牲了不少人員；各地黨部的社會服務……，也才會有「黨政人員交流、任職」的制度。唯有承認國民黨在戒嚴時代乃是標準的「準國家機關」，才能夠否認其適用「個案法律禁止原則」，來承認國民黨經營媒體，可以比照國家機關來一體規範。

---

6 司法院大法官釋字第 793 號解釋文第 33 段。

7 這種規範已經存在的事實，而不是涉及到已存在預規範的特定對象個案立法外，而是針對某一已發狀態的特別處置法，則屬於「措施法」(Massnahmegesetz) 或是「應變措施法」，且多半是一種補破網式的立法，這種法律在我國過去也不乏其例，最明顯莫如國家總動員法，其第 1 條便開宗明義說明為抗戰所需，才制定此法；其次，再如戰士授田憑據處理條例 (1990)；921 震災重建暫時條例 (2000) 都是這種權宜性質的「措施法」，關於「措施法」的概念，可參見陳新民，行政法學總論新十版，2020 年 7 月，頁 48。

　　但現在我國的各政黨都不是過去黨國時代的國民黨可言，這也是德國聯邦憲法法院所認為的政黨不再是「準國家機關」，立法者不能夠將課予國家機關的義務轉介到政黨之上。既然戒嚴時代的國民黨可運用「準國家機關」來拘束之，現在國民黨及其他政黨便不可適用此原則。

　　既然「黨政軍條款」乃是「個案法律」，其特色也是一次性的規範，當規範的對象「老三台」已經透過法律的方式解決後，本法便失去了效力（當然該法律所課予的權利義務仍會持續），換言之，該法便功成身退不再產生新的權利義務。隨著「老三台」依據廣電三法的制定後，兩年後公股全部退場，本條款已經功成身退矣[8]，1995 年的宣言已完全達到目的。

　　倘若立法者再有意要重新整建我國的廣電秩序，就必須就政府投資民營媒體的上限、公營媒體的獨立性、以及政黨參與媒體的界線，全盤重新考慮。換言之，2003 年的廣電三法，卻未注意到三台一旦兩年後轉為民股後，個案立法的目的已達成，該條文具備的「個案法律」性質，已完成了立法目的，不能夠將此立法意旨通盤轉為「通案法律」，管制媒體的對象已經由三家擴充到全國各民營媒體事業。故必須重新立法不可。

　　這種受規範對象的改變，也表示受規範者權利義務的屬性完全不同，牽涉的國民更多，也因此產生了「受規範對象的量變」。而規範的範圍，由1995 年單純的只是「公股換民股」，但卻演變為繼續許可公營電台的成立，完全放鬆了政府與軍方公營媒體的管制，反而集中火力強加在民營媒體的管制之上，使得當年的理想，例如──2003 年廣電三法立法例所期待的：「為使黨政軍勢力徹底退出媒體，以維護新聞自由與民主健全發展，不以任何形式介入媒體經營」形同具文。廣電三法既不能保障媒體免於政府不當干涉的「宣言」的美意，反而淪為政府侵犯我國所有民營媒體事業編輯自由（釋字

---

[8] 此過程可參閱何吉森，立法者對黨政軍退出媒體的形成自由界限──再思黨政與媒體應有之距離，教育暨資訊科技法學評論，輔仁大學，2021 年 10 月，第 7 期，頁 5 以下。

第 364 號解釋）以及財產權、營業權的違憲之虞，豈非背離了 1995 年的「宣言」的理念乎？

二、比例原則的檢驗

廣電三法制定時忽視了當時只要達成處理了「老三台」退股的任務，就必須透過修法重新規範日後廣電秩序，明白界定政府或政黨（當然最好是在政黨法內規範），介入民營媒體經營的界線。最明顯是投資的許可與界線問題。然而廣電三法卻創新了將規範矛頭指向所有民營媒體，同時稟承的高度的理想——黨政完全退出民營媒體，規定了「不得直接或間接投資媒體」的條款。而所謂的「間接」概念如何，在立法過程，並沒有經過慎密的考量[9]，特別是在數位匯流的時代[10]，許多媒體的所有權是跨產業別的，以及資本市場是流動的，許多媒體的經營者資金來源多元化，加上投資目的乃在營利並非掌控或影響媒體，且政府擁有的公基金也會作策略性與營利性的投資許多產業[11]。且政府資金的投資對象也不受民意機關的指揮，故頗有自由度，因此所謂的間接投資是否應有一定的限制，例如幾層的間接投資才應視同「直接投資」，而有規範的必要性？在立法過程都沒有經過詳細的討論，留給主管機關認定此概念時有一個明確的依據。

在母法對於間接投資概念的不明確規定下，負責執行此條款的主管機關

9　雖然有線廣播電視法第 9 條第 4 項規定：「外國人直接及間接持有系統經營者之股份，合計應低於該系統經營者已發行股份總數百分之六十，外國人直接持有者，以法人為限，且合計應低於該系統經營者已發行股份總數百分之二十。」第 5 項規定：「前項所定間接持股之計算方式，依本國法人占系統經營者之持股比例乘以外國人占該本國法人之持股或出資額比例計算之。」然而這只是對持有人為外國人的持份上限規定，但究竟何謂「間接投資」的概念以及多少層次的轉投資，才屬間接投資，卻完全沒有規定。雖然在實務中有認為應當只限於間接投資的第一層為限，以配合直接投資的概念，但未被主管機關採納（臺北高等行政法院 101 年字第 206 號判決）。

10　谷玲玲，「黨政軍條款」何去何從？檢視數位匯流時代的傳播管制，教育暨資訊科技法學評論，輔仁大學，2021 年 10 月，第 7 期，頁 33。

11　彭芸，匯流時代的電視產業及觀眾，2004 年，五南，頁 9。

NCC 行使解釋權時，本應享有一定的裁量權限。但主管機關卻採納採取不具體界分間接投資的層次，反而毫無選擇的採納最嚴格的「完全不准有一股」的解釋。此在 2005 年 12 月 26 日之後，行政機關（國家通訊傳播委員會）在黨政軍條款的解釋適用上，所謂的「黨政工作人員」的定義（廣播電視法施行細則第 3 條至第 5 條、衛星廣播電視法施行細則第 3 條、有線廣播電視法施行細則第 5 條至第 7 條）做出解釋外，也對「不得直接、間接投資」的條文文字解釋為完全「一股都不能有」的法律解釋。顯然是將 2003 年廣電三法立法理由的「黨政軍完全退出媒體」的精神發揮到淋漓盡致。同時對違反者可處以高額的罰鍰[12]，且可連續處罰。這種陳義過高的禁制條款，完全脫離了民營媒體的資本構成之現實。由於現代媒體的設備、營業成本，特別是衛星電視及網路頻道等的線路裝置維修、國內外節目版權的費用……，都需要龐大的資金，且多為股票上市公司，股東的來源繁多且隨著股市活絡，股東組成極為機動。如此一來，只要黨政軍人員由股市購得些微股票，便可能使民營媒體連帶受罰，甚至換照的程序都會受到阻礙[13]。

　　故極為明顯的，「黨政軍條款」實施後，形成最極端的案例：只要擁有一股，對於媒體的自由運作、毫無黨政軍之力影響媒體運作與節目內容之危險性存在，便會遭到廣電三法的嚴苛處罰，這明顯屬於濫用廣電三法的公益考量。這在獲得公益與民營媒體利益的損失平衡上，顯然嚴重失調，其違反憲法及大法官歷年來最重視的比例原則，已經是昭然若揭。更何況還有產生「惡

---

[12] 衛星廣播電視事業、境外衛星廣播電視事業或他類頻道節目供應事業，則分別將依照有線廣播電視法第 58 條第 2 項、衛星廣播電視法第 50 條以及廣播電視法第 44 條之 2「處新臺幣二十萬元以上二百萬元以下罰鍰，並令其限期改正；屆期不改正者，得按次處罰，或廢止其經營許可並註銷其執照。」，至於民營廣播、電視事業則是依照廣播電視法第 44 條之 2，「處新臺幣二十萬元以上二百萬元以下罰鍰，並令其限期改正，屆期不改正者，得按次處罰。」

[13] 臺北高等行政法院 108 年訴字第 99 號判決理由，便有類似的見解：「……，且黨政軍投資條款旨在禁止黨政軍以任何形式投資媒體，以防止介入媒體經營，惟因有價證券公開市場交易之不確定性，將致原告隨時可能因違反黨政軍投資條款而遭廢止原處分，並非黨政軍投資條款法規範之本旨。故系爭附款之履行於原告顯不具期待可能性，且非合理、可能而確定可行。」

意運用黨政軍條款」一股都不能有的禁令來運用在杯葛競爭對手的利器。最典型的案子是在臺灣臺北地方法院 107 年度簡字第 261 號判決。這是在競購媒體的過程中，某一方動用地方議員，買入對方股票一張，使該競爭對手之公司便牴觸了「黨政軍條款」，而喪失競標資格，這便是 2017 年 5 月普受社會重視的「以一張股票擋 111 億交易的案件[14]」。這兩邊利益的衡量，天枰未免傾斜太甚？

　　為此臺灣臺北地方法院 107 年度簡字第 261 號判決：「原處分主張原告受屏東縣議員宋麗華間接投資，違反有線廣播電視法第 10 條第 2 項規定，基於國家通訊傳播委員會組織法第 1 條謹守黨政軍退出媒體之精神及有線廣播電視法一體適用於所有有線廣播電視事業，無排除適用之理由云云，顯然逾越有線廣播電視法第 12 條第 1 項、第 58 條第 2 項法律規範範圍，而違法擴張解釋適用有線廣播電視法第 10 條第 2 項、第 12 條第 1 項及第 58 條第 2 項規定，致使本不負有防免其接受黨政軍投資之作為義務，且客觀上亦難以履行該作為義務原告之『系統經營者』，擔負起非法定且難以期待其履行之作為義務，核自有違法。」這個判決的見解亦值贊同。

　　這種行政機關對於間接持有的認定，本應本於適用對象的特性——資本市場的多元性與複雜性——仔細衡量間接投資的目的性，究係單純投資，亦或有掌控媒體之嫌；以及投資的多寡能否造成具體的影響，界定出一定層次的轉投資或持股的上限，方符合對人民權利侵害最小的比例原則，反而是一律不準且帶有高額罰鍰，這乃典型的裁罰權行使牴觸比例原則，立即在眾多的行政訴訟中，獲得了承審法院的肯定[15]。

---

14 上報，【內幕】一張股票卡東森百億交易　台中地院駁回台數科假處分，2017 年 5 月 11 日，
　　https://www.upmedia.mg/news_info.php?SerialNo=16324。
15 眾多的行政法院訴訟案例可參見黃仁俊，黨政軍條款的再省思廣電法與政黨法之交錯，教育暨資訊
　　科技法學評論，輔仁大學，2020 年 11 月，第 6 期，頁 48；黃仁俊，黨政軍退出媒體條款之合憲性
　　檢驗——簡評臺北高等行政法院 108 年訴字第 99 號判決，教育暨資訊科技法學評論，輔仁大學，
　　2021 年 10 月，第 7 期，頁 72 以下；以及何吉森，立法者對黨政軍退出媒體的形成自由界限——再

　　這種情形，也同樣地發生在德國聯邦憲法法院的見解之上。德國聯邦憲法法院 2008 年作出了第 13 次廣電判決。本案源於德國黑森邦的修正邦媒體法規定政黨不能經營媒體，同時對媒體的投資只能有一定的上限（百分之五），是否違憲引起的爭議。憲法法院的判決認為：如果政黨的執股沒有達到具體違反媒體的節目與支配程度，而僵硬的認為只要有政黨的股份，即使是些微的股份且完全不會干涉到媒體的運作，一概不准予發照許可，將會迫使政黨出售不重要的持股，這對政黨與媒體，都是過度的侵害，因此是違反了比例原則[16]。這種對於我國主管機關認定的，「一股都不能有」的僵硬見解，德國聯邦憲法法院已經提供了最好的解答。

　　這種一律從嚴的立法方式以及毫不給法官在審理個案時擁有一定的判斷空間，從而審查主管機關有無採行最和緩，以及侵犯人民權利程度最輕的行政措施，以符合「必要性原則」之可能性，反而一律嚴格處置，且此未必符合法規所要達成的公益。例如臺北高等行政法院 104 年訴字第 234 號判決，法官在理由書便認為在此毫無選擇的法規禁令下，即使 NCC 也「毫無裁量空間」，可見得這個禁令如同緊箍咒般的束縛了主管機關 NCC 以及所有法院法官。

　　早在 1998 年的釋字第 445 號解釋，大法官也針對集遊法當時「一律需事前申報集會遊行」的立法，沒有斟酌到「突發性」的集會遊行，而一律嚴格的採行事前許可制，乃違反比例原則而宣告違憲。同樣地，大法官也在最近 108 年所做出的釋字第 786 號解釋，針對違背公職人員利益衝突迴避法，可處新臺幣 100 萬元以上 500 萬元以下罰鍰。這種一律從重處罰的立法，大法官認為：「……，惟立法者未衡酌違規情節輕微之情形，一律處以 100 萬元以上之罰鍰，可能造成個案處罰顯然過苛而有情輕法重之情形，不符責罰相當

思黨政與媒體應有之距離，教育暨資訊科技法學評論，輔仁大學，2021 年 10 月，第 7 期，頁 8。
16　BVerfGE 121, 30, 64 FF.

原則，於此範圍內，牴觸憲法第 23 條比例原則，與憲法第 15 條保障人民財產權之意旨有違。」[17]

這兩件「一律……」的禁止立法都遭到了大法官宣告牴觸比例原則而違憲，如本於大法官解釋也一貫存在「體系正義——即相同的違憲案例，也應導出一致的違憲判斷」，也可印證了廣電三法「一股都不能有」的違憲性。

三、法律明確性原則

作為法治國重要的法律明確性原則，主要在維持法律的安定性，讓人民由法律的條文可知悉自己行動可能的法律後果，這也是使法律產生信賴感的重要原則。在立法的技巧上，立法者雖然不免要使用不確定法律概念，但是不論如何要使規範的對象了解規範的具體內容。大法官在釋字第 432 號解釋提出的審查三原則，已成為大法官釋憲實務上最常使用的模式。此三原則為：(1)法條文字非難以理解 (Unmissverständlichkeit)；(2)受規範者所得預見 (Vorsehbarkeit)，及(3)可司法審查 (Justiziabilität)。這也是德國聯邦憲法法院與學界長年來的見解而為大法官所採納，現已成為國內的通說。

就以大法官近年來在釋字第 777 號解釋，便是以「肇事逃逸」的定義不夠明確，不能夠涵括「非因故意過失而肇事逃逸者」，因此不符合可預見性原則而宣告違憲。這號解釋闡明了母法應當盡量對肇事逃逸的構成要件加以明確的規定。否則便有違憲之虞。

條文內容必須達到不難以理解的程度，這在廣電三法的間接投資，便產生了問題。到底達到第幾層次才屬於間接投資，而不致於牴觸比例原則？難

---

[17] 這個利益迴避法高度罰之不合理性，筆者深有同感。猶記得約 15 年前左右，筆者仍擔任監察院訴願委員會委員，負責此法的裁罰訴願，其中有一案例乃離島鄉長公費訂便當一批給同仁聚餐，結果向親人經營的便當店訂貨，致被處罰百萬元。該被罰人訴稱該地區偏遠，只有兩家可提供該數量之便當，但另外一家口碑甚差，不得不選擇親戚的便當店，同時便當費極低（印象所及才五萬上下），但卻被處罰到百萬之鉅，實難以負擔（以離島的生活水準而言的確是筆鉅額），這種處罰實難以令人信服。

道連擁有一股都屬於間接投資以及轉投達七層次後仍屬間接投資？由本條文公布後所有的業者都可以了然於心乎？顯見第一個要件，即未符合；而第二個要件的受規範者的可預見性要件而言，當然也如同上個要件的欠缺一樣，能得到否定的答案。至於第三個可司法審查性而言，乃是在具體個案產生的爭議時，法院能夠審查並界定出此模糊規範的具體內容與涵意。然而由本條款引發出數十件的訴訟且幾乎全部由法院認定系爭規定違反比例原則，以及課予人民不可期待的防範義務，以及質疑到底間接投資應到何層次的轉投資為限，顯然「可司法審查性」的要件都不能夠滿足。

雖然，學界也知道以立法技術、立法時間的急迫以及立法者的法政知識，有時候不能夠在母法中非常具體與明確的將範圍與定義規範出來，但立法者可以採取兩途：第一種是如同德國著名的學者 R. Schmidt 所稱：「大致推論可能會構成法律的規範對象」即足，亦即「盡可能明確」(möglichst hinreichende Bestimmtheit)[18]。但廣電三法對間接投資的定義，完全在立法過程沒有加以明確的規定，顯然是立法錯誤的例子，而第二種方法是透過行政機關為行使職權，透過訂定子法的方式來對子法的規定加以釐清，例如對於母法（有線廣播電視法）第 10 條的「選任公職人員」的範圍為何？按我國當時選任公職人員總共有 1 萬 3 千人，其中里長和鄉（鎮）民代表會有一萬一千多人。這些里長或鄉鎮民代表包不包括在內，後來在主管機關的子法（有線廣播電視法施行細則）第 7 條第 4 款便指「本法所稱選任公職人員，指下列人員：……四、直轄市及縣（市）民意機關民意代表。」從而這些鄉鎮民代表與里長便不包括在內。

因此對比可知，同樣源自於母法不清楚概念的間接投資與選任公職人員的規定，主管機關對於前者不以子法來詳細界定，後者卻有明確的規範之，不能認為主管機關這種差別待遇，有履行法律明確性規定的義務[19]。

---

[18] R. Schmidt, Allgemeines Verwaltungsrecht, Rdnr. 607. 12 Auf, 2008.

四、平等原則的檢驗

　　縱不論當年政府舉出 1995 年黨政軍退出三台所高舉的媒體完全不受此三種勢力的干涉，從而 2003 年廣電三法也揭櫫黨政軍撤底離開媒體的崇高理念，反而讓公營電台繼續存在，且節目也頗多與民營電台重疊，分刮一部分市場，形成與民爭利的情形，便有造成不公平競爭的情形。

　　而此條款也造成其他侵犯平等權之虞，最明顯的例子莫過於中華電信MOD 案件。作為我國電信業的龍頭，交通部持有 35.29% 的股份。中華電信如果涉及經營或投資媒體，理應受到「黨政軍條款」的限制。而由 2004 年開始，中華電信開始經營網路通訊協定影音服務市場 (IPTV)，提供以數據傳輸為基礎之視聽內容服務，也就是中華電信 MOD。如此一來可以利用其已有電信網路及用戶，進軍影音內容服務市場，提供影音節目給觀眾。因此其營業已與其他有線廣播電視系統經營者無異。但是卻透過主管機關的認定：NCC 以政府鼓勵 MOD 的創新服務與新技術發展為由，因此認為中華電信的MOD 並不屬於有線廣播電視系統，亦非媒體，因此其應適用電信管理法，而非廣電三法來規範之，同時也非 NCC 組織法所賦予的主管機關權限[20]。

　　這種差別的待遇，顯然地造成了中華電信與眾多民營有線電視台的競爭，而前者官股占了三分之一以上，其影響力不言可喻；反之必須自謀其力的民營電台，既不能夠由政府獲得資金的挹注[21]，反而在活動的資本市場募的資金，即使只有九牛一毛的股份，也會獲得極度不利的懲罰，就財務的角度而

19　同樣地，廣電三法對於公職人員不得投資媒體的禁令，而同時在同一條文有規定其配偶與親近親屬不得持股超過百分之一，為何同一條文前後會有明確程度不一的規定，顯示立法的錯誤與疏失。

20　何吉森，立法者對黨政軍退出媒體的形成自由界限——再思黨政與媒體應有之距離，教育暨資訊科技法學評論，輔仁大學，2021 年 10 月，第 7 期，頁 8。

21　實務上也發生了，某大且重要的企業，國家為了穩定其經營，會動用公有基金投資其股票，維持其財政的穩定。這是具有重大的公共利益考量。然而若該企業或其子公司、孫公司有投資某一媒體，不論是為了廣告或業務行銷方便所為的投資性轉投資，只要有一股，便會造成該企業牴觸「黨政軍條款」。

言，私營公司與中華電信便形成了競爭的不利益。對於私營媒體的財產權與營業自由，競爭自由的侵犯，也是極為明確不過。

五、行政罰的基本原則——裁罰的有責性原則

媒體牴觸黨政軍三法所遭到的處罰不論是高額的罰鍰或者是在換照等所為的不利行政處分，都是屬於行政罰的概念，而行政罰既然是屬於對於過去違法事實的處罰，因此必須強調行為人對於行政義務的違反必須要具有有責性。因此我國行政罰法第 7 條明白規定行政罰必須基於故意或過失者方可處罰之。這也是法治國家基於「自我行為負責的原則」。也就是「無責任無刑罰」的法諺。為此大法官在釋字第 687 號解釋也認為：「無責任無處罰，乃是憲法的原則」（同見釋字第 275、667 號解釋）。

的確，這種行政罰也採納了源自於刑罰的有責論，乃是本於人性尊嚴及比例原則，才由刑法原則遞升到憲法原則[22]。這種有責性的立論，乃是「期待可能論」的代名詞。行政處罰的合法性，必以義務人明白了解義務所在，從而可採取一切方法來履行行政義務，排除牴觸行政義務而受罰的可能性。因此必須：受規範人有了解觸法情形之可能性；採取防範措施的可能性。由此有兩種可能而不為，方屬於行政義務的違反而應受罰。

而在本條款造成甚多的間接投資之情形，媒體根本無從得知現階段有多少「一張股票」的股東是來自於數千名公職人員之手。這便是媒體無期待可能性的了解已有公職人員買其股票。因此可參見臺北高等行政法院 108 年訴字第 1744 號判決，這是臺北市政府透過七層次的間接投資而被控告牴觸「黨政軍條款」，而在換照時被賦予三年內應改善的附款而通過。這種長達七層次的轉投資，亦屬違法的規定，實難苛求業者能以得知，法院也認為這種附款

---

[22] 可參見陳新民，法治國原則與有責性原則——兼論連坐制度的合憲性問題，刊載於法務部廖正豪前部長七秩華誕祝壽論文集，刑罰卷，2016 年，頁 245 以下。

的課予及履行對原告都是不具期待可能性，因此認為附款與原處分（換照許可）之間未具備正當合理的關聯，而撤銷附款。

再如防止違反行政義務的可能性方面，在股票大眾化的股票市場交易中，被投資的公司無從了解那些是官股的股東，也無法阻止類似公職人員購買其股票；同時也有發生案例，例如被投資公司要求原有的官股退股（例如要求上述七層轉投資的臺北市政府退股，而臺北市政府不准），都是期待被投資者免除違反行政義務的不可能之案例。

而無獨有偶，德國聯邦憲法法院也在上述的 2008 年第 13 次廣電判決中，同樣地提到被投資媒體的無辜。德國聯邦憲法法院認為：「媒體實在是無法得知那些『隱藏性』或『沉默性』的股東是否為政黨擁有，因此苛責這些媒體要察覺與檢查有無政黨的投資是極為強人所難的。[23]」

另外行政罰既然是處罰義務的違反者，在違反本條款時，竟然不處罰投資人，反而處罰被其投資者。就以公開上市的媒體公司或其上級的投資公司而言，既然任何人都可以購買該公司的股票，且被投資者無從拒絕之可能，反而造成其要為行為的第三人承擔其法律責任的後果。這也明顯牴觸了歸責原則。更有甚者在所謂的「惡意購買一張股票」的情形，懷有迫害意圖的故意行為人，卻反而要由被害人承擔惡果，這種期待不可能的制度已經完全牴觸了行政罰的正當性與合法性。

其實這些存在的不合理現象早為主管機關所知悉。例如早在 2006 年 2 月 NCC 成立後，邀請相關業者座談已經在 5 月中作出了決定，認為「現行廣電三法有關黨政軍退出媒體相關條文，其違法責任歸屬於媒體，而非股東，似不盡合理；於相關法制作業未臻完善前，……發文函告目前黨政軍仍持有股份之各相關廣電媒體依法改正。給予 6 個月之改正期限，逾期未改正者，將視違規情節依法進行核處。如違規情節重大者，不排除依法撤銷許可。未來

---

[23] BVerfGE 121, 30, 64.

本會並將透過換照審查程序，將各廣電媒體是否有違反黨政軍退出媒體規定情事及其改善情形，作為准否換照重要依據。」[24]，可見得裁罰的不公違反有責性，早已為主管機關所洞悉，主管機關幾乎一行使職權就知道此制度的不合理。

　　而更露骨的是在 2018 年提出的「匯流時代傳播政策諮詢文件」之中，其對於「黨政軍條款」提出了如下說法：「現行的黨政軍條款的問題。首先是歸責對象不合理，違規投資者為政黨與政府機關（構），被處罰者卻是廣電事業，另外，在間接投資的情況，已發生投資者投資時不知違反規定，廣電事業也不知被間接投資因而違反規定的不合理情形；而對透過直接投資及間接投資以外之其他方式控制廣電事業者，卻漏未規範。在『一股都不能有』的嚴格規定下，造成許多無實質控制力的間接投資受到限制，影響廣電事業的正常營運發展，並干擾證券交易市場的買賣機制。關於本會過往的執法狀況，也未獲行政院訴願會及行政法院認可，裁處案件多數遭撤銷決定或被駁回。再者，政黨的經營及投資行為，依 2017 年 12 月新修正的政黨法，已受限制。基此，關於黨政軍條款的調整方向，舉凡改易處罰的對象、改採『實質控制理論』、縮減納管的廣電事業類型、於一定條件下放寬政府投資與經營的限制等，都需要充分討論並獲得國人的共識[25]」。

　　接著在 2020 年 2 月同樣地提出傳播政策白皮書，在此一白皮書之中，國家通訊傳播委員會對於黨政軍條款提出了如下的政策方向：「本會將以五大方向、朝全面性調整『黨政軍條款』規範模式為規劃策略，以利視聽傳播產業之正常化經營：

　　1.限制政府、其捐助成立之財團法人及其受託人經營媒體。

　　2.政府投資部分回歸《預算法》規定。

---

[24] 何吉森，立法者對黨政軍退出媒體的形成自由界限——再思黨政與媒體應有之距離，教育暨資訊科技法學評論，輔仁大學，2021 年 10 月，第 7 期，頁 7。

[25] 國家通訊傳播委員會，「匯流時代傳播政策諮詢文件」，107 年 8 月，頁 8 註 2。

3.政黨部分依《政黨法》規定，禁止投資或經營媒體，廣電三法則規範改正義務。

4.明確定義政黨黨務人員、政務人員及選任公職人員。

5.修正歸責對象，以使責任與處罰相符。[26]」

　　所以 NCC 打從成立之初迄今，都明白知道黨政軍條款歸責制度的荒謬性與不可行性，但卻可任之實施長達 16 年之久，卻又未能將之視為急迫修法之要事，任諸諸多民營媒體淪入處罰、申訴、訴訟、駁回、撤銷原處分……的「精神修羅場」，主管機關 NCC 豈非有「行政怠惰」之嫌？

　　在許多行政法院的判決中都一再指稱這種歸責易位的不合理性，也一再認定依據行政罰的基本原則，應當是以違反行政義務的為前提，這已經是幾乎所有涉及此些訴訟與訴願共同指摘之處[27]。

六、政黨的通訊自由權及營業權

（一）政黨屬性的判斷

　　德國的通訊法制也有若干與我國黨政軍條款類似之處，便是政黨不得經營廣播與電視媒體。按德國採聯邦制，涉及政黨的體制，乃是聯邦事務，由聯邦立法。故德國早已制定政黨法。將政黨的權利義務仔細規範。而廣播電視法等，則為地方事務，由各邦自行立法。由此一來，政黨能否經營或投資廣電產業，便可能透過國家聯邦立法的政黨法，或各邦自行經由廣電法來規範的兩重規範制。如果聯邦立法者有積極管制政黨廣播通訊權，則可在政黨法內明確規定（當然要經過嚴格的檢驗是否侵犯到政黨通訊基本權的合憲依據）。如此各邦便需一體遵循。反之若政黨法不欲對此規範，便留有各邦自行

---

26 國家通訊傳播委員會，傳播政策白皮書，107 年 8 月，頁 106；參見黃仁俊，黨政軍條款的再省思廣電法與政黨法之交錯，教育暨資訊科技法學評論，輔仁大學，2021 年 10 月，第 7 期，頁 54。

27 眾多的案例可參見張永明，黨政退出廣電媒體條款之再檢視，教育法學評論，國立臺灣師範大學，2020 年 11 月，第 6 期，註 13、14。

發揮，形同「一國數制」的現象。可惜的是德國的現狀便是採取後者的立法例。

按德國政黨法對於政黨能否經營廣播媒體，並沒有明白禁止的規定，而只是採納資訊公開的原則，在政黨法第 24 條第 6 項的規定，政黨必須公布其直接或間接投資媒體的細節，包括投資對象、贊助產品、持股比例，以及對投資者的重大資訊，例如資本額與年度結算等。這些政黨（在國會有席位者）與媒體的投資關係也會公告在每年眾議會的公報上；而在地方，例如邦議會者亦同。

然而在各邦的情形，則普遍透過邦的廣電法，大多採納禁止政黨經營廣播電視業，同時對於政黨投資與持有廣電產業都有限制的規定，各邦准許政黨投資，不論是直接或間接投資，例如巴伐利亞邦則以投資總額不超過被投資的百分之五，其他的邦，例如巴登‧符騰堡邦，則以百分之二點五作為投資上限等，這種由邦自行立法，便會使各邦政黨投資媒體的制度五花八門。雖然各邦可以透過同一政黨執政的優勢，成立邦際同盟的政黨媒體政策，但是終究沒有如政黨法來統一規定為宜[28]。德國政府與國會未嘗沒有進行修正政黨法、統一規範此一混亂的法制（例如 2001 年、2004 年兩度提起修法），但皆未成功。德國學術界也普遍認為此制度既然牽涉到政黨的通訊基本權，以及涉及政黨的聲量及民間對政黨的時事見解與理念，更有凝聚選票的積極功能，自應當在政黨法內明確規定，而非任由各邦的通訊法來限制之。

考察德國各邦一面倒的禁止政黨經營廣播媒體，除了是基於廣播電訊的頻道有限，國家必須統一規範與採取特許制外，還有基於過去納粹政黨管控媒體慘痛經驗。德國在 1933 年納粹黨執政前，政黨林立。各政黨都擁有平面媒體作為宣揚政見，以及攻擊其他政黨之用。而納粹黨的黨報「國民觀察家」

28　林家暘，絕對禁止政黨媒體持股規範之正當性——以德國相關法律見解為起點，教育法學評論，2020 年 11 月，第 6 期，頁 30。

(Volksbeobachter)，更是其中翹楚。待納粹政權成立後，戈培爾 (Josef Gobbel) 主掌的宣傳部，更是將全國媒體收納旗下。終納粹執政期間媒體成為政府的傳聲筒。媒體應當作為民眾的喉舌以及監督政府的利器，已完全被剝奪。故基本法實施後，德國對於政府掌控媒體的餘悸猶存，因此各邦都只維持政黨「傳統的宣傳工具」——即平面媒體，特別是雜誌等文宣，並認為這是政黨宣傳必備的工具。

這種德國歷史上黨國一體的法制以及將媒體作為政府宣傳、並剝奪媒體成為監督政府功能的情形，正可以印證出 1995 年臺灣教授協會所掀起的黨政軍退出媒體的時代背景，此「老三台」所扮演的角色以及受到當時新聞局嚴密的掌握，可知道兩者都有類似的背景。

但隨著德國一樣有多媒體與自媒體的產生後，電視台的影響力已經大不如前，德國各政黨也朝網路宣傳的方式，而不再透過民營廣播媒體為媒介。因此政黨經營廣電媒體的禁令已經不再受到重視，學界也頗多認為刪除此制為宜。

（二）德國學界對基本法下的政黨屬性乃「準國家制」的認定

德國各邦之所以對政黨與媒體間的關係，保持如此的不友善態度，其實並非每個政黨，尤其是地方政府的執政黨，都未必心悅誠服地願意受到如此嚴格的限制，尤其是政黨如能獲得媒體的支持，就廣告費用的支出，便是政黨每年最大的財政負擔。因此政黨如能經營或成為某媒體的大股東對各政黨都是利多。但國民普遍地希望國家能夠遠離媒體，讓媒體享有充分的言論與通訊自由，也因此在媒體應當盡可能排除國家干涉的所謂「國家遠離媒體」(Staatsfern) 的憲法原則下，德國也將政黨視為「準國家」的體制。

德國的政黨不似我國憲法對於政黨沒有特別的規定，只在憲法第 138、139 條規定軍隊與政黨的關係以及政黨不得利用軍隊作為政爭的工具。由此可導出軍隊中立的法制（包括可以限制軍人參加政黨職務等禁令，軍人法第 6 條）。至於政黨的組織及其功能，長久以來也只不過視為人民團體，即政治

團體，故政黨法也不過是人民團體法的特別立法罷了。

　　反觀德國，則在憲法第 21 條第 1 項明白規定政黨應參與人民政見之形成。政黨得自由組成。其內部組織須符合民主原則。政黨應公開說明其經費與財產之來源與使用。因此德國的政黨法制，被德國學界普遍認為這是立法者負有的「憲法委託」，而且是一種「制度性保障」，國家的立法制度必須讓政黨能夠充分地承擔憲法所賦予的角色。將政黨提升到類似國家應當要建置妥善的婚姻制度、私有財產權運作與保障的法律與司法制度、宗教自由以及大學自治及學術自由等的「制度性保障」，可見得政黨非同於一般的人民團體，乃是實踐人民的結社自由而已，而是提升到憲法位階的人民團體，政黨不僅是公法人，同時也擁有基本人權，可以對抗國家不當的干涉與侵犯。

　　儘管基本法將政黨的受保護性及重要性提升到如此高的位階，但是對於政黨擁有廣電媒體的禁忌，還有如此之深，乃是學界與釋憲機關常年來認為政黨是立於「準國家」的地位，特別是執政黨，舉凡執政黨的政見也會形成國家的政見，在此形成類似黨國一體的現象。執政黨容易透過國家之力來限制與剝奪其他媒體監督國家與執政黨的功能。雖然德國學界也經過許多的討論，認為政黨即使是執政黨終究沒有公權力，也不能以「國家遠離媒體」的原則來拘束之，政黨究竟與國家有別，這才是德國基本所樹立的體制。只要國家嚴格實施「國家遠離媒體」的原則，國家之手不深入其他媒體，便可以透過媒體多元化的運作來制衡執政黨與政府，不會形成一言堂的結果。

（三）我國政黨的地位及其營業權的限制

　　我國政黨既然屬於人民團體法規範的政治團體（第 45 條），而政黨法為人團法的特別法，故政黨為人民團體之一，沒有享受到憲法的特殊保障機制，甚至比人團法有更苛刻的規定，例如人民團體法最重要的運作依據，莫非財務的來源。人團法且授予一般人民團體有經營事業的權限（第 33 條第 1 項第 3 款），即事業費的收入。

　　反觀政黨法卻完全剝奪了政黨最可能的主要財政來源。依政黨法第 19 條

規定：「政黨之經費及收入，其來源如下：一、黨費。二、依法收受之政治獻金。三、政黨補助金。四、政黨為宣揚理念或從事活動宣傳所為之出版品、宣傳品銷售或其權利授與、讓與所得之收入。五、其他依本法規定所得之收入。六、由前五款經費及收入所生之孳息。」這種限定政黨只有這六種的收入，並不足以提供政黨，特別是新興小政黨的黨務運作，這些多半（除了第4款外）都是仰賴他人鼻息的收入，特別是要依賴政府給予的政黨補助金，更會侵犯政黨相對於執政黨應具有的獨立性與監督批判性地位。

　　而且政黨法更明確的剝奪政黨自力更生經營營利事業來以孳息，提供黨務運作的經費。例如政黨法第 23 條規定：「政黨不得經營或投資營利事業，並不得從事第十九條第四款規定以外之營利行為」，甚至在第 24 條規定：「政黨不得購置不動產。但供辦公使用之處所，不在此限。」

　　政黨法此三條規定，明白侵犯了政黨的財產權（包括經營權及財產標的的擁有），因此是否過度侵犯政黨作為法人，也是享有基本權利，恐係涉及違憲性的問題[29]。因此凡是涉及政黨的權利範圍應當要以憲法對政黨制度的高度來仔細衡量公權力介入的尺度，尤其執政政府必須輪替，才能彰顯憲法民主法治國的原則，執政黨不能藉故打壓將來會取而代之的反對黨，因此政黨必須擁有充沛的活動力及財政自主性。故政黨法應當作為規範政黨法制的準據法，這也是德國近年來的主流理論，認為關於政黨投資媒體的規範應當回歸到全國一致的政黨法來規範為宜。反觀我國政黨法制定在 2017 年，而廣電三法則早於 2003 年已制定。而政黨法制定時，「黨政軍條款」已經實施十四年，弊象叢生，政黨法制定時理應一併修正，以嶄新的面目出現，然而卻仍保殘守缺，制定出因循舊制且更限縮政黨財政生機的條款，乃立法技巧的一大敗筆。

---

[29] 按憲法及行政法原理，公法人原則上不類似人民，是具有基本人權的擁有者地位。然而只有少數的公法人，因其制度的特色，享有基本權利，從而可對侵害的國家權力行使防禦權。例如公立大學作為公法人，享有學術自由等基本權利；政黨在德國視為公法人，也同樣享有相關的基本人權。

（四）德國對政黨與投資媒體的管制的重心──對節目的干涉問題

　　德國各邦對於政黨經營廣電媒體都採禁止的措施外，至於政黨對廣電媒體的投資，各邦雖然都有不同的持股上限，例如百分之二十五至百分之五不等，然而更主要的判斷依據乃是有無造成「實質性的影響」而言，這也和持股的比例上限，有不可分的關係，例如德國有北部五邦（柏林邦、漢堡邦等）只規定不能經營外，但間接投資則許可，但不能夠干涉到節目的內容，且對各政黨應平均開放播放時間。另外定有嚴格的持股上限的邦，例如巴登‧符騰堡邦，也強調政黨擁有股份的上限不能夠使其對節目製作與內容必須依賴其許可為限。另外黑森邦也將政黨不論直接或間接投資媒體的上限為百分之五，但只要「一定程度上影響節目製作與內容」便不能取得營業執照[30]。

　　這種在限制政黨投資媒體的持股上限規定，既然著重在「能否對廣播的節目內容產生實質的影響力」，作為是否政黨能夠扭曲廣電媒體監督政府以及各政黨的防火牆功能，這也獲得了德國聯邦憲法法院的認可。針對上述德國黑森邦的媒體法規定政黨不能夠經營電台以及持股比例所引發的違憲爭議，德國聯邦憲法法院 2008 年作出了第 13 次廣電判決[31]，憲法法院一方面肯認這種規範侵犯到人民的廣播通訊權，同時侵犯到德國基本法保障政黨具有的憲政地位，因為憲法法院承認政黨並非國家的一部分（即政黨非準國家的理論），享有基本人權，故可排除國家的侵犯，特別是運用比例原則來檢驗之，同時德國憲法法院也認為所有的民營廣電事業的內部必須依循「私法自治」的精神，自行運作以及決定節目的播放與製作。此部分不僅是政黨或國家都不能干涉之[32]。

30　林家暘，絕對禁止政黨媒體持股規範之正當性──以德國相關法律見解為起點，教育法學評論，2020 年 11 月，第 6 期，頁 22。

31　BVerfGE 121, 30, 64 FF.

32　就此而言，吾人不禁對起喧騰一時的「中天換照案」（2020 年），中天被否決換照，形成強制關台的後果，主管機關裁罰的理由是：「內部控制和自律機制失靈，對觀眾投訴問題未能自我修正，新聞部主管長期懸缺，內部訓練亦經常跟新聞專業無關……以及多次以『新聞報導與事實不符』遭到

　　在此德國聯邦憲法法院強調政府對於私人申請廣播電台的限制，所給予的發照條件，必須以政黨對於廣播電台直接或間接投資的程度，而且這種股份擁有的上限，乃是立法者的職權。必須達到能對該電台造成直接或間接的支配性影響，也就是在節目的製作或內容方面，政黨能夠發揮實質的影響力，而不在於表面擁有股份的表決權或資本額。

　　所以德國聯邦憲法法院認定黑森邦的立法（百分之五）沒有達到支配的程度，而僵硬的認為只要有政黨的股份，即使是些微的股份且完全不會干涉到媒體的運作，一概准給予發照許可，將會迫使政黨出售不重要的持股，這對政黨與媒體，都是過度的侵害，因此是違反了比例原則，同時憲法法院也確認這種些微持股的禁令，相對憲法保障人民的通訊權及政黨權利，經過利益衡量後，乃是「不具備更高價值的立法例」[33]。

　　因此德國這個頗受重視的第 13 次廣電判決案，可以給吾人的啟示乃是在判決「黨政軍條款」，應當注重的不是斤斤於政黨對媒體的持股上限問題，而是能否在實質發揮「具體與嚴重影響節目的製作與內容」之上。這也和我國刑法實務在論及有無「假職務貪瀆」所盛行的「實質影響力說」頗有同工異曲之妙。而且此上限為立法的裁量範圍，同時在具體個案時，還要參酌個別媒體的情形，例如股份的分配，資本額的規模，政黨投資的程度等綜合判斷，有無造成實質影響力的可能性，此時方為司法機關之職責。

罰鍰為由」，都是涉及到公司內部的問題，特別是主管機關對於該媒體節目的內容，並未為主管機關所喜，而導致關台後果，主管機關伸手入媒體的節目管控與內容走向，已頗為明顯。

[33] 林家暘，絕對禁止政黨媒體持股規範之正當性——以德國相關法律見解為起點，教育法學評論，2020 年 11 月，第 6 期，頁 26。

參、釋憲機關的解套

一、應採行嚴格審查標準

面對著廣電三法實施後產生的諸多違憲爭議，法院面臨著無窮的輪迴訴訟，主管機關 NCC 更是從組織成立以及執行本條款尹始，就知道本條款的不合理，特別是責任歸屬以及「一股都不能有」，但仍然執行此「惡法」，連執法機關對規範的「法正當性確性」，從而可「心悅誠服」的執行系爭法規的確定性都無，顯然背離了民主國家執法的基本要求。從而，學界，不論法學界或傳播學界，幾乎一面倒撻伐此違憲的惡法，鮮有持反對意見者。

然而臺灣究竟是多元意見社會，難免會有若干抱殘守缺的懷念 26 年前「黨政軍退出老三台」的殘念阻礙 NCC 以更大的魄力，重整臺灣廣電法制的落後現象。無怪乎學界普遍將此改革重任放在大法官身上，作為「憲政維護者」角色的大法官責無旁貸。

如果以法益權衡的角度而論，大法官在審理都會先訂立審查的標準，例如 1998 年的釋字第 445 號解釋，便是明白提出了不同的審查違憲基準，來審查立法裁量是否妥切及有無牴觸比例原則，而做出了當時集會遊行法未考量「突發性」的集會遊行，而一律嚴格的採行事前許可制而違憲。本案在大法官決定審查密度時，必須首先斟酌之處：舉凡人民的廣播、言論自由權，民營媒體龐大的設備與經營費用，加上投資大眾化後產生廣大的投資人財產利益、為數眾多媒體就業人員的工作權與生存權，民營媒體所代表的監督國家政治之重大影響力，關涉我國民主體制甚巨；另外民主國家政黨是支撐國家民主法治正常運作所不可或缺的工具，德國基本法甚至將政黨提升為憲法保障的位階。這是系爭條款所限制的法益衡量的天枰一端。而天枰另一端「黨政軍條款」所追求的公益考量，以及所採納的手段：規範不明確、歸責謬誤、侵犯平等權等等，都可以由大法官來衡量之。

以上述重要基本權利的受侵而論，大法官過去甚多的案例顯示出，對於極具重要的基本人權，例如人身自由、財產自由，在本案特別強調的通訊傳播自由，都應當採行嚴格的審查標準，對人權的侵害程度為最高密度的審查[34]。再如政黨的組織及其存在，既然關涉到我國民主體制的正常發展，也是國家生活一日不可或缺的組織，不當與一般人民團體組織相同對待，這也是德國聯邦憲法法院視為「政黨特權」(Parteiprivileg) 的立論——此以一般社團的解散可由主管機關，例如民政機關負責；反之，政黨的解散必須提升到聯邦憲法法院方得為之，得以見之。我國亦同。因此政黨的組織，及運作之權限也屬於「制度性保障」，大法官也應給予最嚴格的審查標準。

二、解決之方的芻議

作為保障人權與督促立法機關善盡履行憲法規範意旨的大法官，除了在承審案件應檢驗受訴條款有無違憲而作出判決外，亦可針對違憲的法令，指出可以改進的方向，此乃「良性的立法指導」。避免立法受到不必要的民意干涉，而重複作出程度差異的違憲之虞的條文。

本文認為大法官似可朝下述幾點作為糾正廣電三法系爭規定的方向：

1.明確宣示系爭規定違反憲法所規定的比例原則、明確性原則、平等原則、有責性（歸責）原則。同時認定通訊傳播自由權、財產權及營業自由權、平等權等皆遭到違憲之侵害。

2.應由立法者判斷，而非由釋憲機關「重塑」廣電法制的重要內容：針對保障民營媒體的妥善經營權，對於政府或政黨間接投資之限制，應當給予明確的定義以及明確限度，以符合法明確性原則。然而這種具體規範的限度，

---

[34] 司法院釋字第 613 號解釋理由書所揭櫫。

「憲法所保障之通訊傳播自由之意義，即非僅止於消極防止國家公權力之侵害，尚進一步積極課予立法者立法義務，經由各種組織、程序與實體規範之設計，以防止資訊壟斷，確保社會多元意見得經由通訊傳播媒體之平台表達與散布，形成公共討論之自由領域」之意旨。

例如間接投資的定義以及許可至何階層的轉投資，官股投資額的計算方式（在原始官股投資的公司，再多層次的子、孫公司轉投資後的官股比例……）等，都應當由立法者來判斷，不宜由釋憲機關越俎代庖的自為決定，大法官只需指出「修法注意事項」。

　　3.對於各級政府機關，含公立基金，投資民營媒體的界限，既然「一股都不能有」的政策為違憲，立法者就必須考慮政府如投資（含一定層次的轉投資在內）的程度問題。採取的可能性例如：

　　(1)限定持股的上限：學者、甚至我國的 NCC 在改革擬議中，或以德國的立法例有百分之二十五、百分之五以及百分之十……等上限的規定，都可提供立法者參考，就以廣電三法對於政黨、政務人員與選任公職人員不得投資廣電媒體的同條文，也明白規定「其配偶與親近親屬持有同一廣電媒體股份不得超過百分之一」。可見得立法者應當、也可以考量到黨政軍持股的上限問題。

　　(2)其次，可採行「有股份但不參與經營運作」的原則：這是認定許多公股參與民營企業，有些是歷史因素，由國營企業改制成民營企業；也有純為投資之目的或履行其他國家任務，例如平穩股市或穩定經營，這些屬於投資性的參與民營企業，乃為經濟考量，如果被投資的公司有參與媒體的投資，甚或經營，只要公股不進入媒體運作、影響節目的內容，就毋庸有政治力進入民營媒體的危險性。我國法制上也有前例，例如保險法第 146-1 條規定，保險公司如果投資核准公開發行之公司股票，則不能擔任該公司的董監事、監察人及其選舉表決權，以及經理人[35]。

---

35 該條文規定：保險業依第 1 項第 3 款及第 6 款投資，不得有下列情事之一：一、以保險業或其代表人擔任被投資公司董事、監察人。二、行使對被投資公司董事、監察人選舉之表決權。三、指派人員獲聘為被投資公司經理人。四、擔任被投資證券化商品之信託監察人。五、與第三人以信託、委任或其他契約約定或以協議、授權或其他方法參與對被投資公司之經營、被投資不動產投資信託基金之經營、管理。但不包括該基金之清算。

(3)採「實質影響力」：此可和(1)的持股比例上限相配合，這是認為應以公股持股的實質影響力作為判斷。就以德國聯邦憲法法院前述第 13 次廣電案的判決所持的態度：針對各邦廣電法規定政黨持股的多寡與寬嚴不一，憲法法院認定其應防止的標準，不在於股份的多寡，而在於能否對媒體的節目內容以及方向產生「實質影響力」而論。這裡就留有了立法者判斷的空間。由於私營媒體，依聯邦憲法法院的見解，仍然必須依循一般私法人的「私法自治」原則，由私法人自行作主。因此對於政黨以及公股的持股也不能夠實質影響節目的內容，這也是德國各邦廣電法在持股比例上限時，同樣地規範。因此應當採行「個案判斷」(ad hoc)，以個案的媒體規模及事實來判斷有無「實質影響力」而言。

4.關於政黨與媒體之關聯，大法官宜在此鄭重強調政黨在民主法治體制中的重要性，因此關於政黨可行使的權利及限制，應在政黨法內規範為宜。為此主管機關 NCC 在 2020 年的傳播政策白皮書中也提到將朝「政黨部分依《政黨法》規定，禁止投資或經營媒體，廣電三法則規範改正義務。」換言之，將目前政黨法只禁止政黨投資事業的規定，增加「經營媒體」一項。而廣電三法只規範 NCC 的「改正義務」[36]，顯然 NCC 也知道將政黨禁止投資媒體的規定應回歸政黨法規範為宜。

5.政黨是否完全必須與民營媒體絕緣？亦即儘管立法者仍要保留禁止政黨經營媒體的立法旨意，大法官表示尊重亦無不妨，可視為執政黨派的「政治判斷」。然而大法官確宜宣示立法者應當全盤考量政黨在民主國家的地位，以及自謀充分財源的可能性，從而放鬆政黨經營事業及投資媒體的可能性，似乎只要嚴格遵守類似德國政黨法的「資訊透明義務」以及給予投資媒體的

---

36 值得玩味的是，如果依此修法，政黨如只不能經營媒體，依法律文義解釋則不禁止政黨投資媒體，此情形和德國類似乎？如此一來也必須對政黨對媒體的持股可有上限規定？又，如依修法擬議 NCC 日後對於政黨經營媒體持有「改正義務之權」，是否即沒有裁罰權？這些都是必須透過立法者仔細衡量。

上限。因為政黨必須靠宣傳方能成長。在過去只有平面媒體的時代，民主國家沒有禁止政黨擁有平面媒體的規定，方能展現國家的民主性。在傳播跨入廣播媒體以及自媒體時代，國家也應許可政黨在擁有與參與各種媒體的最大限度，顯示我國的民主性。德國雖有禁止政黨擁有廣播媒體的禁制，但也歸於德國特殊的時代產物。如今我國雖有過去的「老三台」往事，但已經全部改為民營，黨國之力全部掌控媒體已不復存在。而德國各政黨也多靠自媒體來傳播政黨政見。禁止政黨經營廣電媒體的重要性已喪失。因此大法官宜指示立法者可全盤考慮政黨法的修訂以茲配合。

肆、結論——法隨勢轉，則治

由本文的討論可知，目前廣電三法實施的「黨政軍條款」，乃承續著剛解除戒嚴後，我國全國法制重整的階段，1995 年起宣揚的「黨政軍退出三台」的運動，初衷乃懷理想性，不容質疑。但是當初理想人物的「黨政軍完全退出媒體」的理念，便作為 2003 年廣電三法的立法依據。然而隨著「老三台」都官股退出後，1995 年的宣言理念理應達成。但是「黨政軍退出三台」逐漸擴張適用對象的「量變」為「黨政軍退出媒體」，由「個案法」轉變為「通案法」。這就是目前形成由 2003 年的廣電三法作為規範民營媒體之準則，由當初針對「老三台」的改革對象延伸到所有的民營媒體之上，變成適用對象的「量變」。同樣的口號也產生「質變」的現象，也從要求三台官股退出轉變為連民營媒體公股「一股都不能有」的規定，且附帶了高額的罰則。才會引發學界普遍的批評與法院一再的廢棄主管機關的裁罰。

因此這是典型的「過時、疏漏與粗糙」的立法，此基於已經過往的時空背景而為的立法考量，早已不符合我國現階段所有的媒體產業結構與生存空間。如同用綁腳布綁住雙足的正常發展。我國古代的法學家韓非子的名言「法與時轉則治，治與世宜則有功」（《韓非子・五蠹》），正是可以為吾人要求大法官糾正此一「過時惡法」的註腳。

　　廣電三法中的「黨政軍條款」之惡法，已經嚴重地干涉我國傳播界生存與運作發展之蓬勃生機，已達十八年之久，足足是一個嬰兒到成年的歲月，不可謂不長。大法官豈能再漠視之？

第二篇

廣電法上黨政軍條款與期待可能性

吳志光[*]

[*] 輔仁大學法律學系特聘教授，德國漢堡大學法學博士。

壹、楔子──由一則國家考試試題談起

111 年公務人員特種考試司法官考試暨專門職業及技術人員高等考試律師考試第二試憲法與行政法第二題，出現以下的試題：

甲電視股份有限公司為依證券交易法公開發行股票之衛星廣播電視事業。該公司定有投資人回饋方案，凡是公司股東或投資人購買廣告時段，可享 5 折之優惠價格。乙政黨為推廣黨務、加強宣揚政黨理念，以黨主席丙之名義購買甲公司之股票，以圖節省廣告刊登費之支出。針對乙、丙之上開投資行為，國家通訊傳播委員會（以下簡稱 NCC）認定甲未盡防止義務，違反衛星廣播電視法（以下簡稱衛廣法）第 5 條第 1 項「政黨不得直接、間接投資衛廣事業」之規定，依同法第 50 條規定，處新臺幣（下同）20 萬元罰鍰，並限期 6 個月內改正（以下簡稱 A 處分）。此外，NCC 以乙違反政黨法第 23 條「政黨不得經營或投資營利事業」之規定，另案移送內政部查處。經內政部調查後，認定乙違規情事屬實，遂依政黨法第 34 條規定，裁處乙 500 萬元罰鍰，並限期 1 年內停止投資（以下簡稱 B 處分）。甲遭 A 處分後，因其事業執照期間將於半年後屆滿，遂依衛廣法第 18 條第 1 項規定，檢附申請書、營運計畫執行報告及未來營運計畫等文件，向 NCC 申請換發執照。NCC 經法定程序，對甲過往營運計畫執行情形、未來營運計畫，以及其他法定應審酌事項進行綜合評核後，委員會議遂作成「准予換照」之決議，並於發送予甲之許可函說明欄中記載：「貴公司應自許可換照之日起 6 個月內，確實改正先前對乙、丙投資行為未盡防止義務之違反衛廣法第 5 條第 1 項規定情事。逾期不改正，將廢止本換照許可。」（以下簡稱 C 處分）

（一）甲主張其為公開發行股票公司，股東之選擇及排除，涉及股票交易，而股票交易必須遵守證券市場運作之規範，其既無權自行選擇股東，亦無法排除特定人之股東身分，故乙之間接投資行為，自己並無主觀之可責性，A 處分應屬違法。甲之主張有無理由？（30 分）

（二）甲不服C處分中說明欄之記載內容，主張其違反不當聯結禁止原則。甲若欲提起行政訴訟，應選擇何種訴訟類型？又其主張有無理由？（40分）

（三）乙不服B處分，主張其借黨主席丙之名義所投資之甲公司，屬於衛廣事業，投資目的不在單純獲利，而是希望藉此享有廣告打折優惠，以向公眾宣揚政黨理念，協助形成國民政治意志，與民主國家政黨政治之發展目的並無扞格。政黨法第23條未區分營利事業之類別，以及投資經營行為與政黨存立目的間之關聯性，一律禁止投資營利事業，不僅有違民主國原則，而且對政黨受憲法保障之自由與權利，亦造成不合比例之限制，應屬違憲。乙之主張有無理由？（30分）

按上述試題可謂係直指廣電法上「黨政軍條款」的合憲性爭議，而命題的緣由則係與行政法院在實務上一再指摘「黨政軍條款」有違行政法上的期待可能性原則有直接關聯，足證其已成為「黨政軍條款」難以迴避的關鍵課題。而本文之撰寫，即是擬針對此一議題，分析「黨政軍條款」何以已達不修法不足以解決其合憲性的程度。

貳、廣電法上「黨政軍條款」的立法意旨

一、「黨政軍條款」的立法規範

按「行政院為落實憲法保障之言論自由，謹守黨政軍退出媒體之精神，促進通訊傳播健全發展，維護媒體專業自主，有效辦理通訊傳播管理事項，確保通訊傳播市場公平有效競爭，保障消費者及尊重弱勢權益，促進多元文化均衡發展，提升國家競爭力，特設國家通訊傳播委員會」為國家通訊傳播委員會組織法第1條所明定，故「黨政軍退出媒體」成為我國廣電法上之基本立法原則。

惟何謂「黨政軍退出媒體之精神」？廣播電視法第5條之1有以下的規

定：「政府、政黨、其捐助成立之財團法人及其受託人不得直接、間接投資民
營廣播、電視事業（第 1 項）。除法律另有規定外，政府、政黨不得捐助成立
民營廣播、電視事業（第 2 項）。本法修正施行前，政府、政黨、其捐助成立
之財團法人及其受託人有不符前二項所定情形之一者，應自本法修正施行之
日起二年內改正（第 3 項）。政黨黨務工作人員、政務人員及選任公職人員不
得投資廣播、電視事業；其配偶、二親等血親、直系姻親投資同一廣播、電
視事業者，其持有之股份，合計不得逾該事業已發行股份總數百分之一（第
4 項）。本法修正施行前，廣播、電視事業有不符前項情形者，應自本法修正
施行之日起二年內改正（第 5 項）。政府、政黨、政黨黨務工作人員及選任公
職人員不得擔任廣播、電視事業之發起人、董事、監察人及經理人（第 6
項）。本法修正施行前，廣播、電視事業有不符前項情形者，應自本法修正施
行之日起六個月內解除其職務（第 7 項）。本條所稱政黨黨務工作人員、政務
人員及選任公職人員之範圍，於本法施行細則定之（第 8 項）。」至俗稱廣電
三法的另外兩法，於有線廣播電視法（下稱有廣法）第 10 條及衛星廣播電視
法（下稱衛廣法）第 5 條均有基本相同的規範。

　　至於違反黨政軍條款的法律效果如下：

　　1.廣播電視法第 44 條之 2 第 2 項：「廣播、電視事業違反第 5 條之 1 第
6 項、第 7 項規定，處新臺幣二十萬元以上二百萬元以下罰鍰，並令其限期
改正，屆期不改正者，得按次處罰。」

　　2.有廣法第 12 條第 5 款：「申請經營有線廣播電視服務之案件有下列情
形之一者，中央主管機關應駁回其申請：五、違反第 10 條第 1 項至第 3 項規
定。」第 58 條第 2 項：「系統經營者違反第 10 條第 1 項至第 3 項規定，處新
臺幣二十萬元以上二百萬元以下罰鍰，並令其限期改正；屆期不改正者，得
按次處罰，或廢止其經營許可並註銷其執照。」

　　3.衛廣法第 50 條規定，衛星廣播電視事業、境外衛星廣播電視事業或他
類頻道節目供應事業違反第 5 條第 1 項至第 5 項或第 64 條第 1 項準用第 5

條第 1 項至第 5 項規定，處新臺幣二十萬元以上二百萬元以下罰鍰，並令其限期改正；屆期不改正者，得按次處罰，或廢止其許可並註銷其執照。

綜上所述，「黨政軍條款」的規範對象係政府、政黨、其捐助成立之財團法人、受託人、政黨黨務工作人員、政務人員及選任公職人員，及政黨黨務工作人員、政務人員及選任公職人員其配偶、二親等血親、直系姻親等。而上述規範對象違反「黨政軍條款」者，處罰對象或負有改正義務者，則係廣播、電視事業、申請經營有線廣播電視服務者、系統經營者、衛星廣播電視事業、境外衛星廣播電視事業或他類頻道節目供應事業，除無法申請經營外，已獲得營業許可者將因此處以罰鍰並限期改正；屆期不改正者，得按次處罰，或廢止其許可並註銷其執照。

二、不過正不足以矯枉的「黨政軍條款」？

按「黨政軍條款」以「堅壁清野」的方式，杜絕黨政軍對廣電事業經營影響的可能性，甚或以廢止許可並註銷執照為手段。惟何以產生此種形式上不過正不足以矯枉的「黨政軍條款」，即不乏論者有以下的評論[1]：

黨政軍條款，是不折不扣的在地政治社會（轉型正義）特殊管制，並非市場開放或產業自由化政策下的相應產物。此項「非關（市場）經濟」（其實也「非關產業」）的在地政治社會特殊管制，最初聚焦於無線電視事業及同樣使用公有無線電頻率的廣播事業，卻在台灣首度政黨輪替時「朝小野大」的政治格局下，「一體」延伸至既無「轉型正義」歷史、又自始即以「民營」型態「就地合法」的有線電視系統及其後分開立法規範的衛星廣播電視。

換言之，黨政軍條款雖可視為民主轉型的過程，但矯枉過正的結果，卻造成沒有黨政軍控制目的的政府相關部門或單位的正常投資行為，也因為該

管制條款而遭致受罰。尤有進者，被處罰的業者往往欠缺「可預見性」；甚或該條款淪為惡意投資者的操作工具，因此相關行政爭訟鮮有維持原處分者。

參、期待可能性作為行政法的基本原則

一、期待可能性作為刑罰超法規阻卻責任事由的開展

按期待可能性本係由刑法學說所倡議，以作為一種超法規阻卻責任事由，以「無期待可能性」及「期待可能性顯著降低」，因此在罪責層次給予其阻卻責任或減免責任的評價。而實務見解對此種超法規阻卻責任事由，得以臺灣高等法院臺南分院 104 年度交上易字第 606 號刑事判決為代表性案例說明之，其要旨如下：

1.責任乃違法行為之非難，早先學界對罪責之看法採心理責任論，將責任之全部理解為事實與行為人意志間單純之心理聯繫，然此容易導致對缺乏可責性之行為人論罪究罰，就該等理論上之重大缺陷，乃有規範責任論主張非難之認定尚需借助規範性之評價標準，認為責任之本質，非僅單純故意或過失之心理狀態，更是規範意義上之可責，責任之產生，乃心理事實與價值判斷之結合。規範責任論之理路，係認法律非僅是行為之評價規範，亦是意思決定之指導規範，要求並期待行為人能加以遵守，故責任之判斷取決於行為人是否決定違反規範，有意思決定自由卻選擇違反規範，自應予非難而產生責任；反之，苟行為人在意思不甚自由之特殊情況下，不能或較難期待其不選擇違法行為者，當即應阻卻或減免其責任。據此可知，符合規範行止之期待可能性，乃規範責任論之核心概念。

2.期待可能性思想之發端與過失犯密切相關，淵源於西元 1897 年德意志帝國法院之「繞韁癖馬」過失傷害案例判決，其以無期待可能性為由判決馬伕無罪，顯然是在超法規之意義上加以運用，嗣經該國學者之研究發展，理論流傳於同屬大陸法系之日本及我國繼受。然隨著風險社會防免危害思想之

勃興，處罰過失犯之重點，轉為法益保護漏洞之填補，過失犯之責難基礎，不再衹是法益侵害之預見可能，更在於注意能力與常人無異之行為人，未善盡一般人能夠達到之注意義務以防免結果發生（結果迴避義務），斯適用一般人標準之客觀過錯既然能夠滿足罪責之要求，從心理責任論到規範責任論以來，概認罪責屬主觀之傳統思維，至此即摻染了客觀之因素，罪責之考察重心，遂從選擇自由移轉到控制能力之面向。當選擇自由已不再是認定罪責之焦點時，連帶地，期待可能性在罪責之判斷中，亦失去了獨立作為責任要素之地位（按期待可能性與責任間之關係，正面積極表述之語法為「期待可能性是責任要素」；反面消極表述之語法則為「無（或欠缺）期待可能性是阻卻責任要素」，實乃一體之兩面），斯有德國多數學說之轉變。**至於體現「法律不能強人所難」基本思想之期待可能性，因其精微顯淺之道理，則仍舊繼續發揮著其註釋性之功能，作為法定責任阻卻或減免事由之理論依據，或作為特定罪名之適用限制原理。**

　　3.期待可能性概念，適於解釋所有阻卻罪責事由之所以然，**惟何謂期待之可能或不可能，概念與標準模糊，要件與界限不明確，相當程度因人為之解釋或個案而異，在司法實務上難有一致性與確定性。而期待可能性不僅關係到責任之有無，亦涉及其輕重，是除非法有明文，否則基於法安定性之理由，司法者不得援引無期待可能性作為普遍適用之（超法規）阻卻罪責事由，充其量衹能當作一項刑罰節制原則，指示法官必須仔細周詳地考慮與罪責有關之個別情形，特別是在較具開放暨待填充性質之違反命令規範犯罪領域，例如：以注意義務為內涵之過失犯，或須界定作為義務範圍之不作為犯，蓋其均是違反命令規範所期待應為一定作為之犯罪，有須適當界定各該注意或作為義務範圍之必要。我國刑法明定之阻卻或減免責任事由，計有：責任能力（第 18、19、20 條）、禁止錯誤（第 16 條）、過當防衛（第 23 條但書）、過當避難（第 24 條但書）等，雖然我國學界所採之規範責任論通說咸認期待可能性為責任要素，且不少學者贊同將無期待可能性列為獨立之超法規阻卻**

責任事由，然我國刑法並無明文，而代表司法實務見解之司法院解釋及最高法院判例，就此亦未有明白之肯認事例。期待可能性充其量僅得作為解釋特定犯罪適用範圍之法理依據，亦即祇在責任非難之個案判斷中，不失為一項規範概念的調整原則，例如：刑法第 164 條藏匿人犯或使之隱避、頂替罪，法條本身就行為主體本未設限，然解釋上不包括犯人或脫逃人本身（最高法院 24 年上字第 4974 號判例）；同法第 165 條湮滅他人刑事證據罪，法條將行為客體自始限於「關係他人」之刑事證據，然解釋上該「他人」不包括共犯，亦即將共犯解釋為「非他人」而歸類為行為人己方（最高法院 25 年上字第 4435 號判例）；教唆他人為己有利之偽證，不罰（最高法院 28 年上字第 312 號判例）。以上見解，並非直接將期待可能性當作一項獨立之責任要素，而是將與行為人意志形成之相關要素，從期待可能與否之觀點加以限制，以求合乎人情與事理，而非得廣泛地作為一般普遍適用之超法規阻卻責任事由。蓋期待可能性思想有其理性之根據，正視人類意志自由僅具相對性，會受限於客觀條件之現實，本諸對人性脆弱之同情，藉以反應刑法之謙抑理念。贊成無期待可能性為超法規阻卻責任要素之論點，主要係行為人礙於一般人性顧慮所生之心理壓迫，以致欠缺為符合法規範行止之能力，而無不犯罪之期待可能。期待可能性理論所欲解決之課題，係行為人受非常態客觀環境壓力影響，以致原本常態下被期待不犯罪之動機或決意未出現，或雖已出現但力量不足以抗衡在現實壓力逼迫下所產生之犯罪驅力。質言之，由於我國司法實務並無類似德國或日本針對無期待可能為超法規阻卻責任事由而發之明確案例，其是否予以肯定，頗值研究，至多祇能謂於特定類型之個案，寓有期待可能性思想。

綜上所述，期待可能性本係由刑法學說所倡議，以作為一種超法規阻卻責任事由，以「無期待可能性」及「期待可能性顯著降低」，因此在罪責層次給予其阻卻責任或減免責任的評價。惟我國刑法並無明文，而司法實務見解就此亦未有明白之肯認事例。期待可能性充其量僅得作為解釋特定犯罪適用

範圍之法理依據，亦即祇在責任非難之個案判斷中，不失為一項規範概念的調整原則，即並非直接將期待可能性當作一項獨立之責任要素，而是將與行為人意志形成之相關要素，從期待可能與否之觀點加以限制，以求合乎人情與事理，而非得廣泛地作為一般普遍適用之超法規阻卻責任事由。

二、期待可能性如何發展成為行政法的基本原則──由行政罰領域出發

按體現「法律不能強人所難」基本思想的期待可能性，因其精微顯淺之道理，則仍舊繼續發揮著其註釋性之功能，進而影響至公法領域。在大法官的憲法解釋中，雖未直接論及，但司法院釋字第 575 號解釋已隱含其意旨。其指出「動員戡亂時期警察人員依戶警合一實施方案等規定，可辦理戶政業務之戶警合一制度。嗣為因應動員戡亂時期之終止，回復戶警分立制度。戶政單位回歸民政系統後，戶政人員之任用，自應依公務人員任用法、各戶政單位員額編制表及相關人事法令規定為之。故原於戶政事務所辦理戶政業務之警察人員，其不具一般公務人員資格者，因其任用資格與人事體制規定不符，內政部基於保障人民權利之考慮，而實施之『戶警分立實施方案』，其規劃該等任用資格與相關人事法令有所不符之警察人員，隨同業務移撥後仍得以原任用資格繼續留任於戶政事務所，再依其志願辦理回任警職，已賦予該等人員審慎評估未來服公職計畫之機會，即使該等人員未於五年內依內政部函發『戶警分立移撥民（戶）政單位具警察官任用資格人員志願回任警察機關職務作業要點』申請回任，仍繼續執行原職務者，復容許其得轉任為一般公務人員，繼續留任原職。綜此，**戶警分立實施方案已充分考量當事人之意願、權益及重新調整其工作環境所必要之期限，足使機關改隸後原有人員身分權益所受不利益減至最低，應認國家已選擇對相關公務員之權利限制最少、亦不至於耗費過度行政成本之方式以實現戶警分立。當事人就職缺之期待，縱不能盡如其意，相對於遵守法治國原則、適當分配警察任務與一般行政任**

務以回復憲政體制此一重大公益之重要性與必要性，其所受之不利影響，或屬輕微，或為尊重當事人個人意願之結果，並未逾越期待可能性之範圍，與法治國家比例原則之要求，尚屬相符」。

準此，期待可能性作為一項法律原則，其作用似與比例原則的考量有關。惟期待可能性之所以發展成為行政法上的法律原則，主要係藉由刑罰的理論作為行政罰的原則開始，其脈絡如下：

（一）司法院釋字第 686 號解釋，林錫堯大法官所提，許宗力大法官加入之協同意見書，對嗣後的實務見解有直接的影響，故有必要予以介紹，其要旨略以：

1. 租稅罰為行政罰之一種，除法律有特別規定外，應適用行政罰法及其相關法理租稅罰，不論是行為罰或漏稅罰，均是行政罰之一種，故除法律有特別規定外，應適用行政罰法及其相關法理（行政罰法第 1 條參照）。詳言之，適用租稅罰規定處罰違反租稅法上義務之人民時，除法律有特別規定外，仍應按行政罰法及其相關法理所建構之構成要件該當性、違法性（含有無阻卻違法事由）、有責性（含有無阻卻責任事由）三個階段分別檢驗，確認已具備無誤後，方得處罰。而其處罰，除法律有特別規定外，亦應遵循行政罰法及其相關法理有關規定。

2. **無期待可能性可作為阻卻責任事由，如同刑法之適用，於行政罰領域內，行為人如欠缺期待可能性，亦可構成「阻卻責任事由」(Entschuldigungsgründe)。亦即雖認定行為人有故意或過失，亦具備責任能力，但仍容許有某種「阻卻責任事由」之存在，無期待可能性即屬之，縱行政罰法或其他法律未明文，亦當容許此種「超法定之阻卻責任事由」之存在。至何種情形始可認行為人欠缺期待可能性，原則上宜視個案情節及相關處罰規定認定之，但於行政罰法制與法理之建構過程，亦宜設法逐步釐清其判斷標準。**

3. 在一定條件下「法律見解錯誤」可因無期待可能性而構成阻卻責任事由本

文則試以「法律見解錯誤」（指對行政法規之解釋或適用上錯誤）之情形，於何種條件下可認行為人欠缺期待可能性，說明如下：茲以行政法規複雜性、行政法法理具有高度爭議與不斷演進等特徵，行政法上之法律見解不僅難免有「見仁見智」之不同，亦常見有「昨日之是，今日之非」之情形，呈現高度不穩定之法律狀態，執法機關本於依法行政，取其確信之法律見解而為行政決定或行政裁判，固可發揮逐步釐清或導正之功能，而貫徹依法行政原則，但亦不免使人民之權益在法律見解之探討與演變過程遭受不利，因而有依信賴保護原則予以保護之必要。然就對違反行政法上義務之行為人施予行政罰方面而言，如行政法規規定不明確而於法規之解釋與適用上容許有不同見解（如學說上有不同見解、法院判決有採不同見解等），且行政實務或司法實務尚未形成通說，亦尚無行政釋示、判例、大法官解釋或以其他方式表達（如決議、行政慣例等）可作為標準而據以遵行之見解，甚至雖已形成相關見解，但於某種情形，法規之解釋與適用上仍有其不明確之處，而就此不明確處亦容許有不同見解，於此等情形下，行為人於行為時採取某一見解而為其行為時，如其所持見解在法理說明上具有相當合理之理由，縱該見解偏向行為人之利益，行為人選擇該見解，乃屬合乎人性之舉，故雖嗣後行政釋示、判例、大法官解釋或以其他方式形成之見解，認為應採另一不同見解，從而認行為人行為時所採之見解有誤，進而認定其行為係屬違法而予以糾正，此固屬依法行政原則之貫徹。但因行為人行為時有上述「法律見解錯誤」之情形，對行為人而言，避免此種「法律見解錯誤」而採取合法之見解係屬無期待可能，亦即對行為人之合法行為無期待可能，自應認有「超法定之阻卻責任事由」之存在。是故，行為人雖依行政罰法第 8 條前段：「不得因不知法規而免除行政處罰責任」之規定，不能因此種「法律見解錯誤」而認定其無故意或過失，但仍因其具有阻卻責任事由，而不受行政罰。

4.綜上所述，簡約敘述如下：對於違反行政法上義務行為之處罰，倘因行政

法規之解釋或適用（涵攝）容有不同見解，而司法或行政實務上尚無大法官解釋、判例、行政釋示或以其他方式形成可資遵行之見解，且行為人於行為時所依據之見解於法理上具有相當合理之理由者，縱行為後司法或行政機關認另一見解為適法，仍可因對行為人之適法行為無期待可能而阻卻其責任。

5. 行政罰法第 8 條規定：「不得因不知法規而免除行政處罰責任。但按其情節，得減輕或免除其處罰。」依其立法意旨，行為人之故意或過失之判斷，並不包括行為人是否知悉其行為有無違反行政法上義務之判斷。換言之，故意或過失之判斷，並不包括違法性認識之判斷，行為人不能主張其不知法規而否認其有故意或過失。惟若行為人確不知法規，因而不知其行為違反行政法上義務，則因其可非難程度較低，故得減輕或免除其處罰。至於是否減輕或免除，由裁罰機關依個案裁量之。而該條所謂「不知法規」，可包括不知法規之存在或不瞭解法規如何解釋或適用等情形，自亦將法律見解錯誤之情形涵蓋在內，故如於個案情形認行為人之「法律見解錯誤」尚難構成阻卻責任事由時，亦得依本條但書規定按其情節減輕或免除其處罰，惟此乃行政機關之裁量權。至行為人是否具備如上述之阻卻責任事由，執法機關應依個案情形客觀認定之，並無裁量權，且與行政罰法第 8 條規定之適用順序不同。具體言之，執法機關對行為人是否具備有責性要件之判斷，其主要順序如下：有無責任能力、有無故意或過失（依行政罰法第 8 條前段規定不能以「不知法規」而認定其無故意或過失）、有無阻卻責任事由、得否依行政罰法第 8 條但書規定減輕或免除其處罰。

　　按林錫堯大法官的上開看法亦僅係針對行政法上的期待可能性的其中一種態樣──法律見解錯誤進行說明，惟其並未深究行政法上期待可能性與刑法上的期待可能性的理論基礎、實質內涵可能的不同之處。但已具體影響行政救濟的實務見解，畢竟以下之實務見解多援引司法院釋字第 686 號解釋，林錫堯大法官所提，許宗力大法官加入之協同意見書作為理論基礎。

（二）行政救濟之實務見解

按最高行政法院 102 年度判字第 611 號判決具有指標性意義，其進一步認為**期待可能性之適用不限於行政罰，凡行政法律關係之相對人因行政法規、行政處分或行政契約等公權力行為而負有公法上之作為或不作為義務者，均須以有期待可能性為前提。**是公權力行為課予人民義務者，依客觀情勢並參酌義務人之特殊處境，在事實上或法律上無法期待人民遵守時，上開行政法上義務即應受到限制或歸於消滅，否則不啻強令人民於無法期待其遵守義務之情況下，為其不得已違背義務之行為，背負行政上之處罰或不利益，此即所謂行政法上之「期待可能性原則」，乃是人民對公眾事務負擔義務之界限。**若行政行為違反「期待可能性原則」應屬違法，且該課予之義務應受到限制或歸於消滅**[2]。準此，實務上關於期待可能性原則運用範圍頗廣，諸如：

---

2 其案例事實略謂：上訴人（即原處分機關）於 100 年 10 月 7 日辦理現場會勘作業，討論事項包括被上訴人傾倒位置，上訴人於原審法院審理時亦供稱傾倒現場之有害、無害事業廢棄物已混雜在一起，足見現有石業公司經營之棄土場面積遼闊，於該址傾倒廢棄物之廠商為數甚多，且歷經 10 餘年之久，致現場之事業廢棄物，彼此交疊，實難區隔何者為被上訴人之事業廢棄物。又上訴人 100 年 8 月 18 日函未明確記載被上訴人應改善清除之數量，亦未指明傾倒位置及清理方式，衡諸一般經驗法則，屆期顯難有實現改善之可能。對於應改善之內容，究為停止違規行為、或係清理廢棄物，使受污染環境復原或為其他應進行之事項，或係四者兼具，均付闕如，則上訴人究欲督促被上訴人履行如何之公法上義務顯有不明，其執以作為本件連續處罰之依據，自與連續處罰之目的在於督促將來義務之履行有所不符。故上訴人以不當之限期改善期間及不明確之改善內容為據，兼以傾倒現場確屬交疊混雜，已難以區隔何者為被上訴人所傾倒之廢棄物，其命於 100 年 9 月 2 日以前改善完成，依一般經驗法則，屆期顯難有實現改善之可能。被上訴人對原處分不服提起行政爭訟，迭於訴願及原審審理時爭執上訴人 100 年 8 月 18 日函限期被上訴人於 100 年 9 月 2 日改善完成之不當，本件確有執行上之困難，無法依限改善，尚非有可歸責之處。是本件應審究者厥為，上訴人 100 年 8 月 8 日函仍有效存在，被上訴人固應遵守，惟依上訴人所定之期限，本件客觀上有無改善完成之可能？有無期待可能性？被上訴人有無可歸責性及可非難性？經查，被上訴人於 100 年 8 月 23 日接獲上訴人 100 年 8 月 18 日函，扣除被上訴人提出清除處置計畫書之日數 3 日，及上訴人審核清除處置計畫書之日數 14 日，早已逾上訴人所定應於 100 年 9 月 2 日以前改善完成之期限；而現有石業公司經營之棄土場面積遼闊，於該址傾倒廢棄物之廠商為數甚多，且歷經 10 餘年之久，致現場之事業廢棄物，彼此交疊，實難區隔何者為被上訴人之事業廢棄物，上訴人復未指明傾倒位置及清理方式，本件客觀上根本不可能達成清除廢棄物改善之目的，為原審確定之事實，則被上訴人主張其無法依限改善，尚非有可歸責性乙節，即屬有據。上訴人命被上訴人於 100 年 9 月 2 日以前改善完成，不啻強人所難，欠缺期待可能性，被上訴人屆期未改善，尚難認其主觀上具有故意，

1.客觀上欠缺期待其履行前開法令所定義務之可能性

　　最高行政法院 106 年 9 月份第 1 次庭長法官聯席會議即曾決議：「遺產及贈與稅法第 23 條第 1 項所定之遺產稅申報期間及稅捐稽徵法第 22 條所定之核課期間，**基於合憲性解釋原則，應以可合理期待納稅義務人履行申報義務及稽徵機關得行使核課權為前提，方符合其立法目的及遺產稅申報暨核課事件之本質。是納稅義務人如對於登記他人名下之土地及其移轉登記請求權是否屬於被繼承人之遺產，尚待民事判決確定始能確認者，則於民事判決確定前，自難以期待納稅義務人就尚有爭議之財產申報遺產稅，更難以期待稽徵機關得知該筆爭議財產係屬遺產而依法行使核課權。**則就此一爭議財產，遺產及贈與稅法第 23 條第 1 項所定之遺產稅申報期間，應自民事判決確定其屬被繼承人遺產之日起算，並依稅捐稽徵法第 22 條規定起算其核課期間，以兼顧徵、納雙方之均衡利益，俾符合實質課稅及公平課稅原則。財政部 79 年 2 月 1 日函釋即係秉持前揭規定之立法意旨及遺產稅申報暨核課事件之本質，依期待可能性原則所為之闡釋，並未增加法律所無之稅捐義務，而與租稅法律主義無違，與遺產及贈與稅法第 23 條第 1 項及稅捐稽徵法第 22 條規定意旨亦無牴觸」。

　　而法務部 104 年 7 月 28 日法律字第 10403508470 號函亦就此指出「依發展觀光條例第 32 條規定，執行導遊業務人員應經考試及訓練合格始得執業；又旅行業管理規則第 23 條第 1 項規定，綜合旅行業及甲種旅行業接待或引導國外觀光旅客，應依來臺觀光旅客使用語言，指派或僱用領有外語導遊人員執業證之人員；違反前揭規定者，依發展觀光條例第 59 條及第 55 條第 3 項之規定，由主管機關予以處罰。**惟依來函所述，韓國、印尼、越南、泰國等國之來臺旅客人數高度成長，而具有相應語言能力之導遊執業人數，除韓語**

縱有過失，亦因無期待可能性，而阻卻其責任，自不應予處罰，原處分對無可非難性及可歸責性之被上訴人予以處罰，即有違法。

有 152 人外，其餘語言僅 10 至 35 人，均有供給不足之情形。是以，所詢旅行業若經公開招募程序仍無合格之執業導遊可接待時，其指派或僱用未具導遊人員資格者接待，是否應予處罰，宜請貴局參酌前開說明，審酌旅行業或行為人是否客觀上欠缺期待其履行前開法令所定義務之可能性決定之」。

　　而新竹市政府 107 年訴字第 25 號訴願決定書則亦是一代表性的例子：「訴願人為『***餐飲館』（市招：**　*****Bar）之獨資負責人，此有『**餐飲館』之商業登記資料查詢在卷可憑，則依消防法第 2 條規定，訴願人應屬該場所之管理權人，又該『**餐飲館』登記雖係以餐館為業，惟現場使用型態為酒吧，且招牌為**　***Bar，此為訴願人所不否認，是依消防法第 13 條及同法施行細則第 13 條第 2 款之規定，該場所係屬一定規模以上供公眾使用之建築物，應由管理權人即訴願人遴用防火管理人。惟訴願人並未遴用防火管理人，嗣於 107 年 5 月 7 日經原處分機關第一大隊實施消防安全檢查，發現訴願人有上述違規行為，遂依消防法第 13 條及第 40 條規定，開立限期改善通知單，課予訴願人於 107 年 8 月 7 日前完成遴用防火管理人並制定消防防護計畫，報請消防機關核備之行政法上義務。基此，訴願人應於期限內依法遴用受訓合格之防火管理人，如認無法自己參加訓練，則應遴派該場所管理或監督層次之幹部參加防火管理訓練，由受訓合格之防火管理人擔任該場所之防火管理人並執行有關防火管理之必要業務。原處分機關於 107 年 8 月 10 日前往複查仍未改善缺失，遂認定訴願人違反消防法第 13 條，並有限期改善逾期不改善之情事，固非無見。然查上開限期改善期間，從 107 年 5 月 7 日起至 107 年 8 月 7 日止，雖共計有 92 天，惟其中 107 年 6 月 8 日至同年 9 月 20 日訴願人即因涉詐欺案件，經臺灣雲林地方法院裁定羈押、延長羈押並禁止接見通信於臺灣雲林看守所。本案原處分機關雖係依據各級消防主管機關辦理消防安全檢查違法案件處理注意事項第 4 點表八附註三、『改善期限以 90 天為原則』，賦予訴願人限期改善期間。惟限期改善期間本應審酌具體個案給予合理改善期限，此觀各級消防主管機關辦理消防安全檢查違法案

件處理注意事項第 4 點第 2 款規定，限期改善案件應依改善計畫書內容，實際審核該場所改善期限甚明。是以，本案既經原處分機關核判訴願人實現遴用防火管理人並制定消防防護計畫，報請消防機關核備之行政法上義務需 92 天，**而訴願人自 107 年 6 月 8 日起即遭收押並禁止接見、通信，無法與外人見面及通信，縱選任辯護人依規亦僅能談論與訴願人訴訟進行事項，處於自己參訓或遴派該場所管理或監督層次之幹部參加防火管理訓練，有實際上不能或顯有相當困難之情狀時，是否應扣除該時日？不無斟酌餘地。則訴願人無法於 107 年 8 月 7 日前改善完成，尚難謂訴願人有故意或過失之情事，欠缺可非難性及可歸責性。另諸首揭函釋，訴願人處於客觀環境上不能遵守行政法上義務者，要求訴願人履行行政法上義務即係欠缺期待可能性」。**

2. 義務衝突下之利益衡量

最高行政法院 106 年度判字第 585 號判決對此即稱「凡行政法律關係之相對人因行政法規、行政處分或行政契約等公權力行為而負有公法上之作為或不作為義務者，均須以有期待可能性為前提。是公權力行為課予人民義務者，依客觀情勢並參酌義務人之特殊處境，在事實上或法律上無法期待人民遵守時，上開行政法上義務即應受到限制或歸於消滅，否則不啻強令人民於無法期待其遵守義務之情況下，為其不得已違背義務之行為，背負行政上之處罰或不利益，此即所謂行政法上之『期待可能性』。本件被上訴人為國營事業，經濟部則為其目的事業主管機關，具有任免被上訴人之重要人員、訂定被上訴人之管理制度、檢查及考核被上訴人之業務等職權（國營事業管理法第 8 條第 1 項第 3 款至第 5 款規定參照），且經由經濟部指派或任用之被上訴人代表人，與經濟部間之關係，為公法關係（司法院釋字第 305 號解釋參照），應受代表行政院之行政院人事行政總處及經濟部的指揮監督，則其等所為之前開 104 年 8 月 13 日函釋及 104 年 8 月 18 日函釋，被上訴人之代表人如不遵守，除可能遭經濟部依『經濟部所屬事業機構人員考核辦法』第 14 條、第 5 條等規定予以懲處，或依公務員懲戒法移送懲戒，甚至可能以觸犯

貪污治罪條例之圖利他人罪嫌移送檢方偵辦，以遂行其『行政一體』之指揮監督職權。此際，**實難以期待被上訴人捨行政院人事行政總處 104 年 8 月 13 日函釋及經濟部 104 年 8 月 18 日函釋而不由，反去遵守前揭勞動基準法第 55 條及第 57 條之規定。易言之，在行政院人事行政總處 104 年 8 月 13 日函釋及經濟部 104 年 8 月 18 日函釋之拘束下，強令被上訴人履行前揭勞動基準法第 55 條及第 57 條所課予之行政法上義務，實屬欠缺期待可能性，而無可非難性，自不應對其加以處罰。**綜上所述，上訴人以被上訴人違反勞動基準法第 55 條規定，而依同法第 78 條第 1 項、第 80 條之 1 規定，以原處分對被上訴人裁處 30 萬元罰鍰並公布其名稱，核有違誤，……」。

三、小結

綜上所述，行政法上期待可能性原則的運用，儘管最高行政法院 102 年度判字第 611 號判決已認為期待可能性之適用不限於行政罰，凡行政法律關係之相對人因行政法規、行政處分或行政契約等公權力行為而負有公法上之作為或不作為義務者，均須以有期待可能性為前提。惟實務上的運用，仍多係行政罰領域，然其概念在理論體系定位上和刑事法當中的期待可能性理論應無不同。但刑罰與行政罰畢竟在本質上有質與量的區別，故行政法上欠缺期待可能性概念解釋與適用上即應較刑事法領域來的寬鬆。

準此，遂有論者主張只要是行為人無從或甚難以自身能力排除被裁罰的風險時，且此風險並非可歸責於行為人自身，即使行為人曾經因為相同事件被科以秩序罰，既然行為人無以自行調節與排除違法之風險，且處罰行為人仍無法確保行政義務將來會被遵守時，為平衡行為人與國家之間地位的不平等以適應複雜的法律關係，即應由期待可能性理論加以調整行為人必須違法的「無奈感」。而考量到這樣的落差亦應連結到國家與個人間的實力落差，故選擇以國家與行為人個人的地位不平等作為行為人可否自力排除風險或可否歸責的實質內涵之一，無論是法律見解錯誤、法律選擇錯誤，或是非屬其二

種錯誤的情形，均是如此[3]。

肆、期待可能性成為行政法基本原則的試金石
——廣電法上的黨政軍條款

一、廣電法上黨政軍條款的期待不可能

按期待可能性由行政罰發展成為行政法基本原則的試金石，即是廣電法上的黨政軍條款，茲舉其近年來具代表性的行政救濟案例如下：

（一）臺北高等行政法院 108 年度訴字第 99 號判決

1. 國發基金於基準日 107 年 10 月 15 日持有原告法人股東中橡公司股票，而間接輾轉投資原告（即系爭違反黨政軍投資情事），致有違反黨政軍投資條款等情，有政府機構持股股東名冊 1 份在卷可稽（原處分卷第 4 頁）。**然原告對於國發基金持有原告法人股東中橡公司股票，及中橡公司持有原告股票等投資之行為，除事前知情，與之有意思聯絡，或是有防止發生之可能性外，處於被動狀態，應無預見可能性，原告亦無法拒絕國發基金取得中橡公司股票及中橡公司取得原告公司之股份等投資之行為，原告並無可非難性及可歸責性。**況原告均係因國發基金購入中橡公司股份及中橡公司購入原告股份之行為，而非原告自己之行為導致國發基金間接投資原告之違規狀態。原告對國發基金及中橡公司之各該投資行為，並無任何實質影響力，無權限制或拒絕上開股份買賣交易之成立，遑論排除。可知，原告並無任何法律上權源，得本於一己之力，獨立以「改正」違反衛廣法第 5 條第 1 項規定情事。

2. **被告固辯稱原告可以主動協助其法人股東建立查核機制，隨時掌控受投資之情形云云，然原告為依證券交易法受金融監督主管機關核准而公開發行**

股票之公司，任何人均得於公開市場上買受原告之股票，另基於公司法股票自由轉讓原則，均無從阻止他人買受股票等情，為公司法第 163 條、第 167 條所明文規定，並據原告說明在卷。況以公開交易市場股票價格及訊息瞬間多變，衡情亦甚難即時予以掌握買受原告股份之投資人身份。故被告固辯稱原告可以主動協助其法人股東建立查核機制，隨時掌控受投資之情形云云，非但為法律所未規定之制度，衡情原告自無由規範投資人，且此方式尚須仰賴原告之法人股東主觀意願之是否配合，況原告之法人股東倘為投資原告而建立查核機制，勢將支出額外之資金及人力以運作查核機制，此等均與法令規定相違且與實際狀況不符，遑論原告投資人有何遵循之意願。故難認原告就系爭附款之履行有何期待可能性之可言。

3. 另被告抗辯東森電視以買回持股之方式；民視公司協助轉讓股票予其他受讓人之方式改正違反黨政軍投資情事乙節，然公司取得自己的股份，將有悖於資本充實原則，是以公司法原則上禁止公司取得自己股份，僅於公司法第 167 條第 1 項或證券交易法第 28 條之 2 所列例外情形，始容許公司買回自己股份，故被告此部分抗辯，即與法令相悖而不可採。況東森電視、民視電視均非屬公開發行公司，其公司之股份並非在公開市場交易，亦與原告為公開發行股票公司之情形不同。至年代電視雖由公司大股東買回股份以排除違反黨政軍投資情事，惟要求原告請求投資者轉讓股份，亦受制於投資者有無意願出售股份，且亦須有第三人願意且有資力買受股份，均係仰賴第三人之意願及行為始能達成之事項，衡情實難認為原告得以此不特定且不確定之方式履行系爭附款法律上義務。且黨政軍投資條款旨在禁止黨政軍以任何形式投資媒體，以防止介入媒體經營，惟因有價證券公開市場交易之不確定性，將致原告隨時可能因違反黨政軍投資條款而遭廢止原處分，並非黨政軍投資條款法規範之本旨。故系爭附款之履行於原告顯不具期待可能性，且非合理、可能而確定可行。

（二）臺北高等行政法院 109 年度訴字第 1067 號判決

　　其事實略謂：原告係衛星廣播電視事業（下稱衛廣事業），領有「緯來精彩台」之衛廣事業執照而得經營「緯來精彩台」頻道。嗣因原告上開衛廣事業執照將於民國 109 年 7 月 30 日屆期，其遂於同年 2 月 3 日依衛星廣播電視法（下稱衛廣法）第 18 條第 1 項規定向被告申請換發衛廣事業執照。經被告查得原告上層法人股東中國人壽保險股份有限公司（下稱中國人壽公司）有受到勞動部勞動基金運用局（下稱勞金局）所管理運用之「新制勞工退休基金」及「勞工保險基金」（以下統稱系爭基金）投資情事，因此認為原告有違反衛廣法第 5 條第 1 項規定：「政府、政黨、其捐助成立之財團法人及其受託人不得直接、間接投資衛廣事業。」（即俗稱之「黨政軍條款」）之情事，旋經被告 109 年 7 月 22 日第 919 次委員會議決議，許可換發衛廣事業執照，但附加內容為「貴公司應自許可換照之日起 3 年內改正違反衛廣法第 5 條第 1 項規定情事；本會依行政程序法第 93 條第 2 項第 4 款規定，保留本行政處分之廢止權，貴公司如未於期限內改正完成，本會得依同法第 123 條第 2 款規定，廢止許可並註銷執照。」之附款。原告對原處分所附加系爭附款不服，遂提起行政訴訟。**查原告及中國人壽公司均係依證券交易法受金融監督主管機關核准而公開發行股票之公司，任何人均得透過有價證券集中交易市場買受原告或中國人壽公司股份，此為公眾週知而於法院已顯著之事實。基於股份自由轉讓原則，原告及中國人壽公司不僅無法選擇或拒絕特定人或單位於公開市場交易其股票，且股市交易狀況瞬息萬變，原告亦難以即時掌握直接或間接持有原告所有上層股東股權之變化狀況。而就既有之投資狀態，現行法令亦未賦予原告否決或排除政府機構或上市公司投資決定之權利或有效措施，是原告對於此種間接投資情形，於事前或事後均難有任何防止或排除之可能性。又縱使如被告作為得行使公權力之行政機關，依現行法令尚且無法排除原告被動遭系爭基金間接投資之情況，又如何能期待原告在毫無法令依據之情況下，僅憑一己之力防止或排除其遭系爭基金間接投資之情況？此益**

證原告不論是在事實上或法律上，確實不可能履行系爭附款所課予之限期改正作為義務。

（三）臺北高等行政法院 110 年度訴字第 1552 號判決

　　主管機關要求系統經營者改正受黨政軍投資之情形時，仍應依法規範意旨檢視其受投資之緣由與脈絡，以審認命其改正是否具備客觀上得以履行之期待可能性：

1. 查有廣法第 10 條第 1 項之規定乃一般所稱之「黨政軍條款」，其立法背景係為使黨政軍勢力全面退出廣播電視媒體，維護新聞專業自主空間，健全民主政治與公私媒體均衡多元之良性互動。故立法院於 92 年 3 月間三讀通過廣電三法（包括本件之有廣法）關於黨政軍退出媒體條款修正案，目的即係為匡正戒嚴時期所形成由黨政機關（構）及其相關團體壟斷或控制電視廣播媒體等之不合理現象。又本件所涉有廣法第 10 條第 1 項規定，係於 92 年 12 月 24 日增訂並經總統公布施行 (原列為第 19 條第 4 項)，觀其文義，係指「政府、政黨、其捐助成立之財團法人及其受託人」不得直接、間接持有有線廣播電視事業股份，核其立法意旨，乃在使黨政軍勢力徹底退出媒體，以維護新聞自由與民主健全發展，不以任何形式介入有線廣播電視系統之經營。據此可知，當時所欲達成的立法目的是為維護媒體的公共化及中立性，完全禁絕所謂的黨政軍介入媒體經營，若發生違反情事，於有廣法所規範之系統經營者，主管機關尚得依同法第 58 條第 2 項規定處以罰鍰、限期改正、按次處罰或廢止其經營許可並註銷其執照。

2. **然查，政府、政黨、其捐助成立之財團法人及其受託人透過股份之購買或持有等方式以直接或間接投資系統經營者，其原因不一而足，或係單純之投資理財，或係為確保公法債務等因素，其中尤以於股票集中交易市場購買非系統經營者之上市公司股票，而因該股票上市公司直接或間接持有系統經營者股票，致前開政府、政黨、其捐助成立之財團法人及其受託人間接持有系統經營者股份居多，該等黨政軍持有系統經營者股份之本意非為**

控制媒體或介入經營，乃屬甚明。次查，系統經營者於此等情況下係受投資之被動方，往往在不知情、無可控制、無力防免之情形下受政府、政黨、其捐助成立之財團法人及其受託人直接或間接投資，堪認該系統經營者可掌控與排除黨政軍直接或間接持股之能力，較諸於主動參與投資之黨政軍團體更低。若因此即認系統經營者有違反黨政軍條款之情形，並因而需承受被處罰甚至廢止執照之結果，實有未洽。

3. 從有廣法第10條第1項之立法目的可知，其管制目的既係為匡正戒嚴時期所形成之由黨政機關（構）及其相關團體壟斷或控制電視廣播媒體等之不合理現象，而該等現象核予前揭2.中所示情形有別，應認系統經營者在前開情況下受政府及其捐助財團法人之直接或間接投資，非屬有廣法第10條第1項所欲規範之情況，而不在該條項所欲禁止之黨政軍投資介入經營行為之射程範圍內，如強加禁止或改正，亦與立法目的有所不合，且對受投資之系統經營者而言，亦不具備期待可能性，此乃無效之管制措施，足認該條項明顯已形成隱藏之法律漏洞，必須透過適當之法律解釋加以填補。故基於「非相類似的，應為不同的處理」法理，本院認應以目的性限縮之解釋方法，將該等如(2)所示之案型予以剔除適用，始為適法。

4. 承上，主管機關在審認系統經營者是否違反該條項規定時，本不應僵化地認定無論在何種管道下持股、直接或間接投資、亦不論係受政府（軍隊）、政黨或其捐助之財團哪一方、持股比例多寡甚至僅有一股或零星股，一概不得持有，否則即認有違反該條項之規定，並祭出相關處罰或命改正，甚至廢照等其他不利管制處分，或不當引為申請執照、換照之消極要件。主管機關於審查時，應進一步具體審視該系統經營者係於何種管道受黨政軍投資，究係受何人投資、所受持股比例為何以及該等情形是否已對系統經營者產生介入經營之一定影響力等因素，以判斷是否為該條項所欲規範的射程範圍，最終再作成是否違反黨政軍條款的認定。主管機關如欲要求該系統經營者，改正前開受黨政軍投資的違法情形，亦應依法規範意旨先檢

視其受投資之緣由與脈絡，以決定是否認有違反該條規定，並審認命其改正是否符合客觀履行上之期待可能性，方為適法。

（四）最高行政法院 111 年度上字第 222 號判決

1. 自上開修正前有廣法第 19 條第 4 項、第 5 項或現行之第 10 條第 1 項前段、後段觀察，可知立法者課予黨政不得投資系統經營者之不作為義務，黨政如有不符該條款之情事，立法者復課予黨政應自修正施行之日起 2 年內「改正」之作為義務，但是對於系統經營者是否負有不被黨政投資之不作為義務，從而推導出如一旦被黨政投資，系統經營者即負有「改正」之作為義務，欠缺明確的規定。惟承前述，本件換照處分性質上屬裁量處分，系爭附款前段記載被上訴人「自核准換照之日起 3 年內改正違反黨政軍條款情事」，應非屬法律狀況或法律規定之指示，更不是法定廢止權事由，而是上訴人於作成系爭換照之授益處分，同時明白告知處分相對人即系統經營者「自核准換照之日起 3 年內改正違反黨政軍條款情事」，以之作為保留將來行使廢止權之事由。而按附款原本即是行政機關所為公法上意思表示，原則上應以相對人所得理解之行政機關意志為判斷標準，將系爭附款前段之記載，結合系爭附款後段關於廢止權保留之記載予以整體觀察，上訴人主張系爭附款性質屬廢止權保留，既已符合非法定之廢止權保留案型關於廢止權要求明確化，即符合明白告知相對人且相對人亦有可預見性之要件，則上訴人主張系爭附款性質屬廢止權保留，於法尚無不合。

2. 行政程序法第 94 條：「前條之附款不得違背行政處分之目的，並應與該處分之目的具有正當合理之關聯。」是以行政處分之附款必須具合目的性，且不得有不正當之聯結。因行政處分是否添加附款，係行政機關裁量權之行使，此項裁量權之行使，不得有逾越權限及濫用權力情形（行政訴訟法第 201 條參照），應受一般法律原則（例如比例原則）之拘束。所謂「目的」，係指行政處分所依據之法規目的，而所謂「違背」，指阻礙或妨害目的之實現，是所謂「違背行政處分之目的」，即指全部或一部地破壞目的之

實現或造成其重大困難。自有廣法關於換照的規定及換照審查辦法的規定觀之，有線電視系統業者對其已設立且運作之有線電視系統營業，受到一定程度之存續保障，是以系爭許可換照之行政處分，其目的在對已具現行系統經營者身分之申請人，依於許可期間所掌握與瞭解之該業者過往的經營績效及營運狀況，評估法定之管制目的如能在換照後得以繼續實現或獲得維繫，則給予每次 9 年之經營許可有效期間，此同時保障了該業者之財產權。**是以，主管機關在處理換發執照之申請案件，裁量決定附加附款，以及選擇裁量附加某種附款時，應確認該附款之內容必須有履行可能性，此所指之可能性，非指民法上之客觀可能，而是指期待可能性。本件被上訴人受黨政軍間接投資，源於其股東台固媒體係由上層股東大富媒體 100% 持股之子公司，而大富媒體又由上層股東台哥大 100% 持有其股份，台哥大則遭中華郵政、臺灣銀行股份有限公司公教保險部、公務人員退休撫卹基金管理委員會、舊制及新制勞工退休基金、勞工保險基金、國民年金保險基金等政府機構間接持股合計 6.38%，為原判決依法確定之事實，核與卷內證據資料相符。則原判決認被上訴人既係被動受國營事業基於投資及基於公益目的成立之基金購入台哥大股份及其作為被上訴人多層股東購入被上訴人公司股份所致，其亦無正當權源或得本於一己之力獨立改正排除受投資之狀態，系爭附款課予被上訴人限期改正之作為義務，應認客觀上無履行可能，有違期待可能性原則，核屬有據。上訴意旨主張期待可能性係僅適用於行政罰之裁罰性處分，原處分為授益處分，原判決卻逕予適用期待可能性原則，有適用法規不當之違法，尚屬其主觀之歧異見解。**承前所述，有廣法第 21 條第 1 項規定系統經營者之經營許可執照有效期間為 9 年，於初次核發或換發並無不同之規定，是系統經營者所獲換發之經營許可執照亦係附 9 年終期之授益行政處分，系爭廢止權保留之附款以「應自核准換照之日起 3 年內改正違反黨政軍條款情事」為廢止事由，而該事由之實現對於被上訴人而言無期待可能性，則系爭換照處分已與附 3 年期

限相去不遠，無異以系爭附款駁回被上訴人申請換發附 9 年終期之經營許可執照之申請，依前開之說明，系爭附款難謂與換照行政處分之目的並無違背，從而不合於行政程序法第 94 條之合法性要求。上訴意旨主張政府機構未來是否以其股東身分或行使股東權之方式實質介入被上訴人之經營，從而影響媒體中立性及言論自由，屬上訴人所為之預測評估判斷，而系爭附款屬防制措施，核屬獨立機關對於未來發展估測作成之專業判斷，司法應採取低密度之審查，原判決有判決不適用法規或適用不當之違背法令云云，核諸前開之說明，其所採取之防制措施，對被上訴人而言，其實現欠缺期待可能性，此與上訴人如何預測評估判斷黨政未來是否介入被上訴人之經營，殊屬二事，尚非可採。

3. **上訴意旨主張 92 年 12 月 24 日增訂之有廣法第 19 條第 4 項規定之立法目的，旨在要求黨政軍退出媒體，以維護新聞自由，為立法者所訂之管制規定，上訴人並無裁量空間。且 104 年 12 月 17 日立法院朝野黨團協商結論，仍維持現行有線廣播電視法第 10 條第 1 項規定內容，是以，修法結果仍維持全面排除政府機構間接投資之規定，上訴人自須依法行政等語。惟按修正前有廣法第 19 條第 4 項規定及現行同法第 10 條第 1 項規定之立法意旨良善，且有其歷史之背景，該條文之存廢並或如何修正近年來爭論不休，惟此並非本件爭執之所在，有問題者在於系爭附款所列之廢止事由為要求被上訴人「自核准換照之日起 3 年內改正違反黨政軍條款情事」無期待可能性。**

二、主管機關的無力（奈？）抗辯

按誠如行政法院所一再強調的：基於股份自由轉讓原則，廣電業者不僅無法選擇或拒絕特定人或單位於公開市場交易其股票，且股市交易狀況瞬息萬變，原告亦難以即時掌握直接或間接持有原告所有上層股東股權之變化狀況。而就既有之投資狀態，現行法令亦未賦予原告否決或排除政府機構或上

市公司投資決定之權利或有效措施，是原告對於此種間接投資情形，於事前或事後均難有任何防止或排除之可能性。又縱使如作為得行使公權力之主管機關，依現行法令尚且無法排除原告被動遭系爭基金間接投資之情況，又如何能期待廣電業者在毫無法令依據之情況下，僅憑一己之力防止或排除其遭黨政軍資金間接投資之情況？黨政軍投資條款旨在禁止黨政軍以任何形式投資媒體，以防止介入媒體經營，惟因有價證券公開市場交易之不確定性，將致原告隨時可能因違反黨政軍投資條款而遭廢止原處分，並非黨政軍投資條款法規範之本旨。

　　再者，主管機關主張期待可能性係僅適用於行政罰之裁罰性不利處分，不得作為授益處分附款之履行。惟行政法院既已強調「期待可能性之適用不限於行政罰，凡行政法律關係之相對人因行政法規、行政處分或行政契約等公權力行為而負有公法上之作為或不作為義務者，均須以有期待可能性為前提」。準此，期待可能性已係行政法上的一般法律原則，故主管機關就附款之履行自亦以具有期待可能性為前提。此所指之可能性，非指民法上之客觀可能，而是指期待可能性。故當廣電業者無正當權源或得本於一己之力獨立改正排除受投資之狀態，系爭附款課予其限期改正之作為義務，應認客觀上無履行可能，有違期待可能性原則。

　　而當主管機關一再敗訴，從而訴諸於黨政軍退出媒體，為立法者所訂之管制規定，主管機關並無裁量空間之抗辯。行政法院則指明無論黨政軍條款之立法政策如何，有問題者在於系爭附款所列之廢止事由為要求「自核准換照之日起 3 年內改正違反黨政軍條款情事」實無期待可能性可言。其實也就直指黨政軍條款的合憲性大有疑慮。

三、黨政軍條款的違憲性

　　黨政軍條款此種規範，彷彿係課予廣電業者「狀態責任」，亦即排除廣電媒體黨政軍投資的法定義務。按狀態責任其本係指人民依法規之規定，對某

種狀態之維持，因基於「與物之聯結關係」而具有義務（尤其是所有人、占有人），因違背此種義務，故須受到行政罰。所謂「狀態責任」，係以具備排除危害可能性為重要考量，而物之所有人、管理人、使用人對物的狀態原則上應係最為明瞭而能排除危害者。申言之，現代社會發展多元，危害、干擾公共秩序、環境之類型亦種類繁多，行政機關為盡其所能排除危害、預防危害以達成維護公共秩序的行政任務，在理論上，不應有漏洞存在，故除可動用公權力機關本身之力量外，有時亦得要求人民負擔之，只要人民所增加之負擔，並未逾越合理限度，亦為法所許。惟此等義務本身並無「人的行為」要素存在。易言之，當物之支配權人改變時，繼受者自應因承受成為狀態責任義務人。**然「狀態責任」之追究仍應以構成故意、過失為前提，而非有此身分者即當然有此責任之「結果責任」，故「狀態責任」及「行為責任」毋寧是「狀態義務」或「行為義務」，其重點在於「排除危險、回復安全」之義務。故當狀態責任人非同時為行為人時，其所負的責任即為純屬狀態責任。問題是狀態責任係以責任人能排除危害為前提，而當「縱使如作為得行使公權力之主管機關，依現行法令尚且無法排除黨政軍投資之情況，又如何能期待廣電業者在毫無法令依據之情況下，僅憑一己之力防止或排除其遭黨政軍資金間接投資之情況？」此種狀態責任自難以成立。**

　　尤有進者，期待可能性在黨政軍條款的運用，其實除了「附款課予其限期改正之作為義務，應認客觀上無履行可能」，已非僅適用於行政罰之裁罰性不利處分，而係行政法上的一般法律原則外，最為重要的是，期待可能性縱令在行政罰領域的解釋與適用，亦非僅是作為超法規阻卻責任事由，而係行為人實無故意或過失可言，從而不符行政罰法第 7 條對責任條件之要求。諸如臺北高等行政法院 108 年度訴字第 99 號判決即稱「國發基金於基準日 107年 10 月 15 日持有原告法人股東中橡公司股票，而間接輾轉投資原告（即系爭違反黨政軍投資情事），致有違反黨政軍投資條款等情，有政府機構持股股東名冊 1 份在卷可稽。然原告對於國發基金持有原告法人股東中橡公司股票，

及中橡公司持有原告股票等投資之行為，除事前知情，與之有意思聯絡，或是有防止發生之可能性外，處於被動狀態，應無預見可能性，原告亦無法拒絕國發基金取得中橡公司股票及中橡公司取得原告公司之股份等投資之行為，原告並無可非難性及可歸責性。況原告均係因國發基金購入中橡公司股份及中橡公司購入原告股份之行為，而非原告自己之行為導致國發基金間接投資原告之違規狀態。原告對國發基金及中橡公司之各該投資行為，並無任何實質影響力，無權限制或拒絕上開股份買賣交易之成立，遑論排除」。換言之，廣電業者對第三人投資行為，並無任何實質影響力，無權限制或拒絕上開股份買賣交易之成立，遑論排除，既無可非難性及可歸責性，實無故意或過失可言，其難以改正，自不符行政罰法第 7 條對責任條件之要件。司法院釋字第 687 號解釋更進一步指出「基於無責任即無處罰之憲法原則，人民僅因自己之刑事違法且有責行為而受刑事處罰，法律不得規定人民為他人之刑事違法行為承擔刑事責任」，黨政軍條款此種「替人背過」的制度設計，自已違反無責任即無處罰之憲法原則。

伍、代結論——廣電法上黨政軍條款何去何從？

顯而易見的是，黨政軍條款中，政府、政黨、政黨黨務工作人員及選任公職人員不得擔任廣播、電視事業之發起人、董事、監察人及經理人。由廣電業者予以改正，尚有期待可能性可言，亦少有爭議。惟一旦涉及第三人投資行為，若要課廣電業者的阻止義務及改正義務，即不啻強令人民於無法期待其遵守義務之情況下，為其不得已違背義務之行為，背負行政上之處罰或不利益，違反「期待可能性原則」，逾越人民對公眾事務負擔義務之界限。

綜上所述，為因應「提升多元化」、「因應科技匯流」及「促進通訊傳播健全發展」之通傳法規範設計，一種全面封殺、政府和媒體絕緣的法令，不但不見得防止了媒體怪獸的脫法行為，亦會撲滅各行各業政府資金所可能引動網路媒體，創新服務的火種。縱令「黨政軍條款」係國家於民主轉型過

程中應採取回復或匡正之措施,以確立憲法保障廣電自由之價值。惟其內容仍須符合法治國原則之要求,即無論何種國家權力之行使,均須合於基本權之保障,及其所蘊含之比例原則及法律明確性原則等,尤其是不得脫逸裁罰人民基本之責任條件要求,亦不得強人所難的期待不可能。否則「縱使如作為得行使公權力之主管機關,依現行法令尚且無法排除廣電業者被動遭系爭基金間接投資之情況,又如何能期待廣電業者在毫無法令依據之情況下,僅憑一己之力防止或排除其遭黨政軍資金間接投資之情況?」,實非法治國家常態。

第三篇

黨政軍投資媒體之行政罰對象解析

詹鎮榮[*]

[*] 國立政治大學法律學系教授，德國科隆大學法學博士 (Dr. iur.)。

壹、問題之提出

　　為回應朝野對黨政軍退出廣播電視媒體、保障媒體工作者新聞專業自主性之媒體政策共識[1]，立法院於 2003 年 12 月 9 日修正廣播電視法、衛星廣播電視法及有線廣播電視法廣電三法時，於各法中同步增訂所謂的「黨政軍條款」，規定政府、政黨、其捐助成立之財團法人及其受託人不得直接、間接投資民營廣播電視事業、衛星廣播電視事業，或是系統經營者[2]。自此以降，政府及政黨不得投資並經營廣播電視事業，取得明文之法規範依據。抑有進者，立法者對於違反此等黨政軍不得投資廣電事業之行政法上不作為義務者，更賦予行政罰之制裁效果，以及限期改正之作為義務。以現行法而言，廣播電視法第 44-2 條第 1 項規定：「民營廣播、電視事業有下列情形之一者，處新臺幣二十萬元以上二百萬元以下罰鍰，並令其限期改正，屆期不改正者，得按次處罰：二、違反第五條之一第一項至第三項規定。」衛星廣播電視法第 50 條：「衛星廣播電視事業、境外衛星廣播電視事業或他類頻道節目供應事業違反第五條第一項至第五項或第六十四條第一項準用第五條第一項至第五項規定，處新臺幣二十萬元以上二百萬元以下罰鍰，並令其限期改正；屆期不改正者，得按次處罰，或廢止其許可並註銷其執照。」以及有線廣播電視法第 58 條第 2 項：「系統經營者違反第十條第一項至第三項規定，處新臺幣二十萬元以上二百萬元以下罰鍰，並令其限期改正；屆期不改正者，得按次處罰，或廢止其經營許可並註銷其執照。」

---

[1] 參見李慶安委員等提案，立法院第五屆第一會期第九次會議議案關係文書，院總第九七九號，委員提案第三九三九號，民國 91 年 4 月 13 日；羅文嘉委員等提案，立法院第五屆第一會期第二十次會議議案關係文書，院總第九七九號，委員提案第四二七六號，民國 91 年 6 月 1 日；洪秀柱委員等提案，立法院第五屆第二會期第七次會議議案關係文書，院總第九七九號，委員提案第四四五八號，民國 91 年 10 月 30 日。

[2] 現行條文可分別參見廣播電視法第 5-1 條第 1 項、衛星廣播電視法第 5 條第 1 項、有線廣播電視法第 10 條第 1 項。

上揭廣電三法對於違反黨政軍條款所為之法律效果規定，共通點在於皆以「廣播、電視事業」（以下簡稱為「廣電事業」）作為罰鍰及限期改正之對象。此等義務人之規定，與黨政軍條款所定「政府、政黨、其捐助成立之財團法人及其受託人不得直接、間接投資系統經營者」之規範對象，在文義上顯有落差。質言之，廣電三法禁止投資及經營廣電事業之直接對象，法條規定為政府、政黨、其捐助成立之財團法人及其受託人。然而，違反此禁止義務而依法應受到處罰，並負有限期改正義務者，則是廣電事業。對此規範架構，學界及實務有主張乃因立法錯誤所引發，治本之道應儘速修法，將罰鍰及改正義務之規範對象，更迭為實際上違反行政法上不作為義務之政府或政黨。甚或，更有主張絕對禁止政府或政黨投資或經營廣電事業，與當代自由民主憲政秩序及媒體言論多元之發展趨勢不符[3]，恐有違憲之虞，宜檢討修法[4]。姑不論黨政軍條款在立法政策上未來是否以及如何調整，由現行規範架構以觀，在法律上首先釐清者，為上揭廣電三法中有關違反黨政軍條款之處罰規定，是否確屬處罰對象上之立法錯誤，而絕無適用之餘地？廣電事業在政府或政黨違反其不得投資或經營廣電事業之行政法上不作為義務時，究竟扮演何等角色？本文將從行政罰法觀點切入，解析在現行廣電三法之規範架構下，廣電事業是否以及在何等情形下，可成為違反黨政軍條款之裁罰對象？

貳、行政法院裁判見解

廣電三法自 2003 年增訂黨政軍條款後，在監理作業實務上，屢有廣電業者遭主管機關國家通訊傳播委員會（以下簡稱 NCC）以違反該禁止規定為

---

[3] 相關討論可參見張永明，簡論廣電三法之黨政軍條款，台灣法學雜誌，294 期，2016 年 4 月，頁 115 以下。

[4] 詳可參見陳新民，由憲法與法治國原則檢驗「黨政軍退出媒體」規定的合憲性問題，人權會訊，139 期，2021 年 12 月，頁 41 以下。

由，處以罰鍰處分，並令限期改正。部分受處分廣電業者不服，提起行政爭
訟。多年來，在行政法院業已累積為數不少之相關裁判。以下茲擇選若干代
表性判決，以探知行政法院對黨政軍條款規定應如何適用之實務見解：

一、正聲廣播股份有限公司案

　　NCC 認定財政部及交通部對正聲廣播股份有限公司有間接投資關係，有
違反廣播電視法第 5 條第 4 項（現行條文為第 5-1 條第 1 項）規定情事，遂
依同法第 44 條第 2 項（現行條文為第 44-2 條第 1 項第 2 款）規定，處正聲
廣播股份有限公司新臺幣 30 萬元罰鍰。正聲廣播公司不服，提起行政訴訟。
臺北高等行政法院 101 年度簡字第 157 號判決撤銷原處分，理由略以：

1. 根據廣播電視法第 5 條第 4 項及第 44 條第 2 項規定，「直接、間接投資民
   營廣播電視事業」之主體為「政府、政黨、其捐助成立之財團法人及其受
   託人」，且「投資行為」亦係「政府、政黨、其捐助成立之財團法人及其受
   託人」所為之「直接、間接投資民營廣播電視事業」，均與「廣播電視事
   業」無涉，「廣播電視事業」只是被投資之對象。
2. 基於「有責任始有處罰」之原則，人民違反法律上之義務而應受行政罰之
   行為，依據行政罰法第 7 條第 1 項規定，非出於故意或過失者，不予處罰。
   質言之，對於違反行政法上義務之處罰，應以行為人主觀上有可非難性及
   可歸責性為前提，如行為人主觀上並非出於故意或過失情形，應無可非難
   性及可歸責性，自不予處罰。
3. 若本件原告在原處分所裁處之「間接投資」行為中若與「政府、政黨、其
   捐助成立之財團法人及其受託人」間有意思聯絡行為分擔之故意共同實施，
   自可依行政罰法第 14 條第 1 項處罰。
4. 若本件原告若有就「政府、政黨、其捐助成立之財團法人及其受託人」直
   接、間接投資原告之事實發生，能防止而不防止之情事，依行政罰法第 10
   條亦應負責。廣播電視事業若對於「政府、政黨、其捐助成立之財團法人

及其受託人」有關係企業或類似之監督關係，得以防免受到「直接、間接投資」，亦得認定「廣播電視事業」有所過失。

5. 在公開市場之運作，無論直接或間接投資，除非有違規之內線交易，原則上原告對於上開間接轉投資之情形，均處於被動狀態，根本無預見可能性，更無法拒絕該等政府、政黨或其捐助成立之財團法人及其受託人購買原告公司股份，可證原告在本件所謂「間接投資」之一連串過程中，毫無可非難性及可歸責性，原處分乃違反行政罰法第 7 條第 1 項規定之意旨。

二、聯禾有線電視股份有限公司案

NCC 認定臺北市政府與聯禾有限電視股份有限公司有間接投資關係，違反有線廣播電視法第 19 條第 4 項、第 5 項及第 24 條第 1 款規定，且於每季申報股權切結中承諾無違反黨政軍退出媒體規定，應負違法過失責任，遂依同法第 68 條第 1 項第 2 款規定，處聯禾有限電視股份有限公司 10 萬元罰鍰，並命 1 年內改正。受處分事業不服，提起行政訴訟。臺北高等行政法院 101 年度訴字第 379 號判決撤銷原處分，主要理由略以：

1. 按有線廣播電視法第 19 條第 4 項、第 5 項立法背景係 92 年間為使黨政軍勢力全面退出廣播電視媒體，維護新聞專業自主空間，健全民主政治與公私媒體均衡多元之良性互動。上開規定係課予「政府、政黨、其捐助成立之財團法人及其受託人」不得直接、間接投資系統經營者之不作為義務，亦即有線廣播電視法第 19 條第 4 項、第 5 項所規範不作為義務之對象為「政府、政黨、其捐助成立之財團法人及其受託人」，而非系統經營者甚明。

2. 如非屬法律或自治條例課予行政法上義務之人，除與負有行政法上義務之人間有故意共同實施違反行政法上義務之行為，或同法第 15 條至第 17 條應予併同處罰之情形者外，即無違反行政法上義務之可能，而非屬行政罰之處罰對象，行政機關更不得任意以他人違反行政法上義務為由，而對未

違反行政法上義務之人加以裁罰。

3. 按行政罰法第 10 條第 1 項：「對於違反行政法上義務事實之發生，『依法有防止之義務』，能防止而不防止者，與因積極行為發生事實者同。」係規定對於行為人以消極不作為之方式，達到發生與積極行為相同之結果，而科以與積極違反行政法上義務行為相同之處罰責任。惟上開規定之適用，仍應以行為人「依法有防止之義務」為前提，是行為人依法律、自治條例或基於現行法令之衍生，如均無防止之義務者，即無適用該條項規定加以裁罰之餘地。有線廣播電視法第 19 條規定共分 6 項，除第 2 項及第 4 項、第 5 項係分別限制外國人及「政府、政黨、其捐助成立之財團法人及其受託人」投資系統經營者外，其餘各項均係課予系統經營者一定之作為或不作為義務。是同法第 68 條第 1 項第 2 款固將「違反有線廣播電視法第 19 條」列為對系統經營者裁罰之事由之一，惟仍應以「系統經營者」確有違反有線廣播電視法第 19 條各項所定情形為限，且不包括「系統經營者」單純因「政府、政黨、其捐助成立之財團法人及其受託人」違反有線廣播電視法第 19 條第 4 項、第 5 項規定而被直接或間接投資之情形。

4. 本件被告參酌行政罰法第 10 條第 1 項之規定，僅以有線廣播電視法第 24 條第 1 款、第 68 條第 1 項第 2 款針對「系統經營者」違反同法第 19 條之處罰規定，即據以推論上開規定課予「系統經營者」負有事前或事後防止自身經營之媒體事業受黨政軍投資之作為義務（狀態責任）云云，顯屬逾越法律規定之射程範圍，不當擴張有線廣播電視法第 19 條第 4 項、第 5 項、第 24 條第 1 款及第 68 條第 1 項第 2 款之規範對象，而使依法本不負有防免其接受黨政軍投資之作為義務，且客觀上亦難以履行該作為義務之「系統經營者」，擔負起非法定且難以期待其履行之作為義務，洵屬無據，自不足採。

5. 「期待可能性原則」是人民對公眾事務負擔義務之界限，凡行政法律關係之相對人因行政法規、行政處分或行政契約等公權力行為而負有公法上之

作為或不作為義務者，均須以有期待可能性為前提。是公權力行為課予人
民義務者，依客觀情勢並參酌義務人之特殊處境，在事實上或法律上無法
期待人民遵守時，上開行政法上義務即應受到限制或歸於消滅，否則不啻
強令人民於無法期待其遵守義務之情況下，為其不得已違背義務之行為，
背負行政上之處罰或不利益，此即所謂行政法上之「期待可能性原則」。原
告就本件結果（即台北市政府間接投資原告）之發生，客觀上無從期待因
原告克盡如何之注意義務後，即可避免結果之發生，故原告自無可歸責性
及可非難性，更無何過失責任可言。

三、緯來電視網股份有限公司案

　　NCC 認定緯來電視網股份有限公司受政府勞退基金及勞保基金間接投
資，違反衛星廣播電視法第 5 條第 1 項規定，依同法第 50 條規定，處公司新
臺幣 20 萬元罰鍰，並命自原處分送達之次日 1 年內改正。受處分事業不服，
提起行政訴訟。臺北高等行政法院 109 年度訴字第 1186 號判決撤銷原處分，
主要理由略以：

1. 衛廣法第 5 條第 1 項規定係課予「政府、政黨、其捐助成立之財團法人及
   其受託人」不得直接、間接投資衛星廣播電視經營者之不作為義務，亦即
   衛廣法第 5 條第 1 項規範不作為義務之對象為「政府、政黨、其捐助成立
   之財團法人及其受託人」，而非衛星廣播電視業者甚明。

2. 本件違反衛廣法第 5 條第 1 項，而依同法第 50 條裁罰（罰鍰）乃屬行政
   罰，而參照行政罰法第 7 條第 1 項規定（違反行政法上義務之行為非出於
   故意或過失者，不予處罰）可知，（基於「有責任始有處罰」之原則）對於
   違反行政法上義務之處罰，應以行為人主觀上有故意或過失為前提，若行
   為人主觀上非有故意或過失，即主觀上無可非難性及可歸責性，自不能予
   以處罰。

3. 本件勞退基金、勞保基金持有原告大股東中壽公司股票（成為股東），應係

在公開集中交易市場買入，而原告並無政府機關之調查權限，依現行法制，並無任何法令限制勞退基金、勞保基金等在公開交易市場買進原告大股東中壽公司股票，更無任何得以防止勞退基金、勞保基金進行類似本件間接投資之有效措施，及如何透過其他方式再輾轉成為原告之「間接」投資人，實難期待原告應事先知情並防止其發生。況本件原告又係「被動」成為本件勞退基金、勞保基金「間接」投資之對象，除有違規內線交易之情形，原則上原告對於上開間接轉投資之情形，均處於被動狀態，縱使知悉，亦無從防止，更無法拒絕勞退基金、勞保基金之間接投資；足證原告在本件所謂「間接投資」之一連串過程中，核無故意或過失，亦不具可非難性及可歸責性。

四、小結

　　上述所擇選之行政法院判決，皆一致性地認為：不論是無線、有線，或是衛星廣播事業，其欲成為廣電三法中違反黨政軍不得投資媒體規定之罰鍰裁處對象，基於「行為人自己責任」，原則上必須自己是違反不得投資行政法上不作為義務之行為人。而廣電事業作為違反黨政軍不得投資媒體義務之行為人，唯有在其與黨政軍「共同投資」，而成為行政罰法第 14 條第 1 項意義下之「故意共同實施違反行政法上義務之行為人」時，或是該當同法第 15 條至第 17 條之併罰規定時，始足當之。至於廣電事業以不作為方式，實現行政罰之行為構成要件者，在廣電三法之規範架構下，並不存在。蓋廣電三法並未課予廣電事業有事前或事後防止黨政軍對其自身事業投資之義務，故廣電事業在此規範關聯性下，無該當行政罰法第 10 條所稱「不真正（純正）不作為犯」之可能。

　　抑有進者，縱使在廣電事業可作為違反黨政軍不得投資媒體不作為義務之行為人前提下，本於行政罰法第 7 條所定之「有責任始有處罰」原則，廣電事業必須對其所實施之違反行政法上義務行為，主觀上具有故意或過失，

始得予以處罰。黨政軍若於公開之證券交易市場上，透過購買股票方式，直接或間接投資廣電事業者，則因廣電事業根本無法拒絕政府、政黨或其捐助成立之財團法人及其受託人購買公司股份，縱使承認其依法負有防止投資義務，亦無義務履行之期待可能性。是以，在此等投資樣態下，廣電事業對黨政軍之投資行為，並無可非難性及可歸責性。

參、評析

上述行政法院對於廣電事業在廣電三法黨政軍不得投資媒體條款規範架構下所扮演角色之裁判見解，論述已相當到位，且主要觀點具說服力，契合行政罰法之規範旨趣與內涵，原則上可給予高度肯定。縱然如此，仍有若干論點有待釐清或補充。茲析論如下：

一、行為人自己責任法則之堅守

行政罰之目的，旨在透過對違反行政法上義務之人，施以金錢或權益上之不利益措施，以制裁其破壞行政法秩序之行政不法，並期待藉此能更進一步督促行為人矯正失序之行為舉止，以達回復合乎行政法規所要求秩序之最終目的。基此，行政罰之處罰對象理論上應限於實際實施違反行政法上義務之人，而不得擴及至非實際實施違反行政法上義務行為之人，亦不應由其他非實施違反行政法上義務行為之人，代替行為人負擔行政罰責任。蓋若此，行政罰所欲維持或回復行政合法秩序之制裁與預防功能，事實上將無從實踐；行政罰之課予，亦不具有法治上之正當性。

固然，在學說上偶有論及行為人自己責任原則之例外，例如將行為人應負擔之行政罰責任轉嫁予非行為人之第三人（轉嫁罰），或是將行政罰責任擴及至非行為人之第三人（併罰）。但若吾人嚴正觀察所舉事例，在多數情形下，該受罰對象之第三人，往往與實際實施違反行政法上義務之人間具有一定之身分、事物或情境關聯性。而法規之所以規定以其作為處罰對象，原因

往往在於其未履行法律課予其自身所應負擔之行政法上義務，例如未盡對實際行為人之選任、監督義務，或是未依法對特定之物履行維持一定合法狀態之作為義務等。綜上，現行法制上所定「實際行為人」與「法律上處罰對象」不一致之情形，若吾人從規範目的角度出發，則可知悉立法者實際上乃課予處罰對象，基於人或物之特殊關聯性而應履行之行政法上自己義務。而其之所以受到行政罰，原因並非在於「為他人行為」而負責，毋寧是其自身違反了此等行政法上之自己義務[5]。質言之，在行政罰之制裁與預防功能觀點下，「行為人自己責任法則」應受到嚴格遵守。唯有實際實施違反行政法上義務之人，始得作為行為人，進而可成為處罰之對象。單純為他人之違反行政法上義務行為而受到處罰，縱使有法規範之依據，亦不具有實質正當性。在此理解下，行政罰法所揭示之行為人自己責任旨趣，應不存有例外之法治上空間。

　　回歸廣電三法之規定，廣播電視法第 5-1 條第 1 項、衛星廣播電視法第 5 條第 1 項及有線廣播電視法第 10 條第 1 項所定不得直接、間接投資民營廣播電視事業、衛星廣播電視事業，或是系統經營者之義務人，為「政府、政黨、其捐助成立之財團法人及其受託人」。至於廣電事業，依此等規定文義，僅為被投資之對象。然而，廣播電視法第 44-2 條第 1 項、衛星廣播電視法第 50 條，以及有線廣播電視法第 58 條第 2 項卻皆明定違反上開黨政軍不得投資媒體義務之受處罰對象，為「廣電事業」。廣電三法之此等規定，正是上述「義務人」與「處罰對象」不一致之典型立法例。基於行為人自己責任法則，廣電事業欲合法地成為行政罰之裁處對象，合理之詮釋結果應是：其自身必須是負有法定之行政法上義務，而且實施違反該義務之行為。此亦是行政法院在審理廣電事業因其自身受黨政軍投資而遭 NCC 罰鍰處分之系列行

5　參見詹鎮榮，論委任人與受任人間之行政罰責任分擔——以最高行政法院 97 年度判字第 1112 號判決以及 98 年度判字第 420 號判決出發，收錄於：王必芳主編，2009 行政管制與行政爭訟，中研院法律學研究所籌備處法學專書系列之十二，2010 年 11 月，頁 203-211。

政訴訟事件中，所秉持之一貫立場。從上述擇選之代表判決中，吾人可以清楚探知行政法院之思路，亦即在表述黨政軍為廣電三法所定不得投資媒體行政法上不作為義務之法定義務人後，緊接即在行為人自己責任之命題下，開展出在何等情形下，廣電事業自身亦有可能負有與上述義務人相同內涵之行政法上義務，致使其違反該行政法上義務時，得依法成為罰鍰對象之論述。在判決理由中，自始至終未見法院有任何廣電事業是否「單純為黨政軍違章行為」而受行政制裁之轉嫁罰思維與討論。由此可見，行為人自己責任應是行政法院在審查黨政軍條款裁罰訴訟事件中所堅守之底線。

二、廣電事業之義務違反樣態

　　在行為人自己責任前提下，NCC 對廣電事業所作成之罰鍰處分，首先必須是廣電事業自身實施違反行政法上義務行為，成為行政罰法第 3 條所稱之行為人，始屬合法。換言之，根據廣播電視法第 44–2 條第 1 項、衛星廣播電視法第 50 條，以及有線廣播電視法第 58 條第 2 項規定，廣電事業必須自己有違反黨政軍不得投資廣電事業之構成要件該當情事。

　　有疑問者，廣電事業在何等情境下，會該當上述各該廣電法罰鍰規定之處罰構成要件？茲以行政法院上述判決所揭之可能性為基礎，析論如下：

（一）廣電事業作為黨政軍投資行為之共同行為人

　　受行政法院判決所一致肯認者，為當廣電事業與政府、政黨、其捐助成立之財團法人及其受託人「故意共同直接或間接投資」自身事業時，則其將該當行政罰法第 14 條所稱之故意共同實施違反行政法上義務之行為人[6]。縱使其自身並無廣電三法所明定之「政府、政黨、其捐助成立之財團法人及其受託人」身分，但根據同條第 2 項規定，仍可依行為情節之輕重，予以處罰

6　參見林昱梅，論行政罰法之共同違法及併同處罰，法學叢刊，62 卷 1 期，2017 年 1 月，頁 33 以下；另可參見法務部 99 年 9 月 23 日法律決字第 0999023225 號書函。

之。

　　在正常之規範結構下，行政專法對於義務人實施違反行政法上義務行為者，通常定有處罰規定。本於處罰法定原則，該義務人受裁罰之準據法，直接依據該法規為之即可。至於故意共同實施違章行為之第三人，在該專法無處罰規定時，即可援引行政罰法第14條規定，作為處罰依據。在廣電法領域，規範結構正好相反。亦即政府、政黨、其捐助成立之財團法人及其受託人不得投資廣電事業之行政法上不作為義務，法律雖有明定，但其若實施違反該義務之行為者，廣電法則無處罰之規定。反之，廣電事業雖非法律明定之該義務的義務人，但卻是該義務違反時之法定處罰對象，已如上述。是以，行政罰法第14條在此所扮演之角色，反而不是處罰廣電事業之規範依據，毋寧為補充廣電法所定黨政軍條款義務人之範疇，將廣電事業亦予納入。其若與政府、政黨、其捐助成立之財團法人及其受託人有故意共同直接或間接「自我投資行為」者，則可根據上述廣播電視法第44-2條第1項、衛星廣播電視法第50條，以及有線廣播電視法第58條第2項規定，處以罰鍰。

（二）廣電事業作為併同處罰對象？

　　其次，行政法院在上述聯禾有線電視股份有限公司案中，肯定廣電事業除上述行政罰法第14條之外，亦可能透過行政罰法第15條至第17條之應予併同處罰規定，而有違反行政法上義務之可能。至於具體之情形為何，法院則未進一步闡明。

　　實則，行政罰法第15條之規範目的，旨在私法人違反行政法上義務應受處罰之前提下，使該受罰私法人之董事或其他有代表權之人，在滿足一定條件下，應並受同一規定罰鍰之處罰。換言之，其所創設者，為私法人之董事或其他有代表權之人應併同處罰之依據。至於私法人本身是否因其董事、其他有代表權之人、職員、受僱人或從業人員執行職務或為私法人之利益為行為，而應受到處罰，則應視各該專業法規之規定。行政罰法第15條並不具有形塑出私法人違反行政法上義務之可能性。同理，行政罰法第16條亦應作如

此之理解。

綜上所述，行政罰法第 15 條至第 17 條之併同處罰規定，因對象為法人之董事、其他有代表權之人，或是管理人，故原則上應無法如行政法院所言，據此使廣電事業發生有違反黨政軍條款之行政法上義務的可能，進而與依法負有行政法上義務之人的政府、政黨、其捐助成立之財團法人及其受託人併同處罰。當然，在上述行政罰法第 14 條條件滿足之情形下，即廣電事業與政府、政黨、其捐助成立之財團法人及其受託人故意共同直接或間接投資自身事業，成為共同實施人，而應受到處罰，若廣電事業之董事、有代表權之人，或是管理人有同法第 15 條或第 16 條所定之主客觀要件者，自應與廣電事業並受同一規定罰鍰之處罰，自不待言。

（三）廣電事業作為不真正不作為犯？

廣電事業違反黨政軍不得投資媒體之不作為義務，得以積極作為之方式實施，例如上述與政府、政黨、其捐助成立之財團法人及其受託人故意共同直接或間接投資自身事業，已如上述。除此之外，根據行政罰法一般理論，行為人在特定要件滿足之前提下，亦不排除得以消極不作為之手段，實現與積極作為方式所發生之行政不法相同結果，而構成所謂的「不真正不作為犯」，或是「不純正不作為犯」。在廣電事業因違反黨政軍條款而遭罰鍰之相關行政訴訟事件中，行政法院對此亦有相關論述，並且不採被告 NCC 之一貫主張，認為在此關聯性下，廣電事業無由以不真正不作為犯之身分，實現違反構成要件。對於法院此等見解，本文給予肯定，茲再補述如下：

行政罰法第 10 條第 1 項規定：「對於違反行政法上義務事實之發生，依法有防止之義務，能防止而不防止者，與因積極行為發生事實者同。」本條項係參照刑法第 15 條及德國違反秩序罰法第 8 條有關「不真正不作為犯」規定而來，成為行政罰領域不真正不作為犯之一般實定法依據[7]。據此，一權

7　關於行政法上不真正不作為犯之裁判整理及評析，詳可參見李建良，行政法上之作為義務與不真正

利主體欲該當本條項之不真正不作為違反行政法上義務，前提要件必須是其存有一「依法防止之作為義務」，並且基此而形成一「保證人地位」。反之，倘若某權利主體並不存有依法防止規章行為發生之義務，則其即無由構成不真正不作為犯，進而成為行政罰之對象。

基上，一權利主體是否得以不真正不作為犯身分，被評價為有實施違反行政法上義務之行為，從而合法成為行政罰之對象，關鍵乃在於其是否依法有防止義務？根據行政罰法第 10 條之立法理由，依法有防止義務，「不以法律有明文規定之義務為限，凡基於現行法令衍生之防止義務均屬之」。學界通說更認為防止義務舉凡出自於「法規明文、習慣法、契約、事實上承擔責任、物之支配、具體生活關係」等，皆可屬之[8]。此外，行政罰法第 10 條第 2 項更進一步規定：「因自己行為致有發生違反行政法上義務事實之危險者，負防止其發生之義務。」是以，防止義務發生之事由，尚可源自於權利主體可歸責性地「引發危險前行為」(aus vorangegangenem gefährdendem Tun)[9]。

回歸廣電三法之黨政軍不得投資媒體禁止規定，廣電事業作為被投資者，是否依法負有（事前或事後）防止政府、政黨、其捐助成立之財團法人及其受託人直接或間接投資自身經營事業之行政法上義務？

在上述聯禾有線電視股份有限公司案中，被告 NCC 主張行為時有線廣播電視法第 19 條規定，可作為系統經營者負有防止黨政軍投資自身經營事業之防止義務的法規範依據。惟行政法院認為被告此等見解有不當擴張行為時有線廣播電視法第 19 條第 4 項及第 5 項規定之文義，已逾越法律規定之射程範圍。蓋行為時有線廣播電視法第 19 條各項所規定之義務人各異，其中以系

不作為犯（之一），月旦實務選評，2 卷 10 期，2022 年 10 月，頁 31 以下；同氏著，行政法上之作為義務與不真正不作為犯（之二），月旦實務選評，2 卷 11 期，2022 年 11 月，頁 27 以下。

8　參見林錫堯，行政罰法，2005 年 6 月，頁 14；詹鎮榮，前揭文（註5），頁 226。

9　Vgl. *Rudolf Rengier*, in: Wolfgang Mitsch (Hrsg.), Karlsruher Kommentar zum Gesetz über Ordnungswidrigkeiten, 5. Aufl., 2018, §8 Rn. 21 ff.

統經營者為對象者，僅有第 1 項及第 5 項。故而，同法第 68 條第 1 項第 2 款針對「系統經營者」違反同法第 19 條之處罰規定，應限縮在第 1 項及第 5 項上，不得恣意擴張至該條全部各項之規定。尤其不得從該條第 4 項及第 5 項針對政府、政黨、其捐助成立之財團法人及其受託人所定之「禁止積極投資規範」，逕行反面解釋而推導出被投資之廣電事業負有防止黨政軍積極投資之作為義務。

　　行政法院上述見解，在結論上應可支持。然而，除了對法條文義作形式上之詮釋外，其背後其實隱藏著更重要之法理支撐。換言之，由於廣電法將廣電事業違反黨政軍條款規定為課予其行政罰之不法構成要件，本於處罰法定原則（行政罰法第 4 條參照）之要求[10]，在法律中必須具體明確規定廣電事業負有防止黨政軍投資行為之作為義務，始得以肯認其防止義務係源自於法律明定。否則，誠如行政法院於判決中所指摘者，僅透過不具法理支撐基礎之單純反面解釋，賦予被投資之廣電事業有反向之防止義務，將有違法擴張法條規定射程範圍之情事。

（四）小結

　　綜上所述，在現行廣電三法之規範架構下，廣電事業因違反黨政軍不得投資媒體規定，而得成為行政罰之處罰對象者，應僅有當其與政府、政黨、其捐助成立之財團法人及其受託人故意共同直接或間接投資自身經營媒體，而以行政罰法第 14 條所定「共同實施違章行為人」身分受罰之唯一情形。至於以消極不作為實現與積極作為相同不法結果之行政罰法第 10 條不真正不作為犯，因廣電法並未明定廣電事業負有事前或事後防止黨政軍投資自身經營媒體之義務，故被投資之廣電事業並不具有依法防止之義務，無從據此身分成為行政罰之對象。

---

[10] 參見詹鎮榮，行政法傳統學理的反思與開展——行政處罰、裁罰性不利處分與管制性不利處分，月旦法學雜誌，329 期，2022 年 10 月，頁 27–28。

三、補述：防止黨政軍投資媒體之無期待可能性

　　由上述解析，廣電事業除非透過積極作為，與政府、政黨、其捐助成立之財團法人及其受託人故意共同直接或間接投資自身經營媒體，否則，因其非黨政軍不得投資媒體之行政法上義務人，自無實施違反行政法上義務之客觀可能性，故行政法院在法理上即可以不法構成要件不該當為由，認定系爭之罰鍰處分違法，予以撤銷之。然而，行政法院於相關判決中，復從「有責任始有處罰」之主觀可歸責性面向，析論廣電事業在其自身經營媒體有受政府、政黨、其捐助成立之財團法人及其受託人投資之違章事實下，是否具有故意或過失之可非難性。在此脈絡下，行政法院所提出之「義務履行無期待可能性」論述，反而成為學界與實務關注之焦點。廣電事業因黨政軍投資媒體而受行政罰，也成為無期待可能性理論適用之典型案例。

　　就理論言之，期待可能性為法治國原則之基本內涵，更是人權保障不可或缺之要件。質言之，國家公權力作用（尤其是立法權或行政權）課予人民作為、不作為或容忍義務，前提必須是該義務依其內涵，客觀上可期待受規範者有履行之可能性者，始屬合法且正當[11]。據此，期待可能性所適用之客體，首要者，乃為公法上之義務。若一公法上義務客觀上不具履行之期待可能性者，則其在行政罰法領域之法律效果，將會牽動到受處罰對象在主觀上亦不具有可歸責性。蓋公法上義務既然客觀上不具履行之期待可能性，縱使規章事實確實發生，亦難以歸責於法定之處罰對象，此等不法構成要件之該當係基於其故意或過失所致。在此概念理解下，期待可能性理論之應用，具有客觀義務與主觀責任雙重放射效力[12]。

---

[11] 參見葉慶元，期待可能性於行政法上之適用，收錄於：城仲模主編，行政法之一般法律原則，1997年7月，頁326以下。

[12] 李建良，期待可能性與行政法秩序（之三）──行政處罰之阻卻責任事由的論證構造與具體適用，台灣法律人，18期，2022年12月，頁115以下。

　　就廣電三法所定黨政軍不得投資媒體之不作為義務而言，上述行政法院判決雖有將期待可能性理論混雜論述於禁止投資媒體之「義務面向」及對於投資違章事實有無過失之「責任面向」上。然而，若從行政法院判決所支撐之主要理由以觀，法院所欲證立者，應是前者，亦即廣電事業若屬上市公司，根據證券交易法則，其在法制上並不具有事前決定投資人身分之權限；縱使知悉投資人為何，亦不享有要求其拋售股份之事後防止權。是以，上市公司性質之廣電事業，若遭政府、政黨、其捐助成立之財團法人及其受託人投資，縱使廣電法明定其有防止義務，該等法定防止義務亦將不具有履行之期待可能性，故涉案之廣電事業不可能存在有實施違反行政法上義務行為之行政不法構成要件該當情事。由此以觀，行政法院相關判決中所引述之期待可能性理論，應可理解為其否定廣電事業負有依法防止黨政軍投資其自身經營媒體義務之補充論證：亦即除了廣電法並未明定廣電事業負有防止義務外，在廣電事業屬於上市公司之組織型態範疇內，縱使可被寬認其負有依法防止義務，但也因該防止義務對該被投資之廣電事業而言，客觀上並無履行之期待可能性，故仍難證立其能以不真正不作為犯之身分，實施違反黨政軍不得投資媒體之行政法上義務行為，而為合法之行政罰對象。至於非屬上市公司類型之廣電事業[13]，其對於股東縱使享有較為寬廣之選擇權，從而至少在事前防止義務部分，原則上具有履行之期待可能性。但如上述行政法院判決之主要論述理由，從廣電法中根本無法導出廣電事業具有依法防止黨政軍投資自身經營媒體之義務，故在此情形下，期待可能性理論即無法發揮補充論述之功能；事實上，亦無此需要。

13　根據廣播電視法第 5 條第 1 項後段：「由中華民國人民組設之股份有限公司或財團法人所設立者，為民營廣播、電視事業。」有線廣播電視法第 9 條第 1 項：「系統經營者之組織，以股份有限公司為限。」以及衛星廣播電視法第 4 條第 1 項規定：「衛星廣播電視事業之組織，以股份有限公司及財團法人為限。」可知，廣播電視事業之組織型態，依其種類雖容有不同，但無論如何依法僅限於股份有限公司或是財團法人兩種類型。

肆、結論——打擊對象錯誤之黨政軍條款

廣電三法於 2003 年修正時，增訂所謂黨政軍不得投資媒體之條款。姑不論採取完全禁止投資之立法例是否妥適，至少立法目的應屬正當，對於保障媒體工作者新聞專業自主性，理論上亦有所助益，可資贊同。然而，作為投資人之政府、政黨、其捐助成立之財團法人及其受託人，未見就其實施違反禁止投資之行政法上不作為義務行為，有任何處罰之規定；反而是被投資之廣電事業，則被明定為違反黨政軍不得投資媒體規定之行政罰對象。此等「不作為義務人」與「處罰對象」不一致之立法例，不僅導致在現行法架構下，必須從行政罰法之行為人理論觀點出發，分析廣電事業在何等情境與要件下，始有可能作為行政罰之對象，更令人遺憾地實屬打擊對象錯誤之規範。其結果是，因黨政軍投資媒體之違章事實而真正能合法地處罰廣電事業之情境者，僅有當其為故意共同實施積極投資行為之「共犯」身分而已；而事實上實施違反行政法上義務之政府、政黨、其捐助成立之財團法人及其受託人，卻未有任何可對其處罰之規定。行政罰上失衡的責任設計，以及行為人自己責任法則的受到忽視，莫過如此。為避免主管機關持續地糾結在與行政法院裁判見解相左之法條文義理解情境內，儘速修法應是治本之道。

第四篇

「黨政軍退出媒體」是憲法要求？
——從廣電自由制度性保障和本國文化保護談起[*]

翁曉玲[**]

---

[*] 本論文刊登於《教育法學評論》期刊第 6 期，頁 77，2020 年。初稿原出於 2020 年 10 月 30 日「校園權利保障與傳播自由」研討會之與談發言。

[**] 國立清華大學通識教育中心暨科技法律研究所副教授，德國慕尼黑大學法學博士。

壹、前言

「黨政軍退出媒體條款」，與台灣的政治體制和廣電媒體發展息息相關，可謂是促進台灣廣電媒體轉型正義的產物。回顧台灣廣播電視發展之初，歷經了日據時期和國民政府戒嚴時期，當時廣電媒體受到政府高度控管，不僅使用電波頻率須經政府特許同意，其設立發展亦須仰賴政府大力資助，故政府對無線廣電媒體的營運發展影響甚深，直至 1987 年政府宣布解嚴，對媒體管制逐漸鬆綁後，才陸續開放設立民營商業廣電媒體。

由於長達 40 年的威權統治時期，國內無線廣播電視長期被政府和執政黨（國民黨）掌控，例如早期的台視、華視和中視、中廣等廣播電視台，分別為臺灣省政府、國防部、教育部和國民黨所持有，在當時黨國不分的時代裡，這些無線廣播電視扮演政府化妝師和傳聲筒的角色，實難發揮媒體監督政府施政之第四權功能。解嚴後，為打破國民黨政府壟斷無線廣播電視的景象，社會上訴求廣電媒體公共化或黨政軍退出老三台（台視、中視、華視）的聲音不絕於耳，強烈要求政府政黨釋出媒體股權、脫離媒體，以維護新聞獨立自主並追求更自由、公平的民主政治。然而，推行「黨政軍退出媒體」運動其實並不容易，從 1995 年的「黨政軍退出三台運動」為起點，一直到 2003 年政黨輪替民進黨執政二年後才倉促完成立法，於廣播電視法、衛星廣播電視法和有線廣播電視法等三法中增訂「黨政軍退出媒體條款」，並訂下 2005 年年底股權釋出的落日條款，至此終於結束了由政府和國民黨壟斷及控制無線廣電媒體的局面。

現行廣電三法中的「黨政軍退出媒體條款規定」條文內容幾乎一致，僅各法條次不同而已。此項規定不僅嚴格限制政府、政黨及其捐助之財團法人、受託人不得直接、間接投資廣電媒體事業，而且黨務人員、政務人員及選任公職人員及其等親屬們都受有持股限制的拘束；另外黨務人員、政務人員及選任公職人員亦不得擔任媒體事業的重要職務。由於此項規定立法當時並非

縝密，後續衍生出一些問題，例如未明訂「間接投資」的計算層數，行政機關竟採「一股都不能有」的法律解釋；裁罰對象不合理，僅處罰被投資者而非投資者；要求廣電事業請求間接投資方出售持股，不具期待可能性；以及該條款被濫用成為業者間不當競爭之工具等等。此不僅造成廣電媒體業者、間接持股的投資方和主管機關——通傳會很大的困擾；而且通傳會所作相關裁罰處分亦屢屢被行政法院撤銷，顯見司法亦不支持通傳會「依法」裁罰的作法。

　　關於此項規定的適法性問題，本研討會中的四篇論文研析精闢，本文敬表同意前揭文章的法律見解，於此不再重述。本文以下將從較宏觀的角度來談媒體與政治間的關係並由此進一步檢視「黨政軍退出媒體」的意義和相關規範的適切性。

貳、「黨政軍退出媒體」的理想性與現實性

　　如前所述，黨政軍退出媒體條款制訂的目的是希望能匡正黨政軍機關（構）及其相關團體壟斷和控制廣電事業之不合理現象，故當時立法者採取以透過禁止政府政黨持股（所有權）和限制董監事資格（經營權）之結構管制方式，來避免政府和執政黨藉機控制廣電媒體的可能性，以維護廣播電視的中立性及自主性，使媒體能有效發揮第四權之制衡力量，並建立政黨公平競爭的環境。

　　此項規定施行後，固然形式上達成了政府政黨出脫媒體持股和與媒體劃清界線的目的，但是現實上卻無法阻止政府政黨對媒體無形實質的影響。蓋「媒體政治化」、「政治媒體化」的現象已是當前政治傳播的常態。政府政黨拉攏媒體，為求政治利益；媒體巴結政府政黨，則是求商業利益。媒體與黨政間如同魚水之交，彼此存在著相互依附關係；因此欲通過阻斷黨政金援的方式，來切斷媒體與政治的綿密關係，其實並不是一項好對策。此觀察我國電視新聞媒體現狀即知，縱使現在廣電媒體事業股權結構上查不出政府和政

黨的任何持股，但是民眾卻很清楚知道電視新聞媒體的政黨傾向和政治色彩，他們主觀上並不認為政府政黨有真正退出媒體。

再說政府本身亦是媒體經營者，有些政府機關下設有公營廣播電臺，例如警察廣播電臺、教育廣播電臺，還有政府捐助的公廣電視集團，例如公共電視、華視、客家電視台、原住民電視台等。然而黨政軍退出媒體條款事實上只是適用於「退出私人廣電媒體」，並非一體適用於公營廣電媒體和公廣媒體集團。若從維護人民知的權利、提供多元節目服務和滿足大眾廣電基本需求來看，政府遠離公營和公廣媒體的要求，其實遠比退出私人廣電媒體來的更為重要，但目前卻罕見談論政府影響公營和公廣媒體的問題。

台灣廣電媒體的現狀是大約 99% 的廣電事業係屬私營商業媒體，而且媒體股權大眾化，任何自然人和法人都能在市場上自由買賣，包括政府基金在內，故欲透過嚴格的持股禁令，將媒體與政治之間的錯綜複雜關係一刀斬斷，實乃緣木求魚、徒勞無功。誠如張永明教授於「黨政退出廣電媒體條款之再檢視」文章中所言，黨政軍退出媒體之立法，僅消極地追求形式上黨政不能分享廣電媒體所有權，卻對於黨政利用各種可能性實質控制廣電媒體之現象，反而置之不理，實難謂落實傳播自由之制度性保障。

參、廣電自由的制度性保障和本國文化保護義務

有別於一般企業，廣電媒體事業具有雙重特性，既是文化事業，也是經濟產業。除公營媒體和公共電視外，民營廣電媒體的本質乃是私經濟組織，其內容產製和經營服務仍依循商業市場機制運作，市場上存在著激烈的競爭關係。隨著全球化和網路媒體的快速發展，廣電媒體傳播早已無國界、去疆域化了。目前國內廣電媒體市場，不僅是本國業者間的彼此相互競爭，而且還面臨來自國外眾多影視媒體更為強勁的競爭威脅。吾人觀察現代傳媒產業，早已走向專業化、集團化、國際化和跨媒體運營的發展模式，我國影視媒體產業若無一定產業經濟規模，實難具有競爭力，更遑論抗衡外國媒體產業的

強勢入侵。以鄰國韓國為例，韓國的廣播電視法並未限制政府不得持有媒體股權；韓國政府於 1995 年發布「傳播影視產業振興五年計畫」大力扶植本國影視產業，不僅實施本國節目保護政策、更積極投入資金輔導影視產業發展。短短數年間，韓劇已廣受亞洲國家歡迎，如今韓劇和韓國電影更成功帶動韓流席捲全球，為韓國創造可觀的經濟產值和文化價值。

　　自大法官作成釋字 364 號解釋以來，廣電自由作為表意自由的一環並受到憲法第 11 條的保障，已為普遍共識。廣電自由作為基本權利，其與國家的關係，在憲法意義上，不僅止於消極地防止國家公權力之侵害而已，實則應更進一步的積極課予國家義務，經由各種組織、程序與實體規範之設計，以防止資訊壟斷、建立健全的廣電秩序架構和促進廣電事業的發展。是以，國家固然應自我節制，盡可能地不去干預限制媒體經營和內容製播的自由，但亦負有義務去完善實現廣電自由的制度性保障，排除廣電內容市場可能受壟斷獨占的情形，以確保言論和內容市場之多元化。

　　進入數位匯流時代，國內廣電媒體環境其實是腹背受敵，處境更形嚴峻。內有國內影視戲劇節目不敵韓流、陸流的節目的壓力；外又受到 OTT TV 和社群媒體蓬勃發展的威脅，在此情形下，國內的廣電媒體產業其實須要更多的支持與保護。我國憲法本文第 165 條規定：「國家應保障教育、科學、藝術工作者之生活，並依國民經濟之進展，隨時提高其待遇。」憲法增修條文第 10 條第 1 項和第 3 項分別規定：「國家應獎勵科學技術發展及投資，促進產業升級，推動農漁業現代化，重視水資源之開發利用，加強國際經濟合作。」「國家對於人民興辦之中小型經濟事業，應扶助並保護其生存與發展。」廣電媒體事業橫跨教科藝文領域，肩負文化傳承與發展的任務，政府應將影視文化提昇至國家文化發展戰略高度，更積極的去思考規劃要如何扶助和保護廣電媒體事業的永續經營與發展，而非消極地旁觀媒體事業在如此嚴峻的環境中各憑本事、自謀出路，如此才能真正保護本國影視文化，促進通訊傳播健全發展。

　　基於廣電自由制度性保障和落實本國文化保護政策，本文以為，政府與廣電媒體的關係不應是完全隔離，而是保持一定的安全距離即可。蓋憲法保障廣電自由，雖首要任務在於防止政府對媒體事業之權利行使有不當侵害或不當控制，亦即禁止政府伸手染指媒體的組織、經營和內容製播等事項；但亦同時負有落實廣電自由的制度性保障、維護意見多元化和保護我國文化永續發展的任務，故若政府扶助媒體的方式僅是單純資助、投資，既不介入媒體的組織經營、也不影響節目內容編輯，則似無嚴格禁止之必要。或有認為，政府出錢投資廣電媒體並身為股東，恐有指揮干預媒體經營和內容之虞；然而，如前所述，政府對媒體的影響與控制，不見得與有無投資持股有關，即使現在是全面禁止政府直接間接投資廣電媒體，但仍無法排除政府對媒體的影響。若為防範政府假借投資之名而行操控媒體之實，亦可立法限制政府股東權行使範圍，例如限制政府行使具參與公司行政管理性質的股東權，像是表決權或重大決策權等，而只保留財產權性質的股東權，例如盈餘分配權；又或是於預算法中規範政府可資助廣電媒體的方式和比例上限，或可降低干預媒體經營權的疑慮。

肆、結語

　　「黨政軍退出媒體條款」有其時空背景，其制訂之初雖立意良善，然因立法缺失衍生不少弊病，而且原立法目的──「排除任何形式的國家影響媒體機會」、「避免讓媒體成為政治工具」，現實上又難以達成，造成此法弊大於利的窘境。從媒體潮流來看，現已進入網路和社群媒體蓬勃發展的時代，傳統廣電媒體的影響力逐漸式微，然而「黨政軍退出媒體條款」仍僅適用於「傳統的」廣電媒體事業，拘束政府政黨對廣電媒體事業的任何投資持股行為，卻未擴大適用於今日影響力愈來愈大的網路媒體和社群媒體，進一步限制政府、政黨和政治人物經營、利用網路媒體和社群媒體的種種作為。由此可見，「黨政軍退出媒體」在我國現行法制上，也只是選擇性的退出特定媒體，並

非全面性的退出所有媒體；該條款本質上仍屬個案性立法，實為一項政治性產物。

　　綜上所述，本文認為「黨政軍退出媒體」並非絕對的憲法要求，基於保障廣電自由，吾人應該堅持的原則是禁止國家直接和間接地干預媒體運作並造成支配性影響，而非排除國家任何一切為建構和維持健全的廣電秩序和環境機制的機會、嚴禁政府接近媒體。正如同德國聯邦憲法法院於 2008 年第 13 次廣電判決中所持之理由，「立法者為了盡可能排除任何國家影響媒體的機會，連帶將政黨非重要或者間接投資而不具體地、間接地影響媒體的空間也一併排除，對於維護多元廣電秩序而言，並不具備更高的價值。」[1] 本文認為，此項法律見解亦可類推適用於政府持有媒體股權之議題上。亦即政府若僅直接、間接地持有少部分比例的廣電媒體股權，且在沒有任何實質影響或控制該媒體事業之經營和內容的情況下，應可同意媒體接受政府資助，允許政府持有媒體股權。

　　時代在改變，「黨政軍退出媒體」亦應賦予新的時代意涵，一昧墨守成規，不只造成政府與媒體雙輸的局面，亦有損本國文化和閱聽眾權益保護。本文於此提供另一種思考觀點，或許換個角度想，黨政軍退出媒體條款會有新的解套可能。

---

[1] 本段文字引自於林家暘教授所寫「絕對禁止政黨媒體持股規範之正當性——以德國相關法律見解為起點」之論文中，其就德國聯邦憲法法院第 13 號廣電判決理由所作的摘要翻譯 (BVerfGE 121, 30, 64 ff.)；見該文註釋 47。

第五篇

立法者對黨政軍退出媒體的形成自由界限
——再思黨政與媒體應有之距離[*]

何吉森[**]

[*] 本論文刊登於《教育暨資訊科技法學評論》期刊第 7 期，頁 1，2021 年。
[**] 世新大學廣播電視電影學系兼任副教授，世新大學傳播管理研究所博士。

壹、前言

　　「黨政軍退出媒體」議題源於 1990 年代中期，台灣快速變動、蓬勃發展的媒體環境。由澄社、台灣教授協會等八個團體成立的「黨政軍退出三台運動聯盟」，主張政府、政黨不能持有、經營電視台。該運動直指台灣戒嚴時期僅有的台灣電視公司（台視）、中國電視公司（中視）與中華電視公司（華視）（合稱「三台」），雖然名義上是民營企業，但實際上都具有黨（中國國民黨）、政（省政府、教育部）、軍（國防部）經營的「黨政軍」背景，要求解構廣電頻率與資源之配用。（鄭瑞城等人，1993）

　　台灣的電視產業誕生於 1960 年代，值國家政治初定，經濟發展初期。如傳播規範理論 (media normative theory) 中之發展理論 (development theory) 所述，開發中國家於發展初期，可能缺乏資金、設施、技術與閱聽人來維持一個自由市場的媒介體系，因此需以一種更積極的理論觀點，將焦點放在國家發展目標及追求文化自主事項上，於此種情境下，政府與政黨做選擇性的資金投入與分配資源，利用某種方式來限制新聞與媒體自由等權威式的作法，尚不能謂無其論述基礎。(McQuail, 1992, 2000)

　　然歷經長期威權體制，台灣對與威權政府保持默契，彼此互利共生，服膺於侍從（庇護）主義 (clientelism) 下之「侍從媒體」出現批判聲浪。(Roniger etc, 2004) 另一方面，台灣媒體環境亦在經濟發展，傳播科技與民主政治轉型的過程中，相繼出現有線電視、衛星電視、網路電視 (IPTV) 及網路廣播服務，帶動民眾接取更多元、多樣訊息的需求。

　　自 1992 年起，台灣社會發生多起媒體事件，如退報運動 (1992–1994)、901 為新聞自主而走活動 (1994)、地下電台運動 (1994–1996)、黨政軍退出三台運動 (1995)、公視正名運動 (1993–1997)、推動公集團電視運動 (1999–2006)。各項運動引起台灣媒體環境之大變革，加上批判的傳播政治經濟學 (CPEC) 之相關論述，以社會參與實踐，來彰顯其從社會、政治、經濟、文化

與意識形態層面的價值，進而引導議題，對政府及相關政治團體，形成傳播政策與規範之改革建議與意見壓力（馮建三，2003），如對《廣播電視法》之修正，及參與《公共電視法》、《無線電視事業公股處理條例》之制定等[1]。

　　本文所探討之「黨政軍退出媒體」議題，緣起於 1995 年之「黨政軍退出三台運動」，其主張與目標清晰正確；加上 1994 年司法院釋字第 364 號解釋，適時提出「廣電自由」概念，認為：「以廣播及電視方式表達意見，屬於憲法第十一條所保障言論自由之範圍。為保障此項自由，國家應對電波頻率之使用為公平合理之分配，對於人民平等『接近使用傳播媒體』之權利，亦應在兼顧傳播媒體編輯自由原則下，予以尊重，並均應以法律定之。」

　　2003 年，台灣在歷經政黨輪替之民主洗禮後，去除「侍從媒體」，防止商業媒體受政治干預之聲音，獲朝野兩黨共識。黨政軍退出三台之議題，在政治正確之氛圍下，未經法規影響評估，由立法委員主動提案，倉促達成共識並完成三讀，除擴大其適用範圍至三台以外之有線廣播電視系統經營者、衛星廣播電視事業外，行政法義務與責任之相關構成要件因未經深慮，造成日後法規適用時困擾橫生。受處分之媒體提起行政爭訟，然依其類型有獲撤銷或維持原處分判決之不一情形；主管機關多次檢討研擬修正相關法條，卻被立法機關視為禁忌，不合時宜之規制延用迄今，致廣電媒體產業股權結構之亂象未曾稍解。

　　黨政軍退出媒體議題，從「侍從媒體」而起，本文將檢視黨政軍退出媒體條款之規制與試圖修正之過程，探討一個過時法案如何形成行政與司法機關無限的爭訟循環，並造成廣電產業之發展困境。在時空環境已變遷之數位

1　當然，除了批判的傳播政治經濟學 (CPEC) 之相關論述外，台灣針對 1990 年代媒體環境的蓬勃發展，亦出現跨傳播、管理、法律等學科的媒體經濟、傳播管理、傳播政策與規範論述，有認為其偏向於新古典經濟學，從實證研究針對媒體生態之市場、科技、政策、消費等面向提出對當時媒體之產業現況與未來發展趨勢之建言，此類實證或質化論述，遠多於 CPEC 之論述，亦頗被媒體產業重視，並是參與傳播政策規範研議的重要來源之一。參見馮建三 (2003)。〈傳播政治經濟學在台灣的發展〉頁 104。

匯流時代，面對行政與立法功能失調，應如何走出政治糾結？又主管機關對於黨政軍退出媒體條款之修正，多年來無法突破，如何跳出立法者形成自由之窠臼，透過比例原則、法律明確性原則及無責任即無處罰等憲法審查基準進行合憲性探討，以檢視現有規制繼續存在的正當性。

　　最後，針對台灣現今「侍從媒體」不但未清除，且反過來影響政府及政黨之現象，從「路徑依賴」(Path dependence)、場域 (Field) 理論、及「理性法治」(Rational legal) 觀點，提出未來修法應秉持之方向，期能強化媒體之專業自主，重建政府、政黨與媒體間應有之距離與互動關係。

貳、去除「侍從媒體」規制

　　2002 年末，經過第一次政權更迭，台灣朝野兩黨在社會改革媒體生態結構之強烈呼籲下，對於防止商業媒體受政治干預之議題，已有初步共識，分別針對廣電三法提出修正案[2]，要求政府、政黨不能持有無線廣播電視、系統經營者及衛星廣播電視事業股份，或涉入營運[3]。其主要論述為：鑑於媒體之「第四權」功能，不能有政府及政黨之持股（投資）與經營。終於 2003 年初，經立法院教育及文化委員會審查[4]，6 月完成黨團協商後，同年 12 月三讀通過[5]。本案在行政院態度保留，未提出對案版本，並進行法案影響評估之情形下，僅一年餘，從提案、審議、協商到完成三讀，實屬倉促，也衍生出日後適用之問題。

2　所謂廣電三法，指現今三個以載具為屬性之廣播電視產業主要法律：《廣播電視法》、《有線廣播電視法》及《衛星廣播電視法》。

3　主要有李慶安等、及羅文嘉等二委員聯署提案版本，針對廣電三法增列黨政（軍）退出無線廣播電視、系統經營者及衛星廣播電視事業條款。法案於 2002 年 11 月 16 日開始於立法院教育及文化委員會審查。參見立法院公報，第 91 卷，第 66 期，委員會紀錄。

4　參見立法院公報，第 92 卷，第 3 期，委員會紀錄。

5　參見立法院公報，第 92 卷，第 57 期，院會紀錄。

一、黨政軍退出媒體條款之核心內容

　　依廣電三法針對政府、政黨退出媒體之共同事項歸納整理，條列如下：

（一）不得投資、捐助成立，及其改正義務

1. 政府、政黨、其捐助成立之財團法人及其受託人不得直接、間接投資民營廣播、電視事業、系統經營者、衛星廣播電視事業。（廣 5-1 (1)，【廣 5 (4)】；有廣 10 (1)，【有廣 19 (4)】；衛廣 5 (1)，【衛廣 9 (3)】） [6]

2. 除法律另有規定外，政府、政黨不得捐助成立民營廣播、電視事業、衛星廣播電視事業。（廣 5-1 (2)，【廣 5 (5)】；衛廣 5 (2)，【衛廣 9 (4)】）

　　本法修正施行前，政府、政黨、其捐助成立之財團法人及其受託人有不符前二項所定情形之一者，應自本法修正施行之日起二年內改正。（廣 5-1 (3)，【廣 5 (6)】；衛廣 5 (3)，【衛廣 9 (5)】；有廣 10 (1)，【有廣 19 (5)】）

3. 政黨黨務工作人員、政務人員及選任公職人員不得投資廣播、電視事業、系統經營者、衛星廣播電視事業。（廣 5-1 (4)，【廣 5-1 (1)】；有廣 10 (2)，【有廣 20 (3)】；衛廣 5 (4)，【衛廣 9 (6)】）

4. 政黨黨務工作人員、政務人員及選任公職人員其配偶、二親等血親、直系姻親投資同一廣播、電視事業者，其持有之股份，合計不得逾該事業已發行股份總數百分之一。系統經營者、衛星廣播電視事業亦同。（廣 5-1 (4)，【廣 5-1 (1)】；有廣 10 (2)，【有廣 20 (3)】；衛廣 5 (4)，【衛廣 9 (6)】）

　　本法修正施行前，廣播、電視事業有不符前項情形者，應自本法修正施行之日起二年內改正。（廣 5-1 (5)，【廣 5-1 (2)】；衛廣 5 (4)，【衛廣 9 (6)】；有廣 10 (2)，【有廣 20 (3)】）

---

6 廣 5-1 (1)，指現行《廣播電視法》第 5-1 條第 1 項；【廣 5 (4)】指修正前《廣播電視法》第 5 條第 4 項；有廣 10 (1)，指《有線廣播電視法》第 10 條第 1 項；衛廣 5 (1)，指《衛星廣播電視法》第 5 條第 1 項。

（二）不得擔任發起人、董事、監察人及經理人，及其改正義務

政府、政黨、政黨黨務工作人員及選任公職人員不得擔任廣播、電視事業之發起人、董事、監察人及經理人。（廣 5-1 (6)，【廣 5-1 (3)】；有廣 10 (3)，【有廣 20 (4)】；衛廣 5 (1)，【衛廣 9 (7)】）

本法修正施行前，廣播、電視事業有不符前項情形者，應自本法修正施行之日起六個月內解除其職務。（廣 5-1 (7)，【廣 5-1 (4)】；有廣 10 (3)，【有廣 20 (4)】；衛廣 5 (1)，【衛廣 9 (7)】）

（三）適用範圍之界定

依前揭法律規定，政府、政黨、政黨黨務工作人員、政務人員及選任公職人員為法定適用對象，惟其範圍若不予界定，限制層面可能過大。據統計，台灣現有民選公職人員約一萬三千餘人，其中村、里長及鄉鎮民代表會代表約有一萬一千多人，是否應包含在內，宜加以界定。

首先針對政府持有之「公股」，係依據《無線電視事業公股處理條例》第 2 條規定，指下列機關（構）、法人持有民營無線電視事業之股份：⑴政府機關（構）。但因抵稅而持有之股份，不在此限。⑵政府投資之事業。⑶政府捐助設立之財團法人。至於政黨之範圍則不設門檻，旨在授權由主管機關視個案裁量，2017 年《政黨法》施行後，自應依其規定處理。

另對政黨黨務工作人員、政務人員及選任公職人員之範圍，則另於廣施 3-5、有廣施 5-7、衛廣 3 (1)-3 (3) 規定[7]。

二、黨政軍退出媒體條款之特別規定

（一）無線電視事業公股釋出

要求黨政軍釋出原持有廣電媒體之股份，在立法過程雖無爭議，但如何處理台視及華視原持有之公股股份，則引起辯論。發起此運動之「黨政軍退

---

[7]　政務人員另依《政務人員退職撫卹條例》第 2 條界定範圍。

出三台運動聯盟」原主張全部私有化，引起澄社內外之質疑，有認為此舉將讓三台走向財團化之路。參與陳水扁總統媒體藍圖政策規劃相關人士，於2000年組成「無線電視民主化聯盟」（無盟），力推應由政府編列預算收購台視與華視私股後，捐給公股，再將兩台合併，與公共電視結合，擴大成為公廣集團[8]。面對二台公共化或二台民營化之爭議，行政院持保留態度，希望由立法院決定。立法院於2002年審議廣電三法修正案時，要求行政院新聞局「就無線電視改革，台視、華視二台，朝一台公共化、一台民營化方向，……提出具體評估及執行方案」[9]，新聞局於報告中表明因全案涉及國家整體預算之考量，期望朝一公一民之方向規劃，並可在黨政軍退出媒體條款修正施行日起六個月內，就已投資事業或捐助成立之財團法人，制定其持有民營廣播、電視事業股份之處理方式，送立法院審查通過後施行[10]。

（二）媒體與政府、政黨間互動之界線

本條款，就廣義而言，不應僅限於對媒體持有股份，或涉入媒體之經營管理，前述一之（一）（二）所述，只是狹義之概念。其他引起社會大眾質疑，認為媒體之客觀與中立性無存，社會信任度低落之現象，例如配合政府或政黨製作節目、文宣企劃、政策行銷或公關活動[11]。此等媒體毫無掩飾地依附政府或政黨，攫取更多政治或經濟上之資源，喪失「第四權」應有之專業自主性，亦應被視為廣義之「黨政軍退出媒體」概念中。現行法律就媒體與黨政間雙向互動之分際，訂有下列限制廣電媒體行為之規定，略以：

1.播送有擬參選人參加，且由政府出資、製作或贊助之節目或廣告。（廣34-1；

8　此即自1999年由無盟發起之推動公集團電視運動。參見馮建三 (2003)。

9　參見立法院公報，第91卷，第66期，委員會紀錄。

10　此即修正前之《廣播電視法》第5條第7項條文，其後由行政院新聞局提出《無線電視事業公股處理條例》，最後做成台視民營化，華視公共化之決策。

11　依據群我倫理促進會與遠見研究調查「2019社會信任調查」，結果顯示台灣社會最不信任的對象依序為新聞記者（不信任度 65.7%）、民意代表 (53.8%)、政府官員 (54.1%) 和法官 (52%)。引自 https://gvsrc.cwgv.com.tw/articles/index/14810。

衛廣 31 (1)-1；有廣 41 (2)-1)

2. 播送由政府出資、製作或贊助以擬參選人為題材之節目或廣告[12]。(廣 34-1；衛廣 31 (1)-2；有廣 41 (2)-2)

3. 播送受政府委託為置入性行銷之節目。(衛廣 31 (1)-3；有廣 41 (2)-3；《預算法》62-1)

4. 播送受政府委託，而未揭露政府出資、製作、贊助或補助訊息之節目。(衛廣 31 (1)-4；有廣 41 (2)-4；《預算法》62-1)

參、無限循環困境之開啟

依前揭規定，政府、政黨、政黨黨務工作人員、政務人員及選任公職人員有不符法規情形者，應自施行之日起二年內（2005 年年底）改正之。務實而言，本條款至台視、中視、華視三家無線電視台於法定期限釋出原官股或黨股股份，並按《無線電視事業公股處理條例》完成民營化或公共化改組後，其法定任務應已大致達成[13]。然本條款適用之問題與爭議，卻仍方興未艾。

一、立法主動，行政被動

黨政軍介入媒體所呈現傳播公共政策問題之提出(黨政軍退出三台運動)接納（立法審議階段），與認定（廣電三法完成修正）過程，由資料顯示，係由立法院以委員聯署方式積極推動，立法者所顯現之「政治意志」(Political Will) 強烈，甚至成為一種意識形態或圖騰。造成立法院於審議未來將執掌此

---

[12] 1、2 兩項規定，於 2003 年 12 月通過之廣電法第 6 條、有廣法第 19 條第 6 項及衛廣法第 9 條第 9 項即有規定，當時稱為「候選人」，相較於現今之「擬參選人」，其定義範圍有別，宜由主管機關基於立法目的個案認定。相關個案為 2000 年由三立台灣台製之《阿扁與阿珍》八點檔連續劇，題材取自當時甫上任的總統陳水扁及其夫人吳淑珍的結識過程。

[13] 《無線電視事業公股處理條例》於 2006 年 1 月始公布，雖明顯遲於法定改正期限（2005 年 12 月 26 日），然華視終經行政院核定為應行公共化之無線電視台，於 2006 年 4 月完成將其公股捐贈公共電視基金會；台視於 2006 年 9 月經行政院核定其公股股權釋出計畫，由行政院新聞局進行公開標售作業。

條款之《國家通訊傳播委員會組織法》時，於第 1 條更明定國家通訊傳播委員會 (NCC) 應「謹守黨政軍退出媒體精神」。

相對於立法之主動，行政院之態度是被動因應，既未積極提出黨政軍退出媒體之對應修法版本，對公股釋出後應朝公共化或民營化方向規劃，亦未提出立場或說帖進行對話或討論。此可於本條款法案審議時，時任行政院新聞局局長之葉國興，認為如「只是單純三退，不過是形式上步驟完成，還是無法解決（媒體）不受操控之問題。」僅表示將於 2003 年年底儘速提出《廣電三法合併修正案》，對公共化或民營化方案之相關議題討論，亦多表示「尊重大院之決定」[14]，可資證明。

2006 年 2 月 NCC 成立，主管通訊傳播監理業務。NCC 就涉黨政軍退出媒體案件，在廣邀相關業者表示意見後，於同年 5 月做成：「考量整體產業現況、歷史因素及法規遵守等面向，決議有關涉嫌違反黨政軍退出媒體類似案件應予一致性處理。」、「現行廣電三法有關黨政軍退出媒體相關條文，其違法責任歸屬於媒體，而非股東，似不盡合理；於相關法制作業未臻完善前，……發文函告目前黨政軍仍持有股份之各相關廣電媒體依法改正。給予 6 個月之改正期限，逾期未改正者，將視違規情節依法進行核處。如違規情節重大者，不排除依法撤銷許可。未來本會並將透過換照審查程序，將各廣電媒體是否有違反黨政軍退出媒體規定情事及其改善情形，作為准否換照重要依據。」之處理決議[15]。足見 NCC 一開始即認為此規制有不合理之處，但又不能不依法執行之矛盾心態。

二、爭議個案，限制產業發展

由於本條款法案未經深入討論，亦未由主管機關進行嚴謹之法規影響評

---

[14] 參見立法院公報，第 91 卷，第 66 期，委員會紀錄。
[15] 參見國家通訊傳播委員會，2006 年 5 月 19 日第 56 次委員會議，處理東森電視股份有限公司涉違反黨政軍退出媒體案紀錄。

估，最後重蹈我國法制「立法從嚴，執法從寬」之弊病，爭議個案迭出，法案之缺失明顯浮現。主管機關與廣電媒體雖多次要求修正，卻囿於政治經濟因素，陷入困境。相關重大個案或類型整理如下：

（一）中華電信 MOD 之經營限制

中華電信之主要股東為交通部，其 MOD 業務性質為網路協定電視 (IPTV)，該項業務因領有行政院新聞局核發之「固網通信綜合網路業務經營者跨業經營有線廣播電視業務分期營運許可證」，而受修正後之《有線廣播電視法》有關黨政軍退出媒體及外國人直接投資比例限制之規範，一度造成經營困境。2006 年，NCC 為鼓勵新服務、新技術發展及嚴守前揭法規範分際，於召開公聽會後，分析 MOD 業務所使用之傳輸技術及經營型態，認為：「以 MOD 其現有型態，仍具有線電視系統頭端與用戶端封閉之特性，涉有違反有線廣播電視法黨政軍退出媒體等規範疑義，MOD 服務若能完全開放平台，即可認定為非屬有線廣播電視系統，亦非屬媒體，而不適用有線廣播電視法第 19 條第 4 項及本會組織法第 1 條黨政軍退出媒體等規範。」

有關如何落實平台開放，NCC 認為中華電信 MOD 應採行(1)改建平台使其不具有線廣播電視系統經營者頭端與用戶端封閉之特性。(2)符合關於平台開放之相關作為，如開放頻道、隨選視訊及應用服務等內容業者在 MOD 平台上、下架，並訂定節目內容營運商上、下架之辦法；開放其他 ISP 業者之客戶亦能接取 MOD 平台及服務；開放其他營運商在 MOD 平台上經營服務；開放其他固網業者客戶接取 MOD 平台及服務。(3)調整營運模式，如頻道、節目等之實際經營，應交予各營運商自行管理與推動，中華電信公司不得直接或委託經營頻道[16]。

中華電信據此進行 MOD 業務平台開放及營運模式改造，於 2007 年 1 月

---

[16] 參見國家通訊傳播委員會，2006 年 6 月 12 日第 72、73 次委員會議，處理中華電信 MOD 涉及黨政軍退出媒體規定事紀錄。

完成查核，名為「多媒體內容傳播平台服務」，屬固定通信業務，限制其內容服務規劃組合、銷售方式及費率訂定，以落實黨政軍退出媒體條款。此舉固暫時解決 MOD 涉及政府投資之問題，但也阻礙了 MOD 在台灣之發展。2019 年 1 月，NCC 為鼓勵視訊平台競爭，同意 MOD 營業規章修正，允許其在維持開放平台特性，及不干預頻道內容服務提供者之內容服務規劃與組合、銷售方式及費率訂定的基礎上，亦得組合頻道，增進消費者多元選擇。NCC 希望藉此帶動 MOD 進一步的服務創新，並營造上下游產業公平競合環境。但也引發四大有線電視系統台 (MSO) 反彈[17]，在同年提起行政爭訟，認為此舉有違黨政軍條款精神，放任政府干預頻道商經營自由。（劉宗德，2020）

（二）影響廣電媒體股權結構之個案

如前，NCC 依第 56 次委員會議決議，發文函告黨政軍仍持有股份之各相關廣電媒體限期改正，逾期未改正者，將視違規情節依法核處。在法遵之要求下，各相關媒體無論其經營是否受黨政機關（構）之影響或控制，均被迫調整其股權結構。形成為追求媒體營運不受干涉之目的，卻傷害媒體財務規劃自由與資本充實原則。從行政手段與目的權衡之比例原則基礎上觀之，其法規適用之妥適性備受質疑，影響媒體產業之發展甚鉅。相關個案如下：

1.愛爾達科技案

愛爾達網路電視頻道商上架於 MOD 平台，於 2007 年引進中華電信資金，違反黨政軍條款，為不影響 MOD 頻道播出奧運賽事，由愛爾達董事長以個人名義承受中華電信釋出約 31.7% 之股份；另愛爾達創始股東之一台達電，因受勞退等政府三大基金多年持股約 2%，亦須釋出，最後由台達電董事長以個人身分持股解決。

---

[17] 財團法人二十一世紀基金會 2019 年 5 月 31 日主辦「視訊服務市場發展論壇」，多位學者專家認為，NCC 開放中華電信 MOD 自組頻道，將讓有線電視與 MOD 從互補關係變成競爭關係，對於有線電視系統衝擊甚大。引自中時新聞網：https://www.chinatimes.com/newspapers/20190603000202-260202?from=copy。

2.大富媒體案

2009 年富邦集團旗下之台哥大公司，擬買下外資凱雷擁有之凱擘有線電視股份，因台哥大上層股東為富邦金控，而台北市政府持有其股票，致違反黨政軍條款，富邦集團被迫改以家族個人身分組成大富媒體，始避開相關規定。雖然各界對集團併購媒體存有疑慮，惟時值政府推動數位匯流寬頻基礎建設之際，如無密集資金之挹注，將影響台灣有線電視數位化之進展。然業者為避免誤觸黨政軍條款，卻須避開透過資本市場集資，實已嚴重影響媒體產業之發展[18]。

3.遠傳迂迴入主中嘉有線電視案

台灣最大有線電視系統商中嘉網路平台，其上層股東安博凱基金與美商摩根士丹利亞洲私募基金旗下公司荷蘭商 NHPEA Chrome Holding B.V. 與遠傳於 2015 年 7 月宣布策略聯盟，擬由遠傳透過購買公司債取代入股方式入主中嘉。NCC 於 2016 年 1 月以附帶 20 項承諾條件同意該案，也獲公平會同意。惟同年 5 月政權更迭，新政府表態對中嘉案嚴審，9 月經濟部投審會以「疑似規避黨政軍條款」為由，希望 NCC 重新評估。中嘉認各方意見及相關不實傳言已對公司造成傷害，最終決定撤案[19]。

4.購物頻道營運申請三次延期

依據 2016 年 1 月修正之有廣法第 38 條規定，系統經營者設立之購物頻道，應依同時修正之衛廣法取得衛星頻道或他類頻道事業執照。又依衛廣法第 64 條規定，原已經營之購物頻道業者，應於該法修正日（2015 年 12 月 18 日）起 6 個月內依規定申請許可，然因黨政軍退出媒體之限制，讓東森、

---

[18] 參見國家通訊傳播委員會「荷蘭商 PX Capital Partner B.V. 申請轉讓股權予大富媒體股份有限公司案」公聽會會議紀錄，2020.11.04，引自 https://www.ncc.gov.tw/chinese/files/10111/663_17937_101115_1.pdf。

[19] 參見民報財經中心報導，《三度破局！遠傳併購中嘉網路遭嚴審　中嘉決撤件》，2017.02.08，引自 https://www.peoplenews.tw/news/4299cad1-2809-4376-9e36-519a66790ae2。

momo 等原已經營之購物頻道，因上層間接投資之股東涉及政府持股問題，無法於期限內申請登記，依法將不得繼續經營。因恐影響台灣電商產業發展，立法者被迫於 2016 年 12 月將原 6 個月申請期限放寬至 2 年；2 年後仍無法解決黨政軍條款限制問題，再於 2018 年 6 月放寬至 4 年。未來無論是否持續修法？均已對立法品質及執法威信造成衝擊。

5. 緯來電視等換照案

NCC 於 2017 年 7 至 10 月間辦理衛星頻道換照，對於涉黨政軍條款情事者，以附附款許可頻道換發執照，並保留行政處分廢止權；其中東森電視事業股份有限公司所屬「東森新聞台」、「東森洋片台」、「東森綜合台」、「東森戲劇台」、「東森電影台」、超級傳播股份有限公司所屬「超視」及緯來電視網股份有限公司所屬「緯來綜合台」、「緯來日本台」及「緯來體育台」共 9 頻道因不服處分提起訴願，經行政院訴願決定撤銷原處分，另為適法之處分。

NCC 於 2018 年 3 月決議：許可換發東森電視事業、超級傳播及緯來電視網等所屬 9 個頻道事業執照，但仍附加與原處分相同之附款，保留行政處分廢止權。要求該等公司應自核准換照之日起 3 年內改正違反黨政軍條款情事，如未於期限內改正完成，得依《行政程序法》第 123 條第 2 款規定，廢止該等頻道執照，並註銷執照[20]。

惟經緯來電視網提起行政訴訟，臺北高等行政法院 108 年度訴字第 99 號判決，認為申請換照（衛廣法第 18 條）與違反黨政軍投資情事間，實屬二事，所為之附款與原處分之目的欠缺正當合理之關聯，違反《行政程序法》第 94 條不當聯結之規定，撤銷該附款部分。NCC 於 2020 年 8 月修正原附款，要求應於 2023 年 8 月 2 日前（即下次換照期限）改正違反黨政軍條款情事，如未於期限內改正完成，得不予換照[21]。主管機關囿於受處分人無力改

---

[20] 參見國家通訊傳播委員會，2018 年 3 月 21 日第 793 次委員會議紀錄。

[21] 參見國家通訊傳播委員會，2020 年 8 月 12 日第 922 次委員會議紀錄。

正，加上司法判決未支持，一再退讓，讓法律形同具文。

（三）屏南有線電視案（臺北高等行政法院 101 年簡字第 206 號判決）

屏南有線電視之上層控股公司為日月光公司間接持有，而日月光公司因有 6 個政府機關間接投資關係，包括勞委會勞工保險局持有 3.003% 股份、公務人員退撫基金持有 1.509% 股份。NCC 以日月光公司與屏南有線電視有間接投資關係，違反《有線廣播電視法》第 19 條第 4 項、第 5 項規定，處屏南有線電視罰鍰 10 萬元。

屏南有線電視提起行政訴訟，爭訟焦點為：⑴行為人主觀上非出於故意或過失情形，應無可非難性及可歸責性；⑵基於證券市場自由交易及股份自由轉讓原則，對政府機關投資日月光公司之行為，實無預見可能性，且無從予以拒絕；⑶退撫基金及勞保局經由公開交易市場購買日月光公司股份，僅係單純以理財目的所為之投資行為，並未違反《有線廣播電視法》第 19 條第 4 項為維護媒體專業自主，避免黨政軍操縱媒體，介入媒體經營之規範目的；⑷《有線廣播電視法》第 19 條第 4 項並未定義何謂「間接」持有，是否應依《有線廣播電視法施行細則》第 12 條規定，計算至間接持股的第一層，以符體系之一貫；⑸NCC 於 2011 年已就現行《有線廣播電視法》第 19 條第 4 項規定之妥適性，提出修正草案送立法院審查，適足證明裁罰處分確有不當。本案行政法院判決為：「原處分撤銷」。上訴最高行政法院，亦遭駁回。

相同涉及行政裁罰之案例，經受處分人提起行政爭訟至最高行政法院，並撤銷原處分確定者，計有臺北高等行政法院 101 年度簡字第 190 號判決、101 年度訴字第 336 號判決等 27 案。另有若干行政裁罰案例，如鑫傳視訊廣告公司、超級傳播公司、緯來電視網公司、民間全民電視公司等衛星頻道事業，及中投、大屯、台灣佳光、佳聯及北港等 5 家有線電視系統經營者[22]，

---

[22] 中投等 5 家有線電視系統案，係因中國新洪門黨及屏東縣議員宋麗華於 2017 年初自股票公開市場購入台灣數位光訊科技股份有限公司股票，此投資行為致間接投資該公司旗下中投等 5 家系統經營者，違反《有線廣播電視法》第 10 條規定，經 NCC 於 2017 年 7 月各核處上揭 5 家有線電視系統

因涉黨政軍投資，經 NCC 裁處罰鍰而遭行政院訴願撤銷。NCC 判斷如持續爭訟並無實益，自 2018 年起不再上訴，直接辦理返還罰鍰事宜。

（四）永佳樂有線電視申請經營許可案（臺北高等行政法院 104 年訴字第 234 號判決）

　　永佳樂有線電視原經營範圍為新北市新莊經營區（新莊、五股、泰山、林口），於 102 年 10 月 25 日向 NCC 申請擴增經營區至新北市全區。查該公司之上層股東台固媒體公司係由大富媒體科技公司所投資，而大富公司又係台哥大公司 100% 投資；另富邦人壽、台北富邦商銀分別持有台哥大 3.62%、1.24% 之股份；富邦金控則持有富邦人壽及台北富邦商銀 100% 股份；而臺北市政府於 102 年度持有富邦金控 14.07% 股份。NCC 依《有線廣播電視法》第 8 條第 1 款、第 18 條、第 19 條第 4 項及第 24 條第 1 款規定，駁回其申請。

　　受處分人提起行政訴訟，法官做成判決之心證為：⑴本案不予許可擴增經營區之決議，其立法目的在於實現有線廣播電視事業之獨立性與健全性，其規範目的係為管制，而非在對過往違反公法秩序之行為予以處罰。⑵NCC 無裁量空間，針對受處分人與臺北市政府有間接投資關係，依該款規定否准其申請，核屬單純不利益處分，與原告主觀上是否有可非難性或可歸責性（責任條件）無關，無《行政罰法》第 7 條規定之適用。⑶本案屬於「管制性之不利處分」，與《行政罰法》第 2 條所稱之「裁罰性不利處分」，係以違反行政法上義務而對於過去不法行為所為之行政制裁不同，即非屬《行政罰法》所指之行政罰（最高行政法院 101 年度判字第 165 號判決參照）。⑷立法者藉此駁回籌設、營運申請之方式，乃為阻止黨政軍介入媒體經營的情形發生，並非以此為手段處罰違法業者。本案行政法院判決為：「原告之訴駁回」。上

經營者罰鍰在案。此案間接干擾到台灣數位光訊科技擬併購東森電視公司案。參見國家通訊傳播委員會，2018 年 3 月 21 日第 793 次委員會議紀錄。

訴最高行政法院，亦遭駁回。

三、黨政軍退出媒體條款適用缺失檢討

前述個案之適用，對廣電媒體而言，已然出現干擾市場正常交易，延宕產業發展之情形，如 IPTV 於台灣之發展及因應數位匯流進行之產業併購與競爭受阻；就維護產業秩序之部門，亦出現需依法執行，卻不敢探究條款之立法目的，以系統解釋勇於突破，長年拘泥於法條文字勉強執行之結果，徒然浪費行政成本與司法資源。

歸納黨政軍退出媒體條款適用之缺失及其衍生之困境，約有以下幾點：

（一）間接投資採最嚴謹計算

何謂「間接」持有？應如何計算？涉及政府機關或勞退、國安基金等僅係單純理財行為而對媒體上上層股東之投資，是否亦違反規定。由於廣電三法僅於《有線廣播電視法》第 9 條第 5 項（舊法之《有線廣播電視法施行細則》第 12 條）中，針對外資間接持有系統經營者之股份比例做規定，其餘均無任何規範。本條款無間接持有占比之明文規定，究係立法者無意疏漏或有意為之？行政機關在本案形成之「政治意志」情境下，僅能於最初適用時採最嚴謹之解釋，即將「間接」之文義，計算至最上層，且一股均不能持有。NCC 雖多次擬以 5%、10% 比例制或實質控制說，務實地調整間接持有之標準，仍未能於 2015 年 12 月廣電三法修法時，就此條款獲得共識，最後在無任何說明理由之黨政協商程序中，被排除在廣電三法修法清單外。

（二）「裁罰對象」之錯置失當

讓具「黨政軍身分」者得直接或間接投資廣電媒體事業，卻讓事先不知或無法拒絕之媒體事業（被投資人），對因此產生之違法狀態，承擔行政法上之義務與責任，負起行政罰鍰或營運許可被否決之結果。此機制徒讓違反本條款之狀態，因權責之失序，形成有責之廣電媒體業者無力排除違法狀態，而具黨政身分之投資（有權）者無動機去改正之亂象，有違「無責任即無處

罰」之憲法原則。（方瑋晨，2018）

（三）同一違法狀態卻有差異之處理

受黨政間接投資之媒體，雖同樣出現無預見可能且無從予以拒絕之違法狀態，在前述屏南有線電視等多數案例，被認為係《行政罰法》第 2 條所稱之「裁罰性不利處分」，係以違反行政法上義務而對於過去不法行為所為之行政制裁，與原告主觀上是否有可非難性或可歸責性（責任條件）有關，有《行政罰法》第 7 條規定之適用。

但在永佳樂有線電視申請許可擴增經營區案，卻屬於「管制性之不利處分」，與前述屏南有線電視之「裁罰性不利處分」不同，即非屬《行政罰法》所指之行政罰，其規範目的係為管制，而非在對過往違反公法秩序之行為予以處罰，NCC 無裁量空間，申請之媒體一經查證有黨政投資關係，依該條款規定，即應否准其申請，核屬單純不利益處分，與行政裁罰不同。

同一違法狀態，在法院認定上卻被區分為「管制性之不利處分」與「裁罰性不利處分」態樣。然無可否認的是依現行條款，受處分人對違法狀態之發生確可能出現「無可預見性」及「無從阻止他人買受股票」，但處理結果卻不一致，顯有「法律明確性原則」之適用疑義。

（四）不分課責對象屬性一致禁止

本條款在適用對象上不分利用公共頻譜資源之無線廣播電視，或自行拉線纜鋪設之有線電視寬頻視訊網路；所指涉之違法現象，在台灣解嚴多年，「黨政媒一體」時代不復返之當下，媒體資源已相當充分，卻仍不分規範行為與課責對象採一致性之強制禁止規制，有限縮廣電自由，違背多元廣電秩序價值之嫌，已涉及通訊傳播基本權之合憲性爭議。（林家暘，2020）

（五）未探究媒體與黨政關係循序改革

發展理論下形成之媒體組織生態，因政府、政黨資助依賴，及私人資金之介入政治運作，讓媒體資金來源及國家政治轉型陷入複雜的過程。依據「路徑依賴」理論 (North, 1990)，解決此類問題，不是鋸箭式的切割就足夠，仍

有許多結構必須隨之調整或改變，North 認為，媒體機構型態與特性是一種從過去累積而成之過程與結果，面對歷史餘緒，產業需要採取漸進式改革。

肆、行政與立法功能失調

黨政軍退出媒體議題，2003 年由朝野立法委員聯署主動提案，立法者之政治意志強烈，條款的規範對象與行為管制亦趨嚴格[23]。2003 年年底，本條款完成立法，相關規定之適用即逐漸出現前述之困境。2006 年 NCC 承接廣電媒體監理業務後，為避免該條款有不合理及窒礙之處，自 2009 年起即積極推動修法，後因立法院屆期不續審遭退回。2012 年重送立法院審議，2015 年年底雖完成廣電三法其他修正條文，但對本條款之修正（主要為間接投資應放寬至 5% 或 10%），又因各黨團意見分歧，進行黨團協商多次未果，為避免影響廣電三法其他文字之修正成果，最後做成附帶決議，要求相關爭議條款待產業未來發展再行檢討修正，原條款文字維持不變[24]。至於協商討論情形，因未留下任何紀錄，招來各界對國會「黑箱作業」之批判。

一、主管機關之修法建議

NCC 自成立之初即認為黨政軍條款確有不合理之處，雖多次提出修正，惟均未獲立法院共識。其近期研擬之解決方案，計有兩種模式：

（一）在原條款之規範架構下做修正，一致處理

在完成廣電三法階段性之修法後，NCC 即著手組成「通訊傳播匯流修法

---

[23] 2003 年，時為廣電媒體主管機關之行政院新聞局於立法院審議時未提出對案討論，僅於同年 5 月經行政院第 2841 次會議通過，提出「廣播電視法、有線廣播電視法及衛星廣播電視法合併修正草案」，擬對廣電產業因應數位匯流發展做大幅度修正。該草案第 4 條至第 7 條雖亦有黨政軍退出媒體之規範，但與立法院版本相較，在間接投資方面較有彈性，如間接投資，為(1)繼續投資轉投資事業未逾六個月，(2)間接持有未逾股份總數 5% 者不在此限。

[24] 依該決議，廣電三法除黨政軍退出媒體條款外，尚包含有線廣播電視必載無線電視，及有線電視多元選擇付費方案條款，均未獲修正。參見立法院 2015 年 12 月 18 日第 8 屆第 8 會期第 14 次會議議事錄。

策略工作小組」進行通訊傳播匯流修法工程[25]。鑑於本條款適用之爭議仍存在且持續擴大，甚至被利用做為干擾其他競爭事業併購計畫，或阻擋來自上市企業資金進入通傳產業之「絆腳石」，對台灣數位匯流產業之發展影響甚鉅，NCC 於 2018 年在原條款之規範架構下，提出一致處理之具體修正建議。

　　NCC 認為本條款最初立法意旨，為維護媒體新聞專業自主，促使政府、政黨退出廣播電視之經營，已達成階段性任務。但原條款所規範「不得直接間接投資」的規管方式，在實務執行上有客觀上不可預期性及裁罰對象合理性的疑義，確有檢討的必要。另國內民主化已日趨成熟，媒體及資訊管道更加多元，數位轉換後可利用頻道數將倍增，可提供更多的頻道上架播放，在匯流趨勢下也將陸續出現更多類似廣播電視特性的新型態匯流服務，例如 IPTV、VOD、OTT TV 網路影音服務，政府、政黨擬以控制節目內容來產生影響，似已不太可能。有關政府、政黨退出廣播電視媒體，在未來匯流環境中是否仍應加以規範，如仍應加以規範，因各類媒體的性質不同，其規範的對象及可行方式為何？均有討論空間。

　　歸納 NCC 自 2015 年廣電三法修正後，針對本條款曾經提出之修正建議，臚列如下：⑴維持黨政直接投資及介入媒體營運之規定。⑵間接投資採「實質控制論」，包含以間接投資或其他方式（如公司債）達控制廣電媒體事業之人事、財務或業務者。⑶將持有廣電媒體事業已發行股份總數逾 5% 者，推定為實質控制。以此做為單純理財，無實質控制意圖之形式上限。⑷明定間接持有之持股比率計算方式。⑸對違反規定之投資者，明定其取得之股份無表決權，並令其限期處分。⑹對違反規定，而申請經營許可、換照、合併、轉讓之事業，應不予許可[26]。

---

[25] 針對通訊傳播匯流法案之調整，NCC 先後提出匯流五法之概念，其中僅《電信管理法》於 2019 年修正通過，其餘《數位通訊傳播法》草案再議；廣電三法之調整部分，則先以「傳播政策白皮書」匯聚各界修法意見，並於 2020 年公布。

[26] 2018 年由 NCC 內部「通訊傳播匯流修法策略工作小組」所討論之解決方案，除以「實質控制論」

（二）回歸《預算法》及《政黨法》規定，分別處理

NCC 於 2020 年 2 月在歷經「傳播政策綠皮書」程序，蒐集各界有關傳播政策之意見後，提出「傳播政策白皮書」，對黨政軍退出媒體議題表示：「將以五大方向，朝全面性調整『黨政軍條款』規範模式為規劃策略，以利視聽傳播產業之正常化經營。」

分析其內涵，似有將政府、政黨介入媒體經營之問題分別處理之規劃：(1)限制政府、其捐助成立之財團法人及其受託人經營媒體。如有法律規定，即可依法設立並經營媒體，如公共電視台、客家電視台、原住民電視台等。(2)政府投資部分回歸《預算法》規定：依《預算法》第 25 條規定「政府不得於預算所定外，動用公款、處分公有財物或為投資之行為」，藉國會或審計部對預算之控管程序，管理政府投資廣電事業。另依同法第 62 條之 1，亦可禁止政府置入性行銷，排除政府藉由媒體的不當影響。(3)政黨部分依《政黨法》規定，禁止投資或經營媒體，另由廣電三法規範改正義務：依《政黨法》第 23 條規定，「政黨不得經營或投資營利事業，並不得從事法律規定以外之營利行為」。如有違反行為，經《政黨法》主管機關認定者，由 NCC 命媒體解除其負責人職務，並得限制投資股份表決權之行使。(4)明確定義政黨黨務人員、政務人員及選任公職人員。(5)修正歸責對象，以使責任與處罰相符[27]。

二、禁止政黨持有媒體股份的檢視

政府、政黨退出媒體條款，目的為管制政府、政黨以投資廣播電視之行為來影響並控制廣播電視，但在「捐助成立」民營廣播、電視事業、衛星廣

為基礎外，另亦曾討論是否將平台業者（含中華電信 MOD 及有線電視系統業者）設例外排除規定，惟未對外正式討論。其後 NCC 於 2019 年開放 MOD 組頻及參與收費機制；並進行傳播政策綠皮書（再轉為傳播政策白皮書）之研擬，爰不再議相關修正建議方案，惟仍具參考價值，或做為未來修法之備案。

27　參見國家通訊傳播委員會網站，傳播政策白皮書，頁 106–108。引自 https://www.ncc.gov.tw/chinese/files/20032/5237_42741_200320_1.pdf。

播電視事業部分，若有法律特別規定則可除外[28]。經檢視，目前實務上僅政府有基於其職責任務另訂捐助成立廣播電視媒體之特別規定，例如警察廣播電臺（內政部捐助）、台北市政廣播電臺（台北市政府捐助），及公共電視（文化部捐助）[29]，但政黨部分，目前並無任何法律特別排除適用，仍被嚴格禁止。

　　按政黨之功能本在於宣揚其政治觀點與主張，透過對話與社會溝通，自可主張廣電自由之基本權利。據此，論者有以德國之論述觀點，認為立法者應從傳播自由之實際保護出發，積極地從主觀面形塑政黨與媒體間互動關係之相關制度；而非形式地從客觀面訂出絕對禁止政黨投資媒體之規範。如據此設計相關規制時，原可以避免政黨對媒體擁有支配性之影響為條件，並搭配財務與營運之公開透明制度，接受外界之監督。相對而言，現行絕對禁止政黨投資媒體措施，恐非必要，需受比例原則之合憲性檢驗。（林家暘，2020）

　　台灣於 2017 年公布施行《政黨法》，該法第 23 條明定政黨不得經營或投資營利事業，並從事營利行為，但以同法第 19 條第 4 款規定「為宣揚理念或從事活動宣傳所為之出版品、宣傳品銷售或其權利授與、讓與所得之收入」不在此限。又依該法立法說明，此所稱經營係指對於該營利事業擁有實質控制或具有控制能力，或者擔任該營利事業負責人。所稱投資係指持有股份或出資額、設立營利事業或為前二者提供一定期間之貸款等相關行為而言。

　　未來政黨退出媒體之修法，政黨部分如依《政黨法》規定，只要不涉及營利仍可為之，其規範範圍與德國觀點及當前廣電三法均有不同，且不涉及黨務工作人員在內，但從政黨之傳播自由維護觀點而言，似乎更能調和多元

---

[28] 詳參《廣播電視法》第 5-1 條第 2 項及《衛星廣播電視法》第 5 條第 2 項。

[29] 原定位為全民電視之公共電視，由於資金來源仍依賴政府捐助，對於其獨立性已引起批判，2021 年文化部又提出未來將修法明訂行政院長可指定公廣集團董事長，一改過去由公視董事推舉的作法，學者質疑修法已違背公共電視精神。（林政忠、葉冠妤，2021）

意見及相關人間權益之衡量。

三、修法之展望

　　多年來,本條款被立法機關視為政治圖騰,其存在被視為台灣特有之「政治社會轉型正義」管制。(石世豪,2017) 對其進行修正,無論輕重或是否具有正當性,均被視為禁忌。

　　展望未來之修法,本文認為:⑴宜從爭議個案分析利弊,強調時空環境不同,不應再受過時法條之桎梏,以形成修法必要性之輿論認同。⑵黨政軍退出媒體議題,已非單純之政治問題,而係市場或產業問題,宜由市場面切入,強調在網路傳播時代,媒體資源近用已非稀缺,如何善用資源加以活化並公平分配,才是台灣媒體產業未來發展之關鍵。⑶面對近 20 年爭議法案無法突破之困境,立法者之「立法裁量」或「立法意志形成自由」是否有其「自由」或正當性?亦應予正視。在行政與立法功能失調之困境下,請大法官給個說法,或許是唯一可期盼之途徑。

伍、立法者對黨政軍退出媒體限制的形成自由與界限

　　本文從探討黨政軍退出媒體條款之立法緣起探討其立法目的,發現本條款歷經近 20 年未因應時空環境變遷做調整,且產生適用妥適性之爭議,如歸責對象、間接之範圍界定等對產業發展造成影響。行政部門被要求嚴格執法,在無法通過司法判決之檢驗後,多次檢討並提出修正案,迄未獲立法部門之共識。2015 年底廣電三法進行大幅度修正,此條款卻仍被留置,造成廣電產業因此條款產生之困境無限循環。此究係「立法怠惰」或屬應予以尊重之立法者形成自由(立法裁量)空間?已是黨政軍退出媒體爭議之核心問題。

　　為防止「立法怠惰」繼續造成人民之損害,法國憲法及其國會慣例均承認「限期立法」概念,對特定議題可依法限期討論、協商或表決處理;甚至由行政部門以「行政條例措施」替代施行,且具法律效力,然因此舉有形成

「行政國家」，侵害主權在民之法治國原則，未被正式引入或討論。本文認為可針對「立法形成自由」界限之討論，透過司法權與立法權間之合憲審查機制，探討涉及廣電自由之傳播政策，其立法形成自由空間與界限應為何？並藉此促使行政與立法部門積極調和現有廣電規範之缺失。

一、立法形成自由

「立法裁量」又稱為「立法形成自由」，此概念呈現司法權對立法者基於民意代理人地位作成政策決定的容忍或尊重空間。相較於「行政裁量」理論，後者之論述已相當成熟，並被納入《行政程序法》中規範[30]，有效處理行政權與司法權間權限之運作與分配問題。然「立法裁量」在現今憲法解釋論上，卻仍是未具共識或為無解的議題。（黃國益，1999）

（一）歐美觀點

德國《行政法院法》第 47 條第 1 項，雖然設有對抽象法規命令的審查依據，但這是基於實務與法律政策的特殊考量，德國多數見解仍認為此並不是憲法的誡命。憲法訴訟權的核心，應該不及於此，這應是立法形成自由的範圍[31]。

美國建立司法違憲審查制度，歷史悠久。「立法形成自由」概念，在其憲政實務上，主要以 1938 年 United States v. Carolene Products Co. 案所建構的「雙重基準」(Double Standard) 為基本原則，即法院在處理有關憲法基本權利問題時，原則上應尊重立法及行政部門依民主程序的決定，只有在立法與行政部門的決定會影響到民主程序時，法院才應介入，以免民主程序本身之不公及不健全。

所以，只有在政府之立法或其他措施，涉及與民主程序運作有關之政治

---

[30] 參見《行政程序法》第 10、93、116、137、159 條。
[31] 參見吳陳鐶大法官針對司法院釋字第 742 號解釋之不同意見書。

性基本權利（含少數族群權益之保護）時，才會以嚴格的審查標準，審查立法或行政部門之立法或其他措施。但在審查經濟性基本權利或有關社會福利制度的法律之合憲性時，則傾向應尊重立法權的形成自由。

（二）台灣實務觀點

相較於歐美觀點，林子儀大法官在檢討台灣司法院大法官所作的憲法解釋時，發現台灣對有關「立法形成自由」的解釋，並非完全是屬於經濟性基本權利或有關社會福利制度的案件。（林子儀，2001）

有關「立法形成自由」此憲政概念，其理論基礎為何？於運用時有無體系化或類型化的脈絡可尋？首先，台灣學者在歸納分析司法院相關解釋後，發現大法官並未提供明確的理論基礎。然從學說理論，應是試圖劃分司法違憲審查權與立法權的分際，以減緩司法積極介入立法，產生立法權與司法權間的權力衝突問題。如要求能對此議題有一個系統性及一貫性的解決，則必須就司法違憲審查權的正當性以及其界限，提出一個憲法理論[32]。

然而，在理論紮根前，前述研究發現大法官在台灣解嚴後，民主轉型期間，做成有違憲之虞、附期限失效或直接宣告違憲而失效之比例偏高，其中有些未尊重「立法形成自由」的解釋，屬於經濟性基本權利或有關社會福利制度的案件。司法者為求維護人民憲法上基本權之保護，積極介入，並對立法政策方向提出指引，其正當性為何？本文認為憲法解釋宜積極的面對台灣民主發展與法制改革進程，可逐漸透過釋憲個案，形成對不同人權價值之序列，藉此導引審查基準類型化之工程，並結合「立法形成自由」概念，發展其運用之體系化或脈絡，屆時相關界限與理論原則將愈趨清晰，引導行政與立法之運作往憲政國家發展。

---

[32] 參見林子儀 (2001)：「從民主理論的觀點，司法違憲審查權的行使即面臨『反多數決』的困境。欠缺直接民主基礎的違憲審查機關如何貫徹司法保障人民權利的規範要求，同時避免過度介入政治部門（立法權與行政權）的政策領域，形成『政治司法化』……即為當前實踐憲政主義時的核心議題。」

　　台灣自司法院釋字第 204 號解釋（1985 年）後，開始以「立法裁量」概念做為違憲審查認定之理由，並有趨向頻繁之勢。當運用此概念時，即表示大法官採取消極的解釋態度，以尊重立法者之選擇來緩和，做成合憲的結論。然其解釋標的之類型包含限制經濟自由（含工作權、財產權）之立法、租稅立法、限制訴訟權之立法、限制表現自由之立法、及對社會權保障的限制立法等，領域廣泛。（黃國益，1999）此結論形同由司法權間接認定立法者制定不同涉及人權類型之法制，均有裁量空間。此種司法消極主義，無非強調立法民意之民主正當性，但就權力制衡功能而言，人民更期待較無政治包袱之司法權，扮演積極角色調和行政與立法因政黨政治所造成之議會亂象。

　　本文耙梳幾件具有不同時空背景下重要意涵之釋憲案，藉以窺見台灣大法官對「立法形成自由」界限之態度：

1. 司法院釋字第 445 號解釋（1998 年）

　　此案針對《集會遊行法》制度之調整，大法官對該法涉及不同之人權限制規範，提出不同之違憲審查基準，並與立法裁量概念結合，分別做出合憲或違憲之決定：(1)對集會遊行採取許可制之審查，於突發性集會，仍要求事前聲請許可，已逾越必要性，應屬違憲；其他對非突發性之集會遊行採取許可制，未逾必要範圍，認為合憲。(2)關於表現自由主張內容之限制，大法官分別由事前審查禁止基準、明顯而立即之危險基準、或規範明確性原則基準審查，均認定為違憲。(3)關於表現自由主張內容以外之限制：如集會遊行之時間、地點限制；集會遊行之區域、人員資格限制，因屬立法裁量事項，不予審查，應為合憲。(4)關於違法集會遊行之裁罰類型，屬立法裁量事項，不予審查，亦屬合憲[33]。

2. 司法院釋字第 662 號解釋（2009 年）

　　此案針對刑法得易科罰金制度之建立，另涉及權力分立與立法權受憲法

---

[33] 參見司法院釋字第 445 號解釋文、協同意見書等；及黃國益 (1999)。

拘束之原理，以其逾越憲法規定及司法院前解釋意旨，應自解釋公布之日起失其效力。

　　釋憲理由之多數意見，認為：「立法院基於民主正當性之立法責任，為符合變遷中社會實際需求，得制定或修正法律，乃立法形成之範圍及其固有權限。立法院行使立法權時，雖有相當廣泛之自由形成空間，惟基於權力分立與立法權受憲法拘束之原理，自不得逾越憲法規定及司法院所為之憲法解釋。」另大法官林子儀及許宗力提出協同意見，認為：「要否建立得易科罰金制度，為立法政策之選擇，立法者有較廣之形成自由範疇；一旦建置易科罰金制度，就得易科罰金相關要件之設計，立法者雖有形成自由，惟仍不得違反憲法規定，例如不得違反比例原則、平等原則等。」惟陳新民大法官對此解釋提出不同意見書，認為立法者的刑事政策之考量，應予尊重。所謂「規範重覆禁止」原則仍有商榷之空間，因為「後解釋」可能有較多的正確性。主張應「極度謹慎」。

3. 司法院釋字第 742 號解釋（2016 年）

　　此案針對都市計畫的爭訟，多數意見認為，為保證人民憲法上之基本權利，要求立法院應於兩年內針對都市計畫增訂相關救濟方式。吳陳鐶大法官對此解釋提出不同意見書，認為要求立法機關制訂不是憲法要求的立法事項，違反權力分立原則。

　　大法官羅昌發對此解釋涉及要求立法者創設的規範審查，提出協同意見書，強調此於其他國家如德國，雖然未必是憲法上要求，但人民對違法都市計畫提起規範審查訴訟，在我國屬於憲法要求，並非立法裁量。其立論為憲法保障財產權、憲法保障訴訟權及訴訟經濟，且在我國，主管機關就都市計畫擬定時常存在濫權跟人謀不臧的問題，因此要求立法院增設規範審查訴訟，具有極高的憲法上正當性。

一、黨政軍退出媒體限制的違憲審查

　　近年來，台灣針對各領域特定政策規範之違憲審查，從「立法形成自由」概念與界限出發之相關論述，逐漸增加。如李建良 (2009)，〈易科罰金制度之立法形成自由與憲法界限──釋字第 662 號解釋〉；黃舒芃 (2010)，〈立法者對社會福利政策的形成自由及其界限──以司法院釋字第 649 號解釋為例〉；黃舒芃 (2018)，〈若隱若現的立法形成自由：婚姻自由的保證或障礙──評釋字第 748 號解釋〉；蔡震榮、余修智 (2021)，〈由公共危害概念論行為與制裁之立法裁量及法實踐〉等。

　　黨政軍退出媒體限制規範，如前所述，在行政機關最初持保留態度，由立法者提案修正廣電三法，其構成要件之妥適性與明確性造成適用上之爭議；相關裁罰制度亦有違權責相符之原則。行政機關多次提案修法，卻因此議題涉及政治經濟敏感之黨政互動關係，被長期擱置，仍維持 20 年前之規範架構。在時空環境丕變，傳播科技日新，數位時代已然改變媒體資源稀有概念，繼續執行過時之制度規範，將對廣電產業造成發展窒礙。

　　面對行政與立法之政治糾結，本文認為司法可採積極之立場，結合如下違憲審查基準，與「立法形成自由」概念，對媒體與政府政黨應有之距離與良性互動關係，做成制衡之決定，落實對人民憲法上基本權利之保護。

（一）比例原則

　　從憲法第 23 條規定，比例原則屬憲法層次之保護基準。其審查內涵有：

1.目的符合審查

　　一項限制人民基本權所追求之目的，須符合「為防止妨礙他人自由、避免緊急危難、維持社會秩序、增進公共利益」之特定公益目的，此第一階段審查，即在審查限制人民基本權之干預措施，除須具備其所追求之目的外，亦須審查該目的是否符合「法律正當性」，而為憲法所允許。

　　基於維護新聞自由、滿足人民多元意見之訊息來源，避免國家或政黨藉

其影響力壟斷媒體資源，破壞媒體第四權之專業自主營運空間，固符合法律正當性。但是否以絕對禁止持有或退出方式來限制，則涉及必要性之審查。

2.必要性審查

「比例原則」之判斷標準。依《行政程序法》第 7 條規定，其衍生之次原則有三，包含「適合性」、「必要性」與「合比例性」，我們可據此來審查黨政軍退出媒體條款之正當性。

(1)適合性原則

此次原則係指當國家採取措施欲限制人民之基本權時，此措施必須能適合於達到其所欲追求之公益目的。國家所採取之措施因係適合達到目的之有效手段，故該措施必須有助於目的之達成，如與目的達成無關之措施或辦法，即屬非適合性。前述德國聯邦法院對其各邦限制政黨投資媒體之限制規範，因涉及政黨廣電自由之主張，要求應限於政黨有控制其投資媒體之條件下適用，方符合正當性。NCC 在其歷次修正版本上，提出「實質控制論」之建議，即在改正此缺失。

(2)必要性原則（最小侵害原則）

國家所採取之措施與其所欲追求之公益目的，如有二以上符合適合性原則之措施可供選擇時，必須選擇對人民利益侵害最小之措施或手段。黨政軍退出媒體規範，對間接持有媒體之解釋，行政機關在被要求嚴格執行之監督下，計算至無限上層股東，且一股均不能持有。對僅係單純理財之投資持有者亦納入，要求投資者限期處理或由被投資法人收回資金。此對法人資本充實原則造成傷害，亦對人民之財產權造成不必要的傷害。

(3)合比例性原則（狹義之比例原則）

國家所採取之措施與其所欲追求之公益目的，必須符合比例。換言之，國家不可為追求一小公益，而犧牲人民顯不相當之大利益。即「合法的手段」和「合法的目的」之間，存在的損害比例必須相當，又稱「衡量性原則」或「衡平性原則」。此一原則所形塑之國家義務，即為國家必須於所採取之措施

與其所追求之公益目的之間，作一「合比例」之利益衡量。

　　除前述間接投資之界定外，亦有認為原規範含括所有無線廣電、有線電視平台與衛星電視媒體，未區分其媒體屬性，如有線電視系統經營者與中華電信 MOD 為視訊平台，未製作節目，僅係頻道規劃，若能要求其遵守公平上下架規範，是否可鬆綁其規範；又不涉及新聞製播，純屬製作戲劇、綜藝、紀錄片等節目之媒體是否可區別處理。而前述購物頻道申請營運許可受阻礙，歷經 2 次修法只為暫時迴避黨政軍退出媒體條款限制之困境，對立法之威信已造成傷害。黨政軍退出媒體條款不論媒體屬性是使用公共稀有資源之無線廣電，或係組合一般頻道之視訊平台，或屬加值服務性質之購物頻道均含括在內，相關規制採一致性處理，實有違合比例性原則。

（二）法律明確性原則

　　依據司法院釋字第 767 號解釋理由書：「……法律明確性之要求，非僅指法律文義具體詳盡之體例而言，立法者於立法定制時，仍得衡酌法律所規範生活事實之複雜性及適用於個案之妥當性，從立法上適當運用不確定法律概念而為相應之規定。依本院歷來解釋，如法律規定之意義，自法條文義、立法目的與法體系整體關聯性觀之，非難以理解，個案事實是否屬於法律所欲規範之對象，為一般受規範者所得預見，並得經由司法審查加以確認，即無違反法律明確性原則」（司法院釋字第 594 號、第 617 號及第 690 號解釋參照）。

　　在前述永佳樂有線電視個案中，同一違法狀態，受處分人對違法狀態之發生確可能出現「無可預見性」及「無從阻止他人買受股票」，但處理結果卻不一致，在法院認定上，被區分為「管制性之不利處分」與「裁罰性不利處分」態樣分別處理，已涉及法律明確性原則之適用疑義。按對於審查有無可預見性，涉及法律明確性原則。而是否可預見，有「法律人之可預見標準」或「一般人之可預見標準」之分，學者對此曾提出批判，認應立於一般理性大眾對法律之感情與可預見之標準來評斷。（許宗力，2012）

又如緯來有線電視等換照案，NCC 與媒體業者不斷爭訟，仍無法解決條款之限制，最後主管機關只能從寬以期待改善之方式軟處理，此等「立法嚴、執法寬」之現象，已違反法治國家應有之原則，卻只能任其無限循環的發生。

（三）無責任即無處罰之憲法原則

司法院釋字第 275、667、687 號解釋指出，對人民之處罰應繫於與其個人的非難性相結合，否則與無責任即無處罰之憲法原則牴觸。

黨政軍退出媒體條款，如前述，讓事先不知或無法拒絕之媒體事業，對產生之違法狀態負起責任，並承擔行政罰鍰或營運許可被否決之不利結果，明顯違背行政罰以故意或過失為責任條件之基本原則，亦有違憲法第 7 條平等原則。此機制徒讓違反本條款之狀態，因權責之失序，導致有責之廣電媒體業者無力排除違法狀態，而具黨政身分之投資者無動機去改正之亂象持續存在，對人民之財產權、廣電自由均造成傷害。

綜上，黨政軍退出媒體限制，從比例原則、法律明確性原則及無責任即無處罰之憲法原則檢視，均應認為已侵害人民之財產權、廣電自由與平等權，並牴觸法治國應有之基本原則。

二、違憲審查密度理論

許宗力大法官在司法院釋字第 578 號解釋，對立法事實判斷之審查，認可分三種寬嚴不同審查基準：(1)最寬鬆審查標準，只要立法者對事實的判斷與預測，不具公然、明顯的錯誤，或不構成明顯恣意，即予尊重；(2)中度審查標準，進一步審查立法者的事實判斷是否合乎事理，可以支持；(3)最嚴格審查標準，須作具體詳盡的深入分析，以確信立法者的判斷是否正確。

何時從嚴，何時從寬審查，前揭意見認為：應考量系爭法律所涉事務領域，又系爭法律所涉基本權之種類，及其對基本權干預之強度等，都將影響審查基準之選擇[34]。

鑑於黨政軍退出媒體條款對間接持有媒體解釋計算至無限上層股東，且

一股均不能持有，對單純理財之投資人亦不能免除，對人民之財產權、法人資本充實、廣電媒體參進自由均造成嚴重干預。又不分媒體屬性一致性處理，亦有違比例原則；且裁罰錯置，讓事先不知情或無法拒絕之媒體業者承擔行政法之義務與責任，顯牴觸無責任即無處罰之平等原則。故本文認為司法者對立法者所為黨政軍退出媒體之決定，應採最嚴格審查標準，深入分析相關領域之法律事實，以確信立法者的判斷是否適切。

陸、再思黨政與媒體間應有的距離（代結語）

行政部門或立法者為實現公共政策目的，需根據一定之社會生活事實加以評價，進而制定法律。為讓社會生活事實與立法目的相符應，不過度預測，負責執行之行政與立法者應先審慎對話，對相關事實加以調查及認定。而有法規違憲審查權之司法者，則應立於憲政之守護者角色，對立法者審查其對法律事實之認定與預測有無違誤，或有無侵害人民之基本權利。

黨政軍退出媒體制度，為台灣政經環境下之特有傳播政策，其真正之核心目的，應在如何維持與促進媒體內部自治，及外部意見多元秩序的廣電環境。然多年來相關限制規範，已嚴重影響廣電產業之發展。行政機關依法需執行其認為有瑕疵之法律，並多次提出修正案。立法者卻仍困於政經利益糾葛中，讓過時不當之規制持續存在[35]。面對行政與立法對此議題之僵局，大法官應持積極之態度，調和行政與立法間之扞格，俾引領廣電媒體朝專業自主之方向發展，提供民主社會應有之多元資訊環境。

本文結合比例原則、法律明確性原則及無責任即無處罰之違憲審查基準，與「立法形成自由」概念，經檢視後，認為現行黨政軍退出媒體限制規範，

34　參見司法院釋字第 578 號解釋，許宗力大法官之協同意見書。

35　參見謝煥乾 (2010)，《媒體的圖騰禁忌》，顯現 NCC 於 2009 年試圖針對間接投資難以清查，擬以實質控制論，提出間接持股未逾 10% 之修正，惟最後仍未完成修正。引自蘋果日報：https://tw.appledaily.com/headline/20100802/PBKUVTJ5J76HUSFC47576DUVCA/。

已不合時宜，且涉及廣電自由與憲法揭示的價值秩序主張，縱採美國「二重基準原則」，亦已逾越立法形成自由之界限，應受違憲審查高密度標準檢視。

最後，若相關限制能如各界期盼地被宣告違憲，無論大法官係逕自宣告原法律無效，限期失其效力，或指引修正方向。行政與立法部門如何面對台灣當今媒體與政府關係，及政黨與媒體互動生態，制定完備的法律與配套措施，讓媒體自主與專業精神能具體實現，重建民眾對媒體之信任，有待進一步之規劃與研究。

現今黨政媒體關係，較昔日更為複雜。以前的「侍從媒體」關係，是由政府、政黨採集權及金字塔式控制，為不對稱的支持與交換關係，在反威權的時代潮流下，立法者做出「非理性」的形式切割，完全禁絕持有的規範限制。然 20 年後，台灣社會大眾對媒體的不信任，卻創下新高。媒體已非「侍從」，而是憑藉其影響力，換取公部門或政黨更多的財務資源與話語權，甚至進入其應監督的政府體制內；或成為政黨內部的夥伴派系，指揮或綁架政府與政黨順從其意識形態或政策觀點。

本文認為面對更複雜的「侍從媒體」亂象，我們可從布迪厄 (Bourdieu) 的場域 (Field) 理論，分析媒體在其場域中的生存心態 (habitus)，及相互進行的文化、經濟與社會資本之競爭 (capital) 等因素，藉以探討媒體在社會結構之歷史條件與位置等關係[36]。次依前述「路徑依賴」原則，回顧歷史，並回到立法初衷及當今媒體環境再出發，再以「理性法治」(rational legal) 觀點，提出未來修法應秉持之原則，期能強化媒體之專業自主，重建政府、政黨與媒體間應有之距離與互動關係。相關建議略以：(1)路徑依賴原則下的修法：依據路徑依賴原則顯示，媒體機構型態和特性是一種從過去累積到現今的過程。(North, 1990) 面對歷史餘緒，加上政黨競爭及隨著傳播科技發展之網路

---

[36] 參見法國社會學家 Pierre Bourdieu (1998)，從實行理論 (practice) 探討影響行動者（如媒體）在其場域中的各種關係，及其生存心態 (habitus)、資本競爭 (capital) 等互動因素。

互動傳播環境，重新檢視如何阻斷媒體與政府、政黨的政經關係時，應思考更細緻的策略。不是客觀的形式切割，而是漸進式的調整或改革相關機構間的關係，分析相互間政治經濟與資本變化的複雜關係，再提出修法策略。⑵理性法治的期待：由於廣電媒體依法在行政層面上受到監理機關之直接或間接影響，相關報導亦不可能始終超然於黨派之外，對執政當局或特定政黨主張，無論居於批判或擁護立場，均在履行其媒體傳播與形成輿論意見的職責，也讓要求媒體「遠離國家」或「超越黨派」，變成不切實際的理想或口號。（林家暘，2020）因此，為維護媒體專業自主，型塑多元意見環境，本文認為立法者應以理性法治原則設計規制，避免政府或政黨取得支配媒體的實質控制力量；反之，對媒體失去獨立自主之自覺，企圖影響政府或政黨，攫取財務資源與話語權之行為，亦應比照處理。

　　此所謂理性法治，即強調溝通對話之機制，藉正當程序、資訊透明化，循公開透明、可預測及平等原則，制定法律給予媒體去除來自政治的不當影響力，或藉公共政策去除或減少個人和政黨聯盟的影響。當然，徒法不足以自行，最終仍需喚起公民自覺，督促行政與立法部門維護民主社會最重要的第四根支柱。

參考文獻

一、中文部分

鄭瑞城、王振寰、林子儀、劉靜怡、蘇蘅、瞿海源、……李金銓 (1993)。《解構廣電媒體：建立廣電新秩序》，台北：澄社。

方瑋晨 (2018)。《廣電三法黨政軍條款修正莫顧此失彼》，風傳媒。引自 http://www.storm.mg/article/419589。

石世豪 (2017)。〈目的事業參與結合之多重管制問題及其制度革新芻議：以通訊傳播領域為例〉，《公平交易季刊》，第 25 卷，第 2 期，頁 72。

林子儀 (2001)。《大法官解釋之整理及評析——以憲法及行政法為中心：從大法官解釋論違憲審查與立法形成自由》。引自 http://ntur.lib.ntu.edu.tw/bitstream/246246/12811/1。

林政忠、葉冠妤 (2021)。《公視法大修獨立性大減　政府可指定公廣董座》，聯合新聞網，2021 年 9 月 17 日台北報導。引自 https://udn.com/news/story/121533/5752338。

林家暘 (2020)。《絕對禁止政黨媒體持股規範之正當性——以德國相關法律見解為起點》，論文發表於國立台灣師範大學「校園權利保障與傳播自由」學術研討會，2020 年 10 月 30 日。

李建良 (2009)。〈易科罰金制度之立法形成自由與憲法界限——釋字第 662 號解釋〉，《台灣法學雜誌》，第 137 期，頁 147–157。

馮建三 (2003)。〈傳播政治經濟學在台灣的發展〉，《新聞學研究》，第 75 期，頁 103–140。

許宗力 (2012)。〈論法律明確性之審查：從司法院大法官相關解釋談起〉，《臺大法學論叢》，第 41 卷，第 4 期，頁 1685–1742。

黃舒芃 (2010)。〈立法者對社會福利政策的形成自由及其界限——以釋字第 649 號解釋為例〉，《憲法解釋之理論與實例》，第 7 期，頁 137–191。

黃舒芃 (2018)。〈若隱若現的立法形成自由：婚姻自由的保證或障礙——評司法院釋字第 748 號解釋〉，《輔仁法學》，第 55 期，頁 1–48。

黃國益 (1999)。《立法裁量與違憲審查》，國立政治大學碩士論文。

劉宗德 (2020)。〈NCC 懈怠管制 MOD 之責任及救濟〉，《月旦法學雜誌》，第
　　296 期，頁 77–91。

蔡震榮、余修智 (2021)。〈由公共危害概念論行為與制裁之立法裁量及法實
　　踐〉，《軍法專刊》，第 67 卷，第 2 期，頁 45–74。

二、英文部分

Bourdieu, P. (1998). *Practical Reason: on the Theory of Action*, Stanford:
　　Stanford University Press.

McQuail, D. (1992). *Medi Performance: Mass Communication and the Public
　　Interest*. London: Sage.

McQuail, D. (2000). *McQuail's Communication Theory*. London: Sage.

North, Douglass, C. (1990). *Institutions, Institutional Change and Economic
　　Performance.* Cambridge University Press.

Roniger, Luis; Briquet, Jean-Louis; Sawicki, Frederic; Auyero, Javier; Piattoni,
　　Simona. (2004). Political Clientelism, Democracy, and Market Economy.
　　Comparative Politics. 36 (3), 353–375.

第六篇

「黨政軍條款」何去何從？檢視數位匯流時代的傳播管制[*]

谷玲玲[**]

* 本論文刊登於《教育暨資訊科技法學評論》期刊第 7 期，頁 41，2021 年。論文初稿發表於輔仁大學主辦之「黨政軍條款的合憲性檢驗」學術研討會，2021 年 9 月 16 日。
** 國立臺灣大學新聞研究所副教授，密西根州立大學大眾傳播博士。

壹、前言

立法院於 2003 年通過之「黨政軍條款」，係針對廣播電視媒體投資人及經理人的特殊規定，限制政府、政黨、其捐助成立的財團法人，及其受託人，不得直接、間接投資民營廣播電視事業（現行《廣播電視法》第 5 條之 1）、有線廣播電視系統經營者（現行《有線廣播電視法》第 10 條），以及衛星廣播電視事業（現行《衛星廣播電視法》第 5 條），並於 2006 年制定《無線電視事業公股處理條例》，以協助違反上述法條者，釋出公股。對於各界多年呼籲黨政軍退出媒體經營，這是立法機關最具體的回應。

「黨政軍條款」的立法意旨乃是維護廣電媒體之中立性及資訊多元（見國家通訊傳播委員會，2014 年 2 月 20 日），但是，在實務執行上，並不順利。自 2010 年起，國家通訊傳播委員會（以下簡稱通傳會）依據「黨政軍條款」裁處違規者。此後，凡經業者提起訴願或行政訴訟，通傳會之處分理由皆未獲得行政院訴願會或法院認可（見方瑋晨，2018 年 3 月 24 日；通傳會，2020 年 2 月），各界也陸續出現鬆綁「黨政軍條款」的呼聲（如：方瑋晨，2018 年 4 月 3 日；關鍵評論，2018 年 6 月 19 日；羅士宏，2018 年 5 月 15 日等）。通傳會 2020 年 2 月通過之「傳播政策白皮書」（通傳會，2020 年 2 月），明確表示，將有限度放寬「黨政軍條款」部分規定（頁 106–108）。

本文旨在審視「黨政軍條款」之理論依據，說明管制困境，指認修正之環境因素，並討論可能之修正方向。考量數位匯流時代之媒體特質及發展，本文將著重探討「黨政軍條款」對數位媒體之影響，並分析各種鬆綁建議是否有助於新興媒體服務之發展。

貳、理論依據

眾所周知，「黨政軍條款」的由來，是為了扭轉政府、政黨藉由長期控制廣電媒體主導社會言論走向，社會各界呼籲黨政軍退出廣電媒體經營，使媒

體運作回歸專業自主，以發揮媒體在民主社會中監督政府的功能。因此，「黨政軍條款」在台灣民主化過程中，具有指標意義，自不待言。

　　立法院於 2003 年 12 月 9 日通過修正《廣播電視法》（簡稱廣電法）、《有線廣播電視法》（簡稱有廣法）及《衛星廣播電視法》（簡稱衛廣法），將黨政軍退出媒體經營的精神落實於上述廣電三法。具體而言，立法院（2003 年 12 月 9 日 b）修正廣電法第 5 條，明定「政府、政黨、其捐助成立之財團法人及其受託人不得直接、間接投資民營廣播、電視事業。除法律另有規定外，政府、政黨不得捐助成立民營廣播、電視事業。」此外，增訂第 5 條之 1，明定「政黨黨務工作人員、政務人員及選任公職人員不得投資廣播、電視事業；其配偶、二親等血親、直系姻親投資同一廣播、電視事業者，其持有之股份，合計不得逾該事業已發行股份總數百分之一。」針對有廣法，立法院（2003 年 12 月 9 日 a）修正第 19 條，納入政府及政黨等不得直接或間接投資系統經營者之規定，並修正第 20 條，明定黨務人員及政務人員等不得投資系統經營者，且其配偶及二親等血親等持有同一系統之股份，合計不得超過總發行股數的百分之一。第三，衛廣法第 9 條修正後（見立法院 2003 年 12 月 9 日 c），同時納入政府及政黨等不得投資衛星廣電事業，黨務及政務人員不得投資，而配偶等血親投資同一事業總額不得超過百分之一的規定。

　　由上述廣電三法的修正，黨政軍退出媒體經營的設計至少具有三個特色：1.分別對待黨政軍整體與個別相關人員投資廣電媒體；2.政府、政黨或具有相關屬性之事業，不得直接或間接投資廣電媒體，及 3.政務及黨務人員不得投資廣電媒體，但其親人得持有同一事業之股份，合計不得超過百分之一。

　　可見，廣電三法對於黨政軍退出廣電媒體經營的規範明確且嚴格，使得黨政軍無從直接或間接影響廣電媒體的經營方針及言論走向，讓廣電媒體回歸專業自主。

　　顯然，「黨政軍條款」的理論依據來自於，廣電媒體所有權影響其經營理念及言論走向，而政府或政黨得以運用其龐大行政或其他資源控制媒體，其

後續影響重大，必須嚴格限制政府或政黨介入媒體經營。重大影響至少有兩個層面：第一，媒體若成為政府喉舌，不符合民主社會媒體監督政府的角色；第二，媒體若言論單一化，不符合民主社會資訊多元的特性。何以政府或政黨介入廣電媒體經營將導致上述重大後果？此觀點植基於廣電頻譜乃是稀有資源之論點，廣電媒體因之具有公共財的屬性，不應該被特定政治勢力所把持。廣電頻譜被視為稀有資源的重要性，當然是針對傳統廣電媒體環境而言。

對於違反「黨政軍條款」之廣電業者，上述法條要求自施行日起兩年內改正。對於黨務及公職人員擔任廣電事業之發起人、董事、監察人及經理人者，應於施行日起六個月內解除職務。其中，為了處理政府、政府投資事業及政府捐助設立之財團法人持有民營無線電視事業股份，立法院於 2006 年 1 月 3 日三讀通過制定《無線電視事業公股處理條例》，政府及其相關事業應依行政院核定之公股釋出計畫釋股。至此，黨政軍退出廣電媒體經營之目標獲得具體落實。

參、管制困境

「黨政軍條款」兩年過渡期限後，通傳會開始清查廣電業者是否違反規定，並自 2010 年起，陸續裁處 35 家違規業者而引發爭議（見通傳會，2014 年 2 月 20 日），各界開始檢討「黨政軍條款」各項管制是否適當。當時主要的爭議包括以下幾個方面，皆與實務執行有關：一是有關間接投資的認定方式，其次是間接投資的樣態，第三是行為人與裁罰對象不一致，導致歸責不合理。以下分述。

一、間接投資之認定方式

根據通傳會（2014 年 2 月 20 日）的看法，「黨政軍條款」的目的是要維持廣電中立性；實務上，內容是否中立難有客觀標準，因而透過持股與董監事資格之結構管制，以避免控制。依立法旨意，間接投資之認定必須無限層

往上各層清查,以判斷是否違規,通傳會自認並無太多解釋空間。然而,此認定方式對於政府、政黨或被投資的廣電事業,都有客觀上不可預期性,若據此判定違規,不盡合理。此外,多層次間接投資形成的微量持股情形,難以造成控制媒體的狀況,亦不如通傳會所言必須無限層往上清查以避免控制。

二、間接投資之樣態

　　政府、政黨或相關人員間接投資可能有多種樣態,以無差別方式認定其違反法規,固然可杜絕政府或政黨企圖以迂迴方式掌控媒體,使媒體有機會回歸專業自主,發揮其監督政府之社會功能。然而,若以無差別方式限制政府間接投資,卻不一定符合其他的公共利益,比如,最為人熱議的樣態即為政府基金,是否完全不得間接投資媒體?通傳會(如:行政院,2011 年 3 月24 日)指出,政府基金基於理財在公開交易市場購買非媒體事業之上市公司股票時,無論購買當時或事後,無從得知該上市公司是否直接或間接持有媒體事業之股份,卻因而造成間接投資媒體事業,違反「黨政軍條款」。通傳會(2014 年 6 月 13 日)認為,應可檢討政府間接投資之特定樣態,而這也是學界及法界普遍的觀點(如:方瑋晨,2018 年 4 月 3 日;余啟民,2017 年 4月 19 日;游可欣,2020 年 11 月 2 日等)。

　　進一步而言,何以政府基金間接投資廣電媒體值得檢討?立法院制定「黨政軍條款」時,對於政府或政黨直接或間接投資之規範一視同仁,亦即全部予以禁止。此特殊規定之針對性極強,亦即處理特定政黨長期執政形成控制媒體言論之現象。因此,從嚴處理是最簡便的方式,也最容易回應社會的呼籲。「黨政軍條款」一旦付諸實行,便立即出現檢討政府間接投資樣態之建議,而通傳會也認為有檢討的空間。如前所述,政府基金理財若屬正常操作,且符合其他公共利益,似乎可以針對此特定操作導致的媒體間接投資,予以例外規範。

三、行為人與裁罰對象不一致

依「黨政軍條款」之規定，政府或政黨不得直接或間接投資廣電事業；若有直接或間接投資情事，違反法規者係投資者，但裁罰對象卻是無從預期他人投資情形的媒體事業，導致歸責對象不合理（見行政院，2011 年 3 月 24 日）。此種不合理現象必須透過修法來改善，且有其急迫性。

以上關於間接投資之認定影響企業申請經營廣電事業，而裁罰紀錄將影響廣電事業申請換照（方瑋晨，2018 年 3 月 24 日）。換言之，「黨政軍條款」立法旨意是排除政府及政黨透過持股達到控制媒體的目的；在實務執行面，反而造成企業進入媒體市場的障礙，或是阻礙媒體事業持續經營。隨著媒體環境快速變遷，對於「黨政軍條款」的檢討，逐漸擴及至數位匯流時代的規範對象及規範方式。

肆、媒體環境變化

正當各界探討「黨政軍條款」執行面遭遇之困境，媒體環境快速變化的態勢並未停歇，各界也持續關注「黨政軍條款」在匯流時代的適當性。以下歸納媒體產業變化所帶來的管制挑戰。

一、傳統廣電媒體數位化

數位無線電視自 2004 年開播，各家無線電視台紛紛推出數位頻道。數位與無線電視並存至 2012 年中，開始逐區關閉類比訊號，至同年 6 月底，完成數位轉換（通傳會，2011 年 12 月 20 日）。在類比無線電視時代的規管基礎，即為頻譜屬稀有資源之論點。數位無線電視自然挑戰稀有資源的規管邏輯，但並未動搖廣電法規基本的管制架構。

二、傳統廣電媒體多樣化

數位化改變無線電視產業生態，於此同時，網際網路蓬勃發展，新興影音服務如雨後春筍般出現。隨著媒體廣告從傳統媒體向網路挪移，電視產業也必須（或不得不）加入新戰局。據媒體（如：邱莉玲，2020 年 3 月 4 日；凱絡媒體週報，2018 年 3 月 1 日；LindyLi，2021 年 6 月 2 日等）報導，傳統媒體廣告量（金額）持續下滑，而數位廣告量持續上升。2016 年是關鍵的一年，數位廣告量首度超越傳統媒體量；此後，二者差距持續擴大。另，據台灣數位媒體應用暨行銷協會 (DMA) 2022 年 6 月 15 日公布的報告顯示，台灣 2021 年數位廣告量達新台幣 544 億元，已是傳統媒體廣告量的兩倍之多（邱俊維，2022 年 5 月 20 日）。

隨著廣電媒體多樣化，民眾的收視來源也多樣化。除了從傳統電視收看節目，民眾也從各種新興媒體平台收視節目。由於政府對於各種媒體平台的規管不同調，電視節目內容出現在新興媒體平台，增加管制難度。另一方面，隨著廣電媒體多樣化，政府或政黨即使透過所有權介入媒體經營，其控制的困難度增加，且控制的影響力勢必降低。

三、新興匯流服務蓬勃發展

上節提到政府對於各種媒體平台的規管不同調，固然部分原因在於媒體屬性及特性不同，必須給予不同層次，不同強度的規管。即使如此，匯流服務蓬勃發展凸顯現行廣電法規捉襟見肘的困境，以下舉幾個例子。首先，對於傳統廣電媒體的規範不同調，有關廣電三法整併的議題，討論多時，始終未進入實質修法階段。其次，對於傳統廣電媒體與新興媒體的管制不同調，比如有線電視與中華電信 MOD 之競爭關係。由於二者規管基礎不同，皆認為處於不公平競爭狀態；有線電視系統經營有區域劃分，而 MOD 屬全區經營，然 MOD 受到「黨政軍條款」的限制，不得經營頻道。MOD 的例子說

明，「黨政軍條款」不利於電信事業跨足新興媒體產業。再者，OTT TV 服務模式多元（見通傳會，2020 年 2 月，頁 92–96），與其他類型內容平台逐漸形成競爭態勢，但缺乏對於影音串流服務之規範。通傳會於 2020 年 2 月提出之「傳播政策白皮書」明確指出，預定草擬《網際網路視聽服務法》，將境內及跨境 OTT TV 服務納入規管，採取低度管制（頁 100–101）。

伍、修正方向

一、「黨政軍條款」的修正歷程

前節提到，「黨政軍條款」之制定是為了確保政府、政黨完全退出廣電媒體經營，但在執行面出現爭議：一是有關間接投資的管制窒礙難行；另一是行為人與裁罰對象不一致的現象亟需修法。此外，媒體環境變化凸顯不同媒體平台管制落差需要調整，以促進新興媒體產業之發展。

關於「黨政軍條款」之修正，通傳會曾數度提案，比如，行政院會於 2011 年 3 月 24 日通過通傳會所提廣電三法部分條文修正草案，針對兩個問題提出解決方案。首先，針對政府基於理財是否得以間接投資廣電事業，改採實質控制理論，放寬持股比例不超過已發行股數之 10%。另一是處罰對象由被投資之廣電事業修正為投資者。此外，修正草案維持禁止政府及政黨直接投資廣電媒體，亦維持禁止政黨間接投資。

以上關於開放政府間接投資廣電事業之修正內容，遭到媒體觀察組織的反對。台灣媒體觀察教育基金會（簡稱媒觀）（2013 年 1 月 7 日）認為，開放政府投資廣電事業是走回頭路，修法理由不充分，亦無修法之迫切性。媒觀主張，若「黨政軍條款」窒礙難行，便應該研議如何務實執行政策，而非修法。媒觀建議，將間接投資之認定方式改為往上清查三層以上，即視同非黨政軍股權；實務上，三層以上實已難確認資金來源，因而此舉並不違反「黨政軍條款」之精神，應可解決現行條款窒礙難行之處。其次，媒觀主張，若

不得不開放政府間接投資，政府間接持股比例應降低至 5%，甚至低至 1%，並應確立政府「只投資，不經營」的原則（台灣媒體觀察教育基金會，2013年 1 月 7 日）。

　　至 2015 年 12 月 18 日，立法院三讀通過首度修正「黨政軍條款」，卻只是廣電三法中相關條次的更動或整併，並未處理實務執行面的問題。首先，對於《廣播電視法》，將原有第 5 條關於政府、政黨、其捐助成立之財團法人及其受託人不得直接、間接投資民營廣電事業之相關規定，移列第 5 條之 1，主要內容不變。其次，《有線廣播電視法》經全文修正，第 10 條整併原第19、20 條政府、政黨不得直接、間接投資系統經營者之規定，主要內容不變。第三，《衛星廣播電視法》亦經全文修正，第 5 條明定政府及政黨不得直接、間接投資廣電事業。至於討論多時的放寬政府間接投資比例，朝野協商無法取得共識；而裁罰對象非違規投資者的問題，則完全沒有修正。

　　至此，綜合整理各界對於修正「黨政軍條款」的看法，一般認為，在維持條款精神的前提下，應可適度修正部分內容，以和緩執行面的困境。換句話說，即使有學者討論廢除「黨政軍條款」的可行性，並非主流意見（見游可欣，2020 年 11 月 2 日）。關於調整間接投資之認定方式，較有共識的方式是，向上清查三層以上即視同非黨政軍股權（如：台灣媒體觀察教育基金會，2013 年 1 月 7 日；游可欣，2020 年 11 月 2 日等）。另一個較有共識的看法是處理行為人與裁罰對象不一致的問題，亦即裁罰對象應改為實際投資人，而非被投資的廣電媒體。至於間接投資樣態，維持禁止政黨間接投資應為共識，而如何適度鬆綁政府基金間接投資，成為各界熱烈討論的議題。

　　有趣的是，立法院於 2015 年底修正「黨政軍條款」時，黨團協商處理政府間接投資的比例，顯然無法達成共識，並未鬆綁，而第 5 條之 1 的修正理由是：「照協商條文通過」。回顧立法院於 2003 年底制定「黨政軍條款」時，所使用的修正理由也是「照黨團協商條文」通過。在 2020 年 10 月 30 日舉行的一場研討會中，多位學者指出，黨團協商僅處理爭議，模糊黨政軍退出媒

體的立法理由；而以黨政協商作為立法理由，導致拘束人民的基本權利（見游可欣，2020 年 11 月 2 日）。

二、通傳會修正「黨政軍條款」的立場

檢視「黨政軍條款」執行困境的各項檢討，通傳會的立場始終是重要指標。過去幾任通傳會主委對於「黨政軍條款」的看法，傾向「只修不廢」，但對於修法的範圍及重點，看法不盡相同（如：李盛雯，2014 年 6 月 27 日；林淑惠，2019 年 6 月 7 日；邱健芯，2018 年 7 月 30 日；蘇元和，2017 年 10 月 12 日等）。比如，前主委石士豪強調，黨政軍退出媒體的議題應回歸《政黨法》及《預算法》的規範（見李盛雯，2014 年 6 月 27 日）。前主委詹婷怡受訪時指出，她個人不贊成放寬間接持股比例，認為鬆綁等於是允許黨政軍有限度的與媒體合作，可能損及新聞自由（見邱健芯，2018 年 7 月 30 日）。現任主委陳耀祥表示，政府間接持股比例朝鬆綁的方向修正，5% 是可接受的（見林淑惠，2019 年 6 月 7 日）。

通傳會（2020 年 2 月）在「傳播政策白皮書」表明「黨政軍條款」的「立法目的與正當性仍在，但容有調整空間」（頁 106），繼續維持「只修不廢」的立場。該政策白皮書明確表達通傳會未來傳播政策走向，雖然不一定全部落實，至少代表其修正立場。

針對如何修正「黨政軍條款」，通傳會（2020 年 2 月）在「傳播政策白皮書」提出幾個調整「策略」（頁 106–108），歸納如下：

1. 分別規範政府、政黨投資或經營廣電媒體，以及配套措施：

   (1) 對於政府、其捐助成立之財團法人及其受託人，禁止經營民營廣電事業，但不再禁止投資；關於政府投資媒體，回歸《預算法》之規定。

   (2) 對於政黨，回歸《政黨法》之規定，禁止投資或經營廣電事業，廣電三法規範改正義務；經政黨法主管機關認定違規者，通傳會得命

媒體解除負責人職務，並得限制投資股份表決權之行使。

2.明確定義黨務人員、政務人員及選任公職人員：將此三者的定義由廣電三法施行細則提升至法律規範。

3.修正歸責對象：將受處罰者修正為違規投資者，而非直接處罰被投資的廣電事業。

由上述策略來看，「黨政軍條款」鬆綁範圍僅限於政府投資民營廣電事業，而對於政府間接持股比例之限制，則留下討論空間。此外，通傳會也將面對行為人與裁罰對象不一致導致訴願、行政訴訟不斷的困擾。

關於鬆綁政府投資民營廣電事業，較多的討論圍繞在政府間接持股比例上限，從1%（如：台灣媒體觀察教育基金會，2013年1月7日）、5%（如：蘇元和，2017年10月12日）到10%（如：立法院，2020年12月4日；行政院，2011年3月24日）都有。還有主張（如：羅世宏，2018年5月15日）通傳會不必糾結於間接持股比例上限，而應改為以「實質控制」為認定原則。並輔以「吹哨者保護」、「編輯室公約」、「自律委員會」及罰則等配套措施，排除政治力干預媒體經營。

主張鬆綁政府間接投資民營廣電事業者，主要基於以下論點：「黨政軍條款」規定過於嚴苛，阻礙媒體產業的發展（包括跨業經營），應檢討適度放寬政府基於理財，在公開市場購買股票間接投資媒體產業。此論點包含兩個層面：第一，「黨政軍條款」阻礙跨業經營，指的就是中華電信MOD。然因交通部持有中華電信股數高達35%（中華電信，2021年8月26日），鬆綁「黨政軍條款」無法幫MOD解套，必須另作安排。

第二,此種政府間接投資樣態不至於導致政府直接或間接涉入媒體經營，不違反「黨政軍條款」之立法精神。至於政府間接持股比例達何種程度卻不至於涉入媒體經營，似乎缺乏客觀標準。由於難以判定，陷入喊價的窘境。比如，反對開放政府間接投資者便主張完全禁止（褚瑞婷，2018年4月10日），或政府持股比例愈低愈好（台灣媒體觀察教育基金會，2013年1月7

日），而主觀感受上，覺得 10% 過高，因此 5% 似乎是一般人較能接受的間接持股上限（彭慧明，2020 年 10 月 31 日；蘇元和，2017 年 10 月 12 日；關鍵評論，2018 年 6 月 19 日）。通傳會前後任主任委員的看法也不相同（邱倢芯，2018 年 7 月 30 日；林淑惠，2019 年 6 月 7 日）。

還有，實質控制原則的可行性為何？關鍵評論（2018 年 6 月 19 日）即指出，實質控制的概念不明確，其標準及認定方式比訂定間接持股比例更加缺乏客觀指標。至於羅世宏（2018 年 5 月 15 日）所提出的「吹哨者保護」、「編輯室公約」、「自律委員會」及罰則等配套措施，以排除政治力干預媒體，卻顯得有些弔詭：政府不得投資或經營媒體，一個獨立機關卻能夠如此深入影響媒體經營。

另一方面，政府或政黨若企圖干預媒體經營，或影響言論走向，本來就不乏干預的工具，不一定要透過持股的方式。透過所有權限制阻斷政府或政黨影響力，是傳統媒體時代的管制思維。在數位匯流時代，政府或政黨透過操作社群媒體，可以更便捷地影響言論走向。

在立法院，「黨政軍條款」的制定與修正皆透過黨團協商來完成，顯見其政治意涵。關鍵評論（2018 年 6 月 19 日）便直指「黨政軍條款」的政治層面，而建議優先解決比較沒有爭議的項目，比如裁罰對象的修正，不需要一步到位。方瑋晨（2018 年 4 月 3 日）則強調，「黨政軍條款」最大的問題在於裁罰對象的設置失當，其修正應為首要任務，能夠有效處理惡意投資者的行為，比放寬間接持股比例更具有急迫性。

最後，通傳會（2020 年 2 月）提出的「傳播政策白皮書」，其中對於「黨政軍條款」的立場是「正當性仍在」（頁 106），其「全面性調整『黨政軍條款』規範模式為規劃策略」（頁 106）之解決方案，是為了處理「現行所遇之不合理情形，以利視聽傳播產業之正常化經營」（頁 99，106）。通傳會所提調整「黨政軍條款」的五大方向，最重要的是擬「刪除現行法關於禁止政府投資廣電事業之規定」（頁 107），文字看似明確，卻未說明不禁止之後的規

範方向；對於政府間接持股比例上限完全不表態，態度看似開放，實則模糊處理政府間接持股比例的議題。倘若通傳會真如其所言，「黨政軍條款」是為了「維護新聞自由與民主健全發展，並排除政府、政黨以任何形式介入廣電事業的經營」（頁 106），便應該明確說明鬆綁的理由，以及預期解決的問題與達成的目標。倘若通傳會接受開放政府間接持股的觀點，便應該明確分析各種間接持股比例的意義，並推估可能造成的影響。作為一個獨立機關，通傳會對於重要議題的立場應該明確，解決方案也應該以市場調查或客觀數據為基礎。

陸、展望

　　「黨政軍條款」的制定有其時代背景與意涵，其立法旨趣固然宏大，在實務面主要是處理「老三台」（即台視、中視和華視）的黨政軍股權。隨著黨政軍全面退出「老三台」，「黨政軍條款」似已完成其階段性任務，其持續存在的意義為何？

　　若「黨政軍條款」之存續只為彰顯台灣民主化過程的一個階段，亦即僅具有象徵意義的條款是否仍值得保留？通傳會似乎了解這層意義，主張將政府、政黨投資媒體之規範回歸《預算法》及《政黨法》，而通傳會的功能僅保留裁罰對象的認定及裁罰手段。從通傳會對於以下問題的態度，可見端倪。第一，對於處理「黨政軍條款」窒礙難行之處，通傳會顯然有意願處理，但並不積極。其次，對於處理中華電信 MOD 的問題，僅在枝節層面給予 MOD 較大彈性，並不打算處理股權結構的問題，而中華電信的態度也不積極，討論多年的 MOD 民營方案，始終只聽樓梯響。第三，對於政府間接投資廣電媒體持股比例上限的立場，通傳會也始終顯得搖擺不定，提不出明確的主張。值得玩味的是，立法諸公應了解「黨政軍條款」的來龍去脈，但似乎並不急於處理其中窒礙難行之處。對於政府間接投資廣電媒體之持股比例上限，也始終談不攏。

　　更有趣地，通傳會在「傳播政策白皮書」所展現的態度是，對於規管新興媒體產業（特別是 OTT TV）的企圖心遠高於處理「黨政軍條款」對於媒體產業的影響。這無非說明「黨政軍條款」的政治層面，確實超越通傳會的層級，看似簡單明瞭的修法可能需要更細緻的協調與安排。

　　最後，「黨政軍條款」是否管制過當，阻礙媒體產業的發展？從過去諸多訴願、行政訴訟案例觀之，該條款可能為惡性投資者提供便利的管道，阻止企業進入媒體市場或迫使同業退出媒體市場。即使惡性競爭非主要因素，層出不窮的訴願、訴訟案讓企業付出過多成本，確實有可能延緩媒體組織創新的腳步。通傳會之於媒體市場的角色為何？是管制者？或管理者？還是其他？通傳會的功能為何？是防止不公平競爭？或鼓勵產業創新？還是其他？媒體科技發展突飛猛進，而新興媒體產業蓬勃發展，通傳會作為監理機關的角色，似乎也應該與時俱進。

參考文獻

中華電信（2021 年 8 月 26 日）。〈主要股東〉，取自中華電信網站：https://www.cht.com.tw/zh-tw/home/cht/about-cht/corporate-governance/major-share-holders。

方瑋晨（2018 年 3 月 24 日）。〈方瑋晨觀點：頻道業者訴願成功，NCC 如何面對與黨政軍條款抵觸之換照事件？〉，《風傳媒》，取自：https://www.storm.mg/article/414978?mode=whole。

方瑋晨（2018 年 4 月 3 日）。〈方瑋晨觀點：廣電三法黨政軍條款修正莫顧此失彼〉，《風傳媒》，取自：https://www.storm.mg/article/419589?mode=whole。

立法院（2003 年 12 月 9 日 a）。〈有線廣播電視法異動條文及理由〉，取自《立法院法律系統》網站：https://lis.ly.gov.tw/lglawc/lawsingle?009F334AEC84000000000000000000001400000000400FFFFFD00^02409092120900^00025001001。

立法院（2003 年 12 月 9 日 b）。〈廣播電視法異動條文及理由〉，取自《立法院法律系統》網站：https://lis.ly.gov.tw/lglawc/lawsingle?00696EBA29100000000000000000001400000000400FFFFFD00^02406092120900^0002D001001。

立法院（2003 年 12 月 9 日 c）。〈衛星廣播電視法異動條文及理由〉，取自《立法院法律系統》網站：https://lis.ly.gov.tw/lglawc/lawsingle?0061478850B1000000000000000000A000000002000000^02415092120900^00025002001。

立法院（2006 年 1 月 3 日）。〈無線電視事業公股處理條例〉，取自《立法院法律系統》網站：https://lis.ly.gov.tw/lglawc/lawsingle?000319E4CCF200000000000000000000A000000002000000^02418095010300^00002001001。

立法院（2020 年 12 月 4 日）。〈立法院委員陳雪生等 18 人擬具「有線廣播電視法」第十條條文修正草案〉，取自《法源法律網》網站：https://www.

lawbank.com.tw/news/NewsContent_print.aspx?NID=173832.00。

台灣媒體觀察教育基金會（2013 年 1 月 7 日）。〈反對刪除「黨政軍退出廣電媒體」條款暨修正意見〉，取自《台灣媒體觀察教育基金會》網站：https://www.mediawatch.org.tw/work/8696。

台灣數位媒體應用暨行銷協會（2022 年 6 月 15 日）。〈2021 台灣數位廣告統計報告〉，取自《台灣數位媒體應用暨行銷協會》網站：https://reurl.cc/2ZAVQ9。

行政院（2011 年 3 月 24 日）。〈行政院院會通過「廣播電視法」、「有線廣播電視法」部分條文及「衛星廣播電視法」第 9 條、第 38 條、第 38 條之 1 修正草案〉，取自行政院網站：https://www.ey.gov.tw/Page/9277F759E41CCD91/09b8f9b6-81d4-4279-9aa5-a76f8279e826。

朱正庭（2020 年 2 月 12 日）。〈NCC 提傳播白皮書　黨政軍條款、中資 OTT 高度爭議待解〉，《蘋果新聞網》，取自：https://tw.appledaily.com/life/20200212/3RADGKQU25QB4MEMFGPQ36EERQ/。

余啟民（2017 年 4 月 19 日）。〈財經論壇：黨政軍條款的過去、現在及未來〉，《中時新聞網》，取自：https://www.chinatimes.com/newspapers/20170419000389-260509?chdtv。

李盛雯（2014 年 6 月 27 日）。〈黨政軍條款如何解套？〉，《中時新聞網》，取自：https://www.chinatimes.com/newspapers/20140627003522-260511?chdtv。

林上祚（2020 年 2 月 12 日）。〈傳播政策白皮書拍板！NCC 擬鬆綁黨政軍條款，將納管境外 OTT 平台〉，《風傳媒》，取自：https://www.storm.mg/article/2284191。

林上祚（2018 年 7 月 25 日）。〈傳播政策綠皮書 8 月初公告　廣電三法「黨政軍條款」年底難解〉，《風傳媒》，取自：https://www.storm.mg/article/467725。

林淑惠（2019 年 6 月 7 日）。〈鬆綁黨政軍條款　陳耀祥：開放至 5% 是 NCC 可接受範圍〉，《中時新聞網》，取自：https://www.chinatimes.com/realtimenews/20190607000959-260410?chdtv。

邱俊維（2022 年 5 月 20 日）。〈2021 五大媒體廣告量　四年首成長　報紙廣告量衰退近 3 成 2〉，《銘報》，取自：https://mol.mcu.edu.tw/2021%E4%BA%94%E5%A4%A7%E5%AA%92%E9%AB%94%E5%BB%A3%E5%91%8A%E9%87%8F-%E5%9B%9B%E5%B9%B4%E9%A6%96%E6%88%90%E9%95%B7-%E5%A0%B1%E7%B4%99%E5%BB%A3%E5%91%8A%E9%87%8F%E8%A1%B0%E9%80%80%E8%BF%913%E6%88%902/#:~:text=%E4%BE%9D%E6%93%9A%E5%B0%BC%E7%88%BE%E6%A3%AE%E5%AA%92%E9%AB%94%E5%BB%A3%E5%91%8A%E7%9B%A3%E6%B8%AC,%E6%98%AF%E6%88%B6%E5%A4%96%E5%BB%A3%E5%91%8A%E9%81%9422.8%25%E3%80%82。

邱健芯（2018 年 7 月 30 日）。〈黨政軍條款爭議　NCC 詹婷怡：不贊成放寬持股比例限制〉，《EtToday 財經雲》，取自：https://finance.ettoday.net/news/1223995。

邱莉玲（2020 年 3 月 4 日）。〈五大傳媒廣告量恐跌破 300 億〉，《工商時報》，取自：https://ctee.com.tw/news/industry/229156.html。

國家通訊傳播委員會（2020 年 8 月 12 日）。〈國家通訊傳播委員會重為緯來電視網股份有限公司所屬 3 頻道換照許可處分　期盼未來黨政軍條款合理修正〉，取自國家通訊傳播委員會網站：https://www.ncc.gov.tw/chinese/news_detail.aspx?site_content_sn=8&sn_f=44678。

國家通訊傳播委員會（2020 年 2 月）。〈傳播政策白皮書〉，取自：https://www.ncc.gov.tw/chinese/files/20032/5237_42741_200320_1.pdf。

國家通訊傳播委員會（2014 年 6 月 13 日）。〈為數位匯流奠定基礎，NCC 盼早日通過廣電三法修正案 - 歷史資料〉，取自國家通訊傳播委員會網站：https://www.ncc.gov.tw/chinese/news_detail.aspx?site_content_sn=8&is_history=1&pages=6&sn_f=32253。

國家通訊傳播委員會（2014 年 2 月 20 日）。〈「政府、政黨投資、控制廣播電視事業議題」公開說明會〉，取自國家通訊傳播委員會網站：https://www.ncc.gov.tw/chinese/files/14041/3148_31929_140414_1_C.PDF。

國家通訊傳播委員會（2011 年 12 月 20 日）。〈「數位無線 精彩無限」──
101 年 7 月我國邁入數位無線電視嶄新時代 - 歷史資料〉，取自國家通訊
傳播委員會網站：https://www.ncc.gov.tw/Chinese/news_detail.aspx?site_
content_sn=8&is_history=1&pages=8&sn_f=22852。

游可欣（2020 年 11 月 2 日）。〈數位匯流時代 學者籲：時空變異應鬆綁黨
政軍條款〉，《台灣數位匯流網》，取自：https://www.tdcpress.com/Article/
Index/4365。

凱絡媒體週報（2018 年 3 月 1 日）。〈專題報告：台灣民眾真的不用傳統媒體
了嗎？〉，《凱絡媒體週報》，取自：https://twncarat.wordpress.com/
2018/03/01/專題報告：台灣民眾真的不用傳統媒體了嗎？-2/。

彭慧明（2020 年 10 月 31 日）。〈黨政軍投資媒體 學者籲鬆綁〉，《經濟日
報》，取自：https://udn.com/news/story/7238/4977196。

褚瑞婷（編）（2018 年 4 月 10 日）〈「以前不行，現在可以！」民進黨鬆綁黨
政軍條款是為了一黨之私利嗎？〉，財團法人國家政策研究基金會，取
自：https://www.npf.org.tw/talk/179?County=%25E9%259B%25B2%25E6
%259E%2597%25E7%25B8%25A3&site=。

關鍵評論（2018 年 6 月 19 日）。〈媒體黨政軍條款「大躍進」的幾個可能修
正方向〉，《關鍵評論網》，取自：https://www.thenewslens.com/article/
97956。

羅士宏（2018 年 5 月 15 日）。〈羅士宏專欄：修正黨政軍條款 NCC 這次做
對了〉，《上報》，取自 https://www.upmedia.mg/news_info.php?SerialNo=
40848。

蘇元和（2017 年 10 月 12 日）。〈黨政軍條款解禁 5% 立委看法不一〉，《匯
流新聞網》，取自：https://cnews.com.tw/119171012-02/。

LindyLi（2021 年 6 月 2 日）。〈2020 DMA 數位廣告數據出爐：成長率跌破首
度雙位數、疫情左右產業行銷預算〉，《INSIDE》，取自：https://www.
inside.com.tw/article/23724-dma-2020-digital-advertising。

第七篇

數位匯流時代之黨政軍條款——以有線廣播電視服務與中華電信 MOD 為討論核心[*]

林家暘[**]

---

[*] 本論文刊登於《教育暨資訊科技法學評論》期刊第 7 期，頁 65，2021 年。
[**] 天主教輔仁大學法律學院富邦傳播法學講座專案助理教授，柏林自由大學法學博士。

壹、前言：持續遭遇時代衝擊的黨政軍條款

黨政軍條款是我國通訊傳播法學中的熱門議題。這個名詞係從「黨政軍退出媒體」政治運動所衍伸而出。政府、政黨、軍方之所以被呼籲要求不能擁有、主控乃至於影響媒體事業與其運作，是因為媒體不應再被當作它們的宣傳機器。將媒體從國家桎梏中解放，正是臺灣走向解嚴並邁入正常民主化國家的基本前提[1]。即便 1987 年正式解除戒嚴，由於經歷過長久的戒嚴狀態，過去長期執政的國民黨仍握有巨大的政治、經濟與社會能量，一黨獨大的情況不可能短時間內改變[2]。在這種背景下，政黨遂被如同國家看待一般，應避免其取得控制輿論與公民意見的管道，似乎成為理所當然之事。因此，對於國家、政黨以及在戒嚴背景下擁有龐大勢力的軍方制定一致性的禁止參進媒體市場的規範，成為全國各界的共識。從 2003 年開始陸續進行的廣電三法修法案討論中可以看出，無論在野黨或者執政黨立委，都希望能藉由「黨政軍退出媒體」入法來杜絕政黨與國家干預媒體運作的機會[3]。2005 年通過之《國家通訊傳播委員會（以下簡稱 NCC）組織法》第 1 條甚至明示「謹守黨政軍退出媒體之精神」作為設立 NCC 之主要目的。黨政軍退出媒體與維護媒體專業自主被視為具有密不可分的關係，可見一斑。

這項原則上禁止一切政府單位與政黨以任何直接投資或者間接投資的方式持有、掌控與影響廣播電視、有線廣播電視與衛星電視事業的規範（《廣播電視法》第 5-1 條第 1 項、《有線廣播電視法》第 10 條第 1 項、《衛星廣播電視法》第 5 條第 1 項），僅存有少數法定例外，例如《廣播電視法》第 5 條

---

[1] 黨政軍退出三台運動聯盟 (1995)，〈黨政軍退出三台運動宣言〉，收錄於：氏著，《黨政軍退出三台運動問答》，1 版，頁 22，自版。

[2] 詳細分析見：王振寰 (1993)，〈廣播電視媒體的控制權〉，收錄於：鄭瑞城等著，《解構廣電媒體：建立廣電新秩序》，1 版，頁 83 以下，澄社。

[3] 林家暘 (2020)，〈絕對禁止政黨媒體持股規範之正當性——以德國相關法律見解為起點〉，《教育法學評論》，6 期，頁 16。

為達特定目的而以政府名義設立之公營廣電事業（公共電視、客家電視台、原住民電視台等），或者是同法第 5–1 條第 2 項之政府、政黨依他法捐助成立廣電事業。直至今日，這項打擊力道很深的禁止規範仍未見調整，2015 年時立法院曾有過修法動議，但最終仍依據黨團協議結論維持黨政軍條款，並未給予明確理由[4]。

然而，未曾修改過的黨政軍條款卻顯得越來越不合於時宜。這項以維護媒體作為「公有財」與扮演監督政府的「第四權」角色作為原初宗旨的條款[5]，在時代的變遷下，其存在意義也不可避免地發生「質變」。黨政軍條款在現今廣電行政實務運作中水土不服的情況，大致上可以分成兩種類型。其一為 NCC 以依法行政為由，持續並反覆性地對（尤其是非自願而）受有政黨、政府機關直接或間接投資之廣電事業開罰，又一再被法院認為歸責對象不合理而做出撤銷裁罰處分判決[6]；或者換發營運許可執照程序中，NCC 以附附款方式做出限期改善之換發執照行政處分，而該處分又一再地在訴願中被認為欠缺改善之期待可能性，故被行政院撤銷[7]。其二，隨著傳播技術數位化改革與國際化的趨勢，新型態、跨平臺與跨國性媒體服務不停推陳出新，然而黨政軍條款之適用範圍仍只停留在已顯得相對傳統之廣播、有線與衛星電視事業，未及於同樣能傳遞新聞、輿論內容而發揮「第四權」功能之媒體服務提供者，而有欠缺合理基礎的管制力道不對稱情況，更引發黨政軍條款已不利於我國媒體事業永續發展之疑慮[8]。

---

4 張永明 (2020)，〈黨政軍退出廣電媒體條款之再檢視〉，《教育法學評論》，6 期，頁 5。

5 見時任立委所提出的《廣播電視法》修正草案：立法院議案關係文書 (2002)，《院總第 979 號　委員提案第 3939 號》，頁 67。以及立法院教育文化委員會採納此版本修正草案的審查報告：立法院議案關係文書 (2003)，《院總第 979 號　委員提案第 3939、4276、4458 號之 1》，頁 708 以下。另參見：蕭文生 (2020)，《傳播法基礎理論與實務》，3 版，頁 148 以下，元照。

6 張永明，前揭註 4，頁 8。

7 黃仁俊 (2020)，〈黨政軍條款的再省思廣電法與政黨法之交錯〉，《教育法學評論》，6 期，頁 48 以下。

8 陳弘益 (2020)，〈我國廣電三法黨政軍條款修正芻議〉，《教育法學評論》，6 期，頁 63 以下；翁曉玲

　　這兩種類型的問題實際上都指出了我國通訊傳播法制的癥結點所在，也就是黨政軍條款恐怕無法真正落實確保社會意見之多元性：就追求營運自由的通訊或傳播事業而言，不僅僅讓受管制媒體事業苦於定期換照之循環折磨，同時將通訊傳播服務相鄰市場的進入障礙予以「制度化」，使事業難以擴展服務範圍；就廣電自由作為制度性保障的面向而言，單靠對於特定種類媒體進行事業資本結構上的限制，無法保證媒體所提供之報導內容的中立性與客觀性，換言之，黨政軍條款未必能對於整體媒體秩序產生正面助益。

　　上開之第一種問題類型，已有多位學者就法院判決或相關訴願決定進行論述[9]。本文主觀關懷者為上開之第二種問題類型，也就是數位匯流時代下黨政軍條款的適當性。惟在討論該問題之前，仍有必要先行對黨政軍條款本身的法律評價進行回顧，因為唯有透過更精確地掌握該條款在憲法上所獲得的評價，才能在因數位化發展而開展出來的新興議題上找到解決之道，而不至於迷失方向。其次，則是描述數位化的發展下所產生的新興的內容服務提供者，其與傳統媒體在規範面上的對立可以以「黨政軍條款的不對稱適用性」稱之。對此，本文將焦點放置在有線廣播電視服務與中華電信 MOD 之間的衝突。同時，本文亦參酌德國法制，期盼能藉由外國立法思維尋找出我國相關法制改革的新路。最終，則是再檢討黨政軍條款所引發的難題，並提出可行的解決辦法。

貳、當前黨政軍條款的法律評價

一、司法實務見解

　　因為黨政軍條款所引發的法律爭端，對於行政法院來說已經不是新鮮事。

(2020)，〈「黨政軍退出媒體」是憲法要求？——從廣電自由制度性保障和本國文化保護談起〉，《教育法學評論》，6 期，頁 79 以下。

[9] 張永明，前揭註 4，頁 8；黃仁俊，前揭註 7，頁 48 以下。

對於台灣行政法院多數判決來說，毋須探究抽象的通訊傳播自由理念，黨政軍條款的不合理性質就已經是顯而易見的。這些判決顯示，主管機關基於黨政軍條款而對事業處以罰鍰，或者是作出限期改善以作為換發營運執照條件的行政決定實屬不當，從而撤銷處分全部或一部。大抵而言，黨政軍條款在司法實務上所遭遇的質疑點有三：歸責對象不合理、廣電事業受行政罰之無可歸責性或受有改善義務的無期待可能性，以及手段無助於目的達成的不適當性。

對於黨政軍條款的適用對象疑慮而言，法院認知到，實務上要讓廣電事業無條件服膺於黨政軍條款是難以達成的。雖然黨政軍條款具有使黨政軍勢力徹底退出媒體以維護新聞自由與民主健全發展之正當目的，然而卻錯誤地將廣電事業當作課以作為義務的對象，而非應退出媒體之黨政軍勢力團體，從而造成歸責對象不合理的後果[10]。

如涉及到違反黨政軍條款之裁罰處分，法院表示，依據「無責任即無處罰」之憲法原則，人民非因故意或過失而違反法律義務者不罰，故裁罰處分之合法性以人民具備主觀上之可非難性與可歸責性為前提，然而單純接受投資者對於被裁罰之違法行為並無決定與改善的可能[11]。同理，難以期待或者能夠合理要求廣電事業依據黨政軍條款的要求而履行排除特定股份或者履行改善股權結構之作為義務，蓋作為股份於證券市場上被公開交易之廣電事業，對於市場其他投資人的行為實無干預或調整的能力[12]。

最後，法院亦不忘提及，主管機關利用換發營運執照制度要求廣電事業

---

10 最高行政法院 101 年度判字第 981 號判決，頁 10–11（以下臺灣法院判決之頁碼均採司法院法學資料檢索系統，於後不重複標示）；臺北高等行政法院 108 年度訴字第 1744 號判決，頁 15。

11 臺北高等行政法院 101 年度訴字第 433 號判決，頁 9；其上訴判決最高行政法院 101 年度判字第 981 號判決肯認此見解，頁 11；臺北地方法院 107 年度簡字第 262 號判決；臺北地方法院 107 年度簡字第 263 號判決；臺北地方法院 107 年度簡字第 264 號判決。

12 臺北高等行政法院 108 年度訴字第 1744 號判決，頁 14。類似見解：最高行政法院 101 年度判字第 981 號判決，頁 12；臺北高等行政法院 108 年度訴字第 99 號判決，頁 13；臺北地方法院 107 年度簡字第 261 號判決，頁 9。

進行股權調整之決定不甚合理，因為將遵守黨政軍條款的作為義務當作是換發營運執照的前提要件，使已立於被動地位之廣電事業隨時可能因條款而遭廢止經營許可證，並非黨政軍投資條款法規範之本旨[13]。換言之，現行法律將黨政軍條款之遵守當作是換發營運執照的前提要件，無助於目的實現而不具適當性。

僅存有少數判決傾向行政機關的見解。例如，臺北高等行政法院 104 年度訴字第 234 號判決[14]與上訴審之最高行政法院 104 年度判字第 685 號判決[15]認為，主管機關依據黨政軍條款而准、駁換發處分之申請屬於管制行為，黨政軍條款在這種情形下屬於准、駁之客觀要件，主管機關對此並無決定空間，並與事業因違反黨政軍條款而進行裁罰之可歸責性無關，故不同意本處可適用最高行政法院 101 年判字第 981 號判決所提到的對事業改善作為之可非難性與可歸責性見解，並維持主管機關之駁回換發執照申請決定。然而，該判決未能藉此機會檢討黨政軍條款內容作為換發執照條件之正當性，是為可惜之處。

在僅能依法進行個案審判與行政機關不對黨政軍條款進行目的性限縮解釋適用情況下，法院只能一次又一次地駁回主管機關的行政決定與駁斥該決定之論證。倘若修法活動的進展始終逡巡不前，最終可能只能透過大法官作出違憲解釋，以解決爭端[16]。

二、學界見解

學界對於黨政軍條款的違憲性與合理性看法仍未統一，不過近年來似乎

---

[13] 臺北高等行政法院 108 年度訴字第 1744 號判決，頁 16；臺北高等行政法院 108 年度訴字第 99 號判決，頁 16。
[14] 參照該判決頁 7–8。
[15] 參照該判決頁 8。
[16] 黃仁俊，前揭註 7，頁 59–60。

有往批評面傾斜的趨勢。2016 年由台灣法學雜誌主辦的研討會中，與會人士部分持正面評價態度，認為黨政軍條款已對於改善國內媒體生態起了正面效應，但仍未達到預期目標，也就是使廣電媒體真正具備政黨中立立場，故廢除黨政軍條款仍言之過早[17]。甚至有論者認為，有鑑於政府與政黨除了透過投資以影響媒體運作之外在各方面更有實質影響媒體的能力，不僅不能廢除黨政軍條款，甚至另有增訂制止實質影響規範之必要[18]。不過，有不少學者已經開始對黨政軍條款的實際效用產生疑慮，蓋單純禁止政府、政黨投資媒體的規定無法解決黨政軍以間接、迂迴的方式實質或資本控制媒體的根本問題[19]。同時，亦有學者主張在媒體技術轉型的過程中，黨政軍條款正當性基礎已經動搖，而有重新檢討之必要[20]。

　　至於 2020 年針對傳播自由所舉辦的研討會中，與會人士對黨政軍條款基本上皆抱持著質疑立場。有論者較著重以分析臺灣法院判決的方式，檢討黨政軍條款的在實務中的合宜性與實際效用[21]。而有論者則從廣電自由作為憲法保障之基本權觀點出發，探討黨政軍條款的正當性基礎何在[22]。最後，仍不應忘有論者認為，傳播技術轉型的過程中，黨政軍條款已經失去實際功能，反成促進多元文化廣電秩序的瓶頸所在[23]。

　　此外，亦有從實際經濟效益方面著手而認為黨政軍條款顯有適用困難造

---

17 陳耀祥 (2016)，〈「私法自治的界限系列——私法自治交錯於廣電三法與黨政軍條款」座談會與談稿〉，《台灣法學雜誌》，294 期，頁 140–142。

18 羅承宗 (2016)，〈「私法自治的界限系列——私法自治交錯於廣電三法與黨政軍條款」座談會與談稿〉，《台灣法學雜誌》，294 期，頁 128–129。

19 江雅綺 (2016)，〈評析遠傳以公司債進軍中嘉案：黨政軍條款與公共利益的角力〉，《台灣法學雜誌》，294 期，頁 130–131。

20 張永明 (2016)，〈簡論廣電三法之黨政軍條款〉，《台灣法學雜誌》，294 期，頁 115–118；呂理翔 (2016)，〈以限縮「無線必載」與取消「黨政軍退出媒體」條款實現多元開放的傳播媒體秩序〉，《台灣法學雜誌》，294 期，頁 136–139。

21 黃仁俊，前揭註 7，頁 48–50；陳弘益，前揭註 8，頁 70–73。

22 張永明，前揭註 4，頁 10–14；林家暘，前揭註 3，頁 32–38。

23 翁曉玲，前揭註 8，頁 78–80。提及德國學界相關討論者：林家暘，前揭註 3，頁 30–32。

成正當性顯有疑慮之論述。有論者認為中華電信 MOD 進入市場事件導致主管機關 NCC 不得不面對黨政軍條款產生電視市場的競爭受到阻礙的問題[24]。亦有論者認為黨政軍條款要求政黨、政府與相關人士對於廣播事業「一股都不能持有」的要求過於嚴格，實際上受投資之廣播事業難以查知與掌控其股票在公開市場上的交易情形，因被動受禁止投資之對象投資而受罰，屬於非可歸責於己之事由，不符責任原則[25]。

三、黨政軍條款的違憲疑慮

從憲法學理來觀察，規定在廣電三法並作為核發、換發營運執照以及裁罰前提要件的黨政軍條款可能形成對於人民與政黨基本權利的過度干預。大法官歷次憲法解釋已經肯認，通訊傳播自由為「經營或者使用廣播、電視與其他通訊傳播網路等設施，以取得發表言論之自由」[26]。因此，不僅是「接近使用傳播媒體權利」[27]，經營通訊傳播工具（媒體）亦屬通訊傳播自由之一部分，而屬於言論自由之子類型。此外，大法官強調，通訊傳播自由並非僅止於消極防止國家公權力之侵害面向，立法者亦受有立法義務，設計出能夠確保社會多元意見表達與散布以形成公共討論之自由領域的組織、程序與實體規範[28]。由此可知，通訊傳播自由同時具備主觀權利以及制度性保障之面向[29]。政黨乃源自於結社自由而形成之社會團體，並非國家之一部分，故政黨原則上亦應同人民受到通訊傳播自由保障[30]。

---

[24] 莊春發、柯舜智 (2010)，〈論臺灣有線電視產業的競爭政策〉，《臺灣銀行季刊》，61 卷 4 期，頁 115。

[25] 鄭榮彥 (2011)，《衛星廣播電視事業法律管制之研究──以經營許可為中心》，國立政治大學法學院碩士在職專班碩士論文，頁 92。

[26] 釋字 613 號理由書；釋字 678 號理由書。

[27] 釋字 364 號主文。

[28] 釋字 613 號理由書。

[29] 陳新民 (2011)，〈非法使用無線電波頻率的處罰與廣播自由的憲法意義──司法院釋字第 678 號解釋之協同意見書〉，收錄於：氏著，《釋憲餘思錄：卷一》，1 版，頁 419 以下，自版。

　　言論自由之保障並非絕對，非不得出於正當目的而以法律限制之[31]。除了保護他人法益與青少年保護等正當目的外，通訊傳播自由之實踐應以能實現憲法所期待的價值秩序為前提，也就是確保公共討論之自由領域。黨政軍條款的制度設計是否合理，應從比例原則的角度檢視該條款是否過度侵犯人民之基本權利[32]。黨政軍條款旨在排除一切政治勢力掌控媒體之可能，俾使資訊不受到政府、特定政黨壟斷，確保媒體維持民主社會當中不可或缺之資訊中立平臺特點[33]。全面性排除政府、政治團體人士與其關係人參與媒體活動，應有助於上開目的之達成。然而，要維持憲法所期待的中立性媒體功能，並非唯有過排除任一切政府投資或者封鎖政黨實踐通訊傳播自由而影響媒體的機會才能完成。一方面，政黨基於促成民意行程與扮演政府與人民之間的中介角色，應有權利透過廣電參與公共討論，另一方面，黨政軍條款未能嚴格區分特定投資媒體的行為是否可歸責於政府或者政黨蓄意操縱媒體，打擊層面過廣。故全面且絕對性地禁止政府、政黨與其關係人持有媒體股份並非絕對必要之措施。立法者對於參與投資媒體的限制，應僅限於確保政府、政黨無法實質影響廣播、電視之節目製作與內容的限度內，使其不至於淪為特定團體的傳聲筒[34]。

　　黨政軍條款的具體內容並不符合必要性的要求，亦未顧及廣電事業的正當利益，受管制之事業實際上難以仔細調查其股份是否被政府、政黨人員與其親近之家屬所持有，如涉及多層次投資關係時，調查難度又更加提高[35]。

30　林家暘，前揭註 3，頁 34–35。

31　釋字 678 號主文。

32　詳細參見：林家暘，前揭註 3，頁 35–38。

33　參見前揭註 5 所引用的立法院關係文件。

34　同此見解，參見：張永明，前揭註 20，頁 117–118；王牧寰主持 (2007)，《數位經濟下傳播匯流法制前瞻革新規劃》，國家通訊傳播委員會委託研究計畫，頁 154；陳弘益，前揭註 8，頁 74；翁曉玲，前揭註 8，頁 80–81。

35　此同樣為德國聯邦憲法法院於第 13 次廣電判決中認定邦媒體法制定絕對禁止政黨投資媒體條款構成對廣電自由過度箝制的理由。參見：BVerfGE 121, 30, 64 f.。關於此判決之介紹，參見：林家暘，

對於其他投資人而言，其投資之事業動輒受到黨政軍條款束縛而導致受罰或者影響運作而減損經濟效益，亦屬不公。在這些情況下，黨政軍條款恐怕既無必要，也未對當事人之間的利益進行適當權衡，應該無法通過比例原則的檢驗。

四、小結

顯而易見，各界觀點均指出黨政軍條款的合理性不足。雖然，這項條款形式上禁止國家與政黨積極干預通訊廣播事業，然而實質上所發揮出較多的是使通訊傳播事業承受更多（受）投資、轉進市場限制的不良效果。黨政軍條款過度箝制通訊傳播事業之營業自由與言論自由。黨政軍條款也同時對擔當人民與國家溝通橋樑功能之政黨進行高度的言論自由拘束，這種限制是否有其必要，此問題在我國也仍未有意識地開展，故仍存有重新檢討之必要性。

參、黨政軍條款之不對稱適用性

一、多媒體內容傳輸平臺服務的登場

在我國，黨政軍條款的不對稱適用性首先表現在數位匯流的技術轉型下所發生的「有線廣播電視數位平臺化」以及電信服務事業跨足提供內容服務所產生的制度性障礙，這可能會造成競爭事業之間存有不公平的競爭條件差異，這正是黨政軍條款之正當性開始被提出質疑的重點之一。

就如同世界上大多數國家，我國立法者最初對於通訊傳播領域採取針對各種傳輸技術與途徑、實體網路各自訂定專門法律的立法方式，也就是「一

前揭註3，頁25-26。我國抱有相同質疑者，參見：陳弘益，前揭註8，頁74-75。此亦為通訊傳播事業主張黨政軍條款限制過於嚴格之主要論點，參見：國家通訊傳播委員會 (2011)，《「廣播事業違反黨政軍不得投資媒體相關規定案」聽證會會議紀錄》，https://www.ncc.gov.tw/chinese/news_detail.aspx?site_content_sn=37&sn_f=23601（最後瀏覽日：2021 年 8 月 28 日）。

種傳輸管道，一部法律」[36]。因此，就電信服務之提供與電信網路之營運，主要是以《電信法》（現今已由《電信管理法》所取代）進行規制。廣播電視方面，依據對公眾所進行的傳輸型態，直接區分為（無線電）廣播電視、有線與衛星廣播電視，並各自立法，成為「廣電三法」。這種依據特定產業或者傳播技術而各自立法的技術又稱為「垂直立法模式」[37]。

　　雖然，垂直立法模式能夠明確化規範對象並顧及法律安定性之要求，然而當未緊扣傳播技術與產業發展趨勢即時修法時，就容易發生規範與事實領域脫節的問題。在過去三十年時間，網際網路與新科技應用發展技術的成熟帶動通訊傳播領域的數位化與寬頻化的發展。以網際網路協定與封包傳輸為基礎的「次世代網路 (NGN)」促成了「服務、運用」層面對於「傳輸」層面的分離，也打破了不同技術網路之間的藩籬[38]。這種又稱為「數位匯流」的動態發展，使得語音通話服務、網際網路接取服務與無線電、影音內容服務不用再仰賴特定的傳輸網路，原本各自固守一方之通訊傳播業者便獲得了推出新型態服務或者跨足相鄰市場參與競爭之誘因。以往各自就不同傳輸管道並依其技術特性與發展背景進行量身打造的規範體系就會遭遇到巨大挑戰。

　　從 2004 年開始，中華電信欲藉由掌握完整電信網路與龐大固網用戶的優勢，進軍網路通訊協定影音服務市場 (IPTV)，提供以數據傳輸為基礎之視聽內容服務，也就是中華電信 MOD。身為電信事業龍頭的中華電信進軍影音內容服務市場，對於有線廣播電視系統經營者而言，無疑構成巨大威脅，因為兩者理論上皆能提供相同的頻道、節目給觀眾收看。然而，基於現行法律，

36　石世豪 (2009)，〈我國大眾傳播規範之法典化問題〉，收錄於：氏著，《我國傳播法制的轉型與續造》，1 版，頁 164，元照。

37　江耀國 (2016)，〈論水平架構之間通訊傳播法制革新——層級管制、馬來西亞及英國法制、與臺灣匯流五法草案〉，收錄於：劉孔中、王紅霞主編，《通訊傳播法研究（第二卷）》，1 版，頁 243 以下，新學林。

38　陳昱旗 (2018)，《數位匯流下國家通訊傳播委員會傳播監理政策之研究》，國立臺北大學公共行政暨政策學系博士論文，頁 41 以下。

電信事業與有線電視相關事業受到顯然不相等的管制。其中，黨政軍條款是否亦適用於 IPTV 服務事業，使其如同有線廣播電視系統經營者般受到不得受到政府與政黨各種類型投資之拘束，遂成爭執不休的議題。

二、黨政軍條款爭議的特殊背景

實際上，黨政軍條款的適用問題也並非只是維護平等管制原則與確保公平競爭的法律問題，也顯現出廣電與電信部門具有不同的經濟活動發展脈絡與管制思維。

我國的有線電視事業發跡於 1970 年代，由台中鄉間的私人藉由天線接收衛星電視訊號並以電纜傳輸到家戶的活動，逐漸轉為都市區域非法「第四台」，最終發展為跨區域、多系統整合之有線電視系統事業[39]。有線電視成為主流媒體後，同樣被納入於廣電秩序當中，對其立法之重點在於確保私人經營為主的有線電視系統共同維護公共討論之自由領域，並承擔起促進多元文化之公共任務[40]。由於有線電視系統經營者播送各種頻道，尤其是各家新聞與政論節目，對於大眾民意的形成影響深遠。同時又搭上了臺灣解嚴邁向民主化、輿論去中心化的過程，有線廣播電視系統經營者很自然而然地與（無線電）廣播電視臺等同其觀，被賦予高度的中立性期許，不許政黨、政府掌握有線電視的頻道播送權利[41]。

---

[39] 莊春發、蔡金宏 (2008)，〈臺灣有線電視經營區域之劃分與規模經濟效率之研究〉，《臺灣銀行季刊》，59 卷 1 期，頁 113 以下。

[40] 見現行《有線廣播電視法》第 1 條所宣示之立法目的：「為促進有線電視事業之健全發展，保障公眾視聽之權益，增進社會福祉，維護視聽多元化，特制定本法。」另外，有線電視廣播法之立法總說明提及當時的《廣播電視法》多針對無線電廣播電視而設，不足以因應有線電視時代來臨。此處參見：立法院議案關係文書 (1992)，《院總第 1562 號　政府提案第 4237 號》，頁 95。

[41] 立法者將黨政軍條款同時納入廣電三法當中並於 2003 年 12 月 9 日三讀通過。惟石世豪教授認為，黨政軍退出媒體條款屬於特殊的在地政治社會管制，卻也一體適用在既無轉型正義歷史亦本就民營型態的有線電視系統與衛星廣播電視。參見：氏著 (2017)，〈目的事業結合之多重管制問題及其制度革新芻議——以通訊傳播領域為例〉，《公平交易季刊》，25 卷 2 期，頁 73。

反之，電信部門過往長期被認為具有自然獨占之特性，按照憲法第 144 條之意旨，公共事業與具有獨占性之企業應以公營為原則。在此前提下，國家不但不被禁止，反而有義務要積極參與電信服務市場活動，以提供國民基本生活所需[42]。即便近三十年前開始推動民營化，從「管理與服務合一」之交通部電信總局逐漸轉型為以營運電信網路提供電信服務之事業（中華電信股份有限公司），仍未完全擺脫受公行政部門影響之色彩[43]。在這種背景下，即便過往《電信法》對於營運電信網路以提供電信服務之事業（第一類電信事業）設計了參進市場條件相當嚴格的特許制度[44]，但要從一開始就對這種電信事業以黨政軍條款相繩，反而是不可想像之事。

因此，對我國而言，在匯流法改革中遭遇到黨政軍條款問題從一開始就是不可避免的。甚至能說，黨政軍條款是我國通訊傳播法制的其中一個死結所在：一方面，有線廣播電視系統經營者被當成負有廣電公共任務之部門而受到黨政軍條款拘束，另一方面，電信事業一旦隨著匯流趨勢而跨足影音內容傳輸服務，就會引來國家色彩過度濃厚的質疑，何以其能夠不受黨政軍條款的拘束？

---

[42] 釋字第 428 號理由書；詹鎮榮 (2011)，〈生存照顧〉，收錄於：氏著，《民營化與管制革新》，2 版，頁 275 以下，元照。

[43] 目前交通部仍持有中華電信超過 35% 的股權，且為最大股東。參見：中華電信網站，https://www.cht.com.tw/zh-tw/home/cht/about-cht/corporate-governance/major-shareholders（最後瀏覽日：2021 年 8 月 28 日）。

[44] 依據《電信法》第 12 條第 1 項規定，第一類電信事業必須取得特許執照始得營業。學理上來說，特許制度乃基於公益目的而由行政機關所創設並賦予人民之權利，主管機關得對申請人進行完全性的裁量審查。參見：陳春生大法官釋字第 678 號協同意見書，頁 4。《電信法》相應要求行政機關對於第一類電信事業營運執照的申請資格與核照條件予以充分審查，例如最低資本、網路建設規模與時程、技術標準等等，以確保申請執照者擁有財政上之穩定度與提供可靠的通信服務品質。參見：林石根 (2004)，《電信管制與競爭》，1 版，頁 173 以下，五南。

肆、電信服務、有線廣播電視系統與多媒體內容傳輸平臺之異同

目前，僅有（無線電）廣播電視、有線廣播電視以及衛星廣播電視服務提供者受到黨政軍條款拘束，然而隨著數位匯流、媒體多樣化的發展，該條款不僅是其正當性基礎，甚至連適用範圍也已生議論。有鑑於此，應先從各方面對照、比較電信服務、有線廣播電視與多媒體內容傳輸平臺之異同，以確定三者是否應受相當於黨政軍條款的市場參進限制。

一、從法律定義與所在規範位置觀察

要對此三者進行比較分析，法律定義應該是一個較為簡便的起點。依據《電信管理法》第 3 條第 1、2 款，電信事業為依據該法登記並利用公眾電信網路提供公眾通信服務之事業。依同法第 5 條，欲提供電信服務者僅須向主管機關提出登記申請。至於透過自行建構之公眾電信網路來提供電信服務者，必須區分所營運之電信網路是否具有電信資源性質（也就是基於無線電頻譜與電信號碼分配而有稀有性），分別依據同法第 36 條第 3 項或者第 38 條第 1 項，另對於主管機關提出設置許可申請。《電信管理法》對於參進電信服務市場所設定之登記條件，依據第 6 條之規定，僅有申請書應記載事項以及組織結構的形式審查，不再如《電信法》特許制般設定事業實體資格許可審查，如審查申請事業之可靠性、營運能力以及專業人力等主觀條件。至於電信網路之營運許可就會複雜一些，由於電信網路的營運另牽涉到通信安全性乃至於國家安全等公益考量，故仍保有設置電信網路之整體計畫以及未來營運計畫的申請條件[45]。電信服務著重於營運電信網路、設備，並以傳遞發送者所

---

45 見《電信管理法》第 37 條立法理由。立法院公報處 (2019)，《立法院公報》，108 卷 60 期 4704 號，頁 76 以下，立法院。

給出的訊號至接收者的服務作為核心業務，這是無庸置疑的。

　　中華電信之所以能對於其固網用戶提供 MOD 視聽服務，是因為這種服務被視為《電信法》（舊法）第 14 條與固定通信業務管理規則（2007 年 5 月修訂版本，其後皆同）第 2 條第 16 款之「多媒體內容傳輸平臺服務」[46]。換言之，中華電信 MOD 被視為是一種專門傳輸多媒體內容的平臺，屬於電信服務範疇中固定通訊業務的一種特殊型態。「多媒體內容傳輸平臺服務」之業務內容，依據前開規則所給予的定義，為「市內網路業務經營者設置互動媒介平臺，供用戶藉由寬頻接取電路及用戶機上盒，接取該平臺上由內容服務提供者所提供之多媒體內容服務」。這種定義說明了兩件事情，其一為固網業者必須提供寬頻接取電路以及用戶機上盒，方能提供服務，其二為其所提供的是傳輸由內容服務提供者所提供的多媒體內容服務。

　　但是這種將多媒體內容傳輸平臺服務直接納入到電信服務（固定通訊業務）的做法，恐怕略嫌粗糙[47]。以修改法規命令（固定通信業務管理規則）來新增一種服務類型的方式並未通盤考慮到其他已受他法較嚴格之規範、管制卻具有相似性的多媒體內容傳輸服務，有因人設事之嫌。

　　尤其是對有線廣播電視系統經營者而言，疑慮更深。依據有線電視廣播法第 2 條第 1 款規定，有線廣播電視指「以設置有線廣播電視系統，播送影像、聲音或數據，供公眾收視、聽或接取之服務」。所謂的有線廣播電視系統，依據同條第 2 款規定，指「使用可行之技術及設備，由頭端、有線傳輸網路及其他相關設備組成之設施」。因此，有線廣播電視系統經營者即為營運有線電視廣播系統以提供傳輸影像等數據信號服務之事業。就設置有線的實體網路以及供公眾直接視聽之兩項特徵而言，中華電信 MOD 與有線電視系統之間僅有使用傳輸技術的差異，但是服務核心目的實質相同，然而這種實

---

[46] 有關中華電信 MOD 立法定性的討論過程，參見：石世豪 (2009)，〈電信與有線電視跨業競爭新立法〉，收錄於：氏著，《向競爭轉的通訊傳播匯流法制》，1 版，頁 236 以下，元照。

[47] 參見：李治安 (2006)，〈關於數位匯流的基本管制問題〉，《科技法學評論》，3 卷，頁 173、178。

質相同的情況卻未顯現在法律體系中，而在不同法律中各自定義兩者，並承擔不同的法律義務[48]。在此前提下，學者江耀國便建議不如將 MOD 當作是一種特殊的有線廣播電視，而給予特別但合理的差別待遇[49]。

　　從以上的分析可知，現行法律將中華電信 MOD 放入電信服務的範疇中，受到《電信法》與《固定通信業務管理規則》規制。然而，這不意味著立法者或者法規制定者的定義與歸類方式就必然正確無誤，因為其可能囿於歷史背景或者出於政治考量而制定出整全性考量不足的偏差規定。有鑑於此，仍須另謀出路，尋找三者的合理關係。

二、從功能角度觀察

　　要討論三者的異同，探究其服務目的與本質功能恐怕才是較為適合的方式。首先，電信服務與廣播電視服務在以前雖各自具備不同的傳輸網路與技術標準，但是兩者關係仍然十分密切。這是因為，就傳播程序的觀點而言，各種電子媒體（包含廣播電視）所利用的傳播載具，事實上仍是一種特殊的電信設備[50]。真正使電信與廣播電視產生功能性歧異的地方，在於提供給顧客的服務重點：當某一服務之全部或者絕大部分重點在於訊號傳遞時，屬於電信服務；反之，當某一服務實際上是以訊號整體所要呈現的內容為主要目的者，則應認為是廣播電視或電子媒體的內容服務[51]。有問題的地方在於，要如何確定「服務之全部或者絕大部分重點在於訊號傳遞」，在這裡必須對該

---

[48] 江耀國 (2003)，〈論對寬頻多媒體 (MOD) 服務的法律管制〉，收錄於：氏著，《有線電視市場與法律》，1 版，頁 308，元照。

[49] 江耀國，前揭註 48，頁 311 以下。

[50] 石世豪 (2009)，〈傳播革命衝擊下的廣播電視定義問題：功能性觀點下的概念解析〉，收錄於：氏著，前揭註 46，頁 54。

[51] 德國《電信法》對於電信服務之定義，即採取功能性理解之定義方式，而使其有別於廣播電視與電子媒體之內容服務。按照德國《電信法》第 3 條第 24 款之規定，電信服務係指原則上以給付價金所取得之服務，其全部或者絕大部分在於電信網路中的訊號傳遞，電信網路亦包含廣播電視網路。另參見：Kühling/Schall/Biendl, Telekommunikationsrecht, 2. Aufl., 2014, Rn. 125.

服務的技術性流程進行整體觀察。在此，OSI 層級架構模型應該是一種適當的判斷標準[52]。藉由觀察一服務之實行所產生的成本大抵落在此模型的何個階層，我們就能較為客觀地判斷該服務應歸類於電信服務，或者是廣播電視、電子媒體之內容服務。OSI 層級架構模型將訊號傳輸系統由實體到虛擬區分為實體層、資料連結層、網路層、傳輸層、會議層、表現層與應用層，現行大多數的水平通訊傳播層級管理模式理論大抵從此模型簡化而來，以法律規制面來說，至少須確立物理基礎方面的實體層、虛擬的邏輯層與應用層，還有純粹指向內容評價而與網路本身無涉的內容層管制[53]。

　　隨著服務功能不同，針對內容、應用層面的大眾電子媒體（包含廣播電視）而進行的管制目的，與實體、虛擬層級的電信管制也有所分別。針對前者，並非將此等媒體如紙本媒體一般單純視為表達特定意見之載體，而是被期待扮演監督政府的角色[54]，從而管制的重點在於藉由對於媒體事業的結構與行為管制，以確保整體媒體能夠實踐多元意見的文化環境，這種管制又可按照管制模型進一步區分為注重單一事業的人事、產權結構與製作節目決策過程而有產出具有多元意義性節目義務的內部多元模式，以及較側重於全體媒體產出不至於被特定社會團體所壟斷的外部多元模式，同時具備兩種多元模式的混合制度設計亦不乏見[55]。至於後者，則是以促進服務性競爭乃至於基礎建設方面的競爭，並同時確保基本的服務品質為管制核心[56]。

　　要觀察有線廣播電視的服務性功能，其市場產業結構需要特別留意。在

---

[52] Schüütz, in: Geppert/Schüütz (Hrsg.), Beck'scher TKG-Kommentar, 4. Aufl., 2013, §6 Rn. 35 f.

[53] 參見：江耀國，前揭註 37，頁 246 以下；李治安，前揭註 47，頁 183 以下。

[54] 法治斌、董保城 (2020)，憲法新論，7 版，頁 51，元照。

[55] 蕭文生，前揭註 5，頁 173 以下。

[56] 從舊法《電信法》中，仍無法從第 1 條之立法目的直接導出促進競爭之管制目的，而須以《通訊傳播基本法》第 11 條第 2 項之「互連管制原則」進行補充，參見：Lin, Das taiwanesische Regulierungsrecht im Telekommunikationssektor im Vergleich mit dem deutschen Recht, 1. Aufl., 2021, S. 69 f. 目前，《電信管理法》第 1 條第 1 項明定促進市場公平競爭與電信基礎建設，已確立電信管制的競爭法性格。

我國，有線廣播電視相關市場產業鍊大抵上由上游的節目製造商、中游的頻道商以及下游的多頻道播送平臺所構成[57]。其中，節目製造商產製節目，並擁有該節目之著作權等原始權利，頻道商則向節目製造商取得節目授權或者亦自行產製節目，而取得節目之播送權利。頻道商能將節目進行組合，並按照預先排程的節目表播送節目，而成為（線性服務）頻道。最後，則由下游之多頻道播送平臺將複數頻道以訊號傳輸的方式送到各用戶的顯示器中。在頻道商與多頻道播送平臺之間，臺灣市場的特殊性在於存在頻道代理交易活動，也就是頻道商將授權播送之談判權利全權交由頻道代理商負責，使得頻道代理商為我國頻道授權交易的主體。

如要按照前開以服務功能性來區分「電信服務」與「廣播電視服務」的角度，那麼就不應將有線電視相關產業攏統地視為「廣播電視」，因為並非全部的有線電視相關事業直接涉及以製作、發行節目內容方面的業務，像是以架構網路傳輸訊號為主力業務之有線廣播電視系統經營者，如其並未參與相關市場之垂直整合而涉及到頻道內容的形成與安排，就不必將其與承載文化多元任務之廣播電視服務提供者等同觀之[58]。在這種背景下，本文贊成學者江耀國、周韻采的見解，氏認為，在數位匯流的趨勢下，不妨將有線電視（指有線廣播電視系統經營者）視為電信的特殊類型[59]。

至於多媒體內容傳輸平臺服務，臺灣地區目前以中華電信 MOD 為主要提供者，屬於 IPTV 的一種類型，而有別於像是 YouTube 這類直接在網際網

---

[57] 有關臺灣有線電視市場產業鍊型態與整合情形，參見：石世豪、官智卿 (1999)，〈我國有線電視相關產業結構概況〉，《月旦法學雜誌》，46 期，頁 20 以下；莊春發、蔡金宏，前揭註 39，頁 113 以下；葉志良、王牧寰 (2019)，〈MSO 與頻道代理商結合對於有線電視市場競爭之影響〉，《科技法律透析》，31 卷 5 期，頁 46 以下。

[58] 學者簡維克另從廣播電視的規範性概念角度出發，解釋電視（媒體）的大眾傳播與電子媒體屬性，具有特殊的憲法意義。參見：氏著 (2004)，〈互動電視服務的法律定性分析〉，《月旦法學雜誌》，104 期，頁 136 以下。

[59] 江耀國、周韻采 (2002)，〈有線電視與電信產業匯流之法律問題研究〉，《政大法學評論》，70 期，頁 140。

路網站上觀賞的影音平臺[60]。觀察現行中華電信 MOD 所提供的服務，包含提供免費與自選頻道之即時影音服務、隨選隨播之免費或付費電影以及提供音樂等加值服務[61]。本文認為，中華電信 MOD 所提供的即時影音服務與有線廣播電視服務之間存有很高的同質性，因為兩者均以固定線纜傳輸頻道組合為服務項目，從功能性的角度而言，應該屬於同一種服務類型[62]。判斷兩者為相類似服務的另一個途徑，為藉由《公平交易法》所運用的市場界定方法觀察兩種服務是否可視為處於同一市場當中。界定市場有兩種方式，一種為從需求者觀點而言，兩種平臺之間是否存在可替代性，即需求可替代性[63]，另一種則是所謂「微幅但顯著非暫時性價格調漲 (SSNIP)」測量方法，以檢驗商品、服務需求彈性的方式來判斷具替代性之商品、服務市場範圍[64]。兩種方式所顯示出來的研究結果均肯定中華電信 MOD 與有線廣播電視系統之間處於同一市場中並有相互競爭的關係。需求可替代性研究指出，兩種服務對於需求者眼光中是可以互相替代的[65]。至於 SSNIP 測量方法則顯示中華電信 MOD 以及有線電視系統月租費用的變動會與消費者轉換服務有高度相關性[66]。

　　總之，從功能性的角度出發，可以發現無論是電信服務、有線廣播電視服務或者是多媒體內容傳輸平臺服務，實際上都比較偏重訊號傳輸層面，而

---

60 余曜成、江耀國 (2011)，〈日本、韓國 IPTV 法制現況之分析〉，《法學新論》，30 期，頁 35 以下。
61 見：中華電信 MOD 網站，http://mod.cht.com.tw/index.php（最後瀏覽日：2021 年 9 月 6 日）。
62 同此論者，參見：江耀國、周韻采，前揭註 59，頁 128 以下；簡維克，前揭註 58，頁 142 以下；戴豪君 (2003)，〈從 MOD 看數位匯流之法律課題〉，《資訊與電腦》，272 期，頁 78；黃經綸 (2009)，〈MOD 還是 MOS？——淺析中華電信 MOD 衍生的管制問題〉，《科技法律透析》，21 卷 7 期，頁 13。
63 參見《公平交易委員會對於相關市場界定之處理原則》第 3 點第 1 項：「需求替代為本會界定相關市場主要審酌之事項，本會並得視商品或服務特性考量供給替代。」
64 《公平交易委員會對於相關市場界定之處理原則》第 9 點所述之假設性獨占檢測法即屬此法。
65 台灣經濟研究院 (2020)，《有線電視與中華電信 MOD 替代性分析》，1 版，頁 15，自版。
66 賴祥蔚 (2014)，〈電視平台之市場界定——以中電電信 MOD 與有線電視為例〉，《公平交易季刊》，22 卷 3 期，頁 45 以下。

非訊號所載之內容製作與編輯層面。當然，這不意味著電信服務、MOD 影音服務與有線電視系統服務之間並無任何區分必要，而是僅指出這三者在通訊傳播經濟活動上，實處於同一服務階層[67]。

三、傳輸平臺事業與內容服務提供者之關係

雖然，從以上的分析可得知，有線廣播電視系統經營者或是中華電信 MOD 這類多媒體內容傳輸平臺服務提供者之服務內容核心，實際上偏向提供訊號的「傳輸平臺」。但是不可否認，相較於單純的電信服務提供者，這兩者又顯得有「廣播電視」的性質。原因在於兩者均提供用戶收看能夠影響國民意見形成甚深之即時頻道與附隨的節目，而有較強烈的大眾媒體色彩。就此而言，兩者與頻道供應者之間的關係也必須納入觀察。

有線廣播電視長久以來被當作是一種大眾媒體，實際原因在於有線廣播電視系統經營者對於頻道代理商有商業關係，甚至有垂直整合的事業結構關係[68]。頻道節目供應事業對於有線廣播電視系統經營者（與代理商）進行「頻道授權」、「頻道販售」與「頻道提供」，而有線廣播電視系統經營者則以同意「頻道載送」來回應頻道節目供應事業（與代理商），這其中的複雜問題，我國習慣以「頻道上、下架」概念稱之[69]。由於頻道的上、下架會直接影響到消費者權益以及公共意見的多元性，對此，通傳會依據《有線廣播電視法》第 29 條，制定有線廣播電視系統經營者申請頻道規劃及其類型變更許可辦法，並予以管制。同時，《衛星廣播電視法》第 25 條第 2 項規定，節目供應

---

[67] 當然，中華電信 MOD 並非只提供即時的影音服務，而仍另外提供隨選視訊與應用服務，這使得吾人不適合將這種新興服務型態硬性套用某一部依據傳輸技術而分開訂立的法典中。參見：彭心儀、簡維克 (2004)，〈數位匯流下之管制架構初探——以互動電視為例〉，《萬國法律》，133 期，頁 57 以下。

[68] 詳細說明見：葉志良、王牧寰，前揭註 57，頁 48 以下。

[69] 參見：王牧寰主持 (2019)，《匯流下通訊傳播事業頻道平臺上下架機制之研究》，國家通訊傳播委員會 2019 年委託研究計畫，頁 1。

者無正當理由，不得對有線廣播電視系統經營者或服務經營者給予差別待遇。同時，《有線廣播電視法》第 37 條第 1 項則要求，有線廣播電視系統經營者對衛星、他類、無線、國外衛星頻道節目供應事業訂定公平、合理及無差別待遇之上下架規章，並依據該規章實施。另外，出於滿足國人基本生活需求之公益目的，《有線廣播電視法》第 33 條第 1 項規定有線廣播電視系統經營者應轉播依法設立之無線電視電台節目與廣告，並列為基本頻道，這便是所謂的「頻道必載」制度[70]。

　　至於中華電信 MOD 等多媒體內容傳輸平臺服務經營者方面，《固定通信業務管理規則》也有雖較為簡化但實質上與《有線廣播電視法》類似的要求。該規則第 60-1 條對於多媒體內容傳輸平臺服務經營者提出其於營業規章中必須具備除第 50-2 條（電信基礎設施之評估）外所列示之十款事項，最為重要者，當屬「符合公平原則、無差別處理之出租平臺上下架規範」（第 2款）、「不干預頻道節目內容服務提供者之內容服務規劃與組合、銷售方式及費率訂定」（第 3 款），以及「確保內容服務提供者之銷售方式，得讓用戶自行選購單一或不同組合之內容服務」（第 4 款）。這些條款有意將多媒體內容傳輸平臺對於頻道與節目的影響性降到最低。至於「頻道必載」，固定通信業務管理規則並無明文規定相關義務，經常引發學界與有線廣播電視系統經營者的不公平對待質疑[71]。惟現行中華電信 MOD 營業規章 25 條申明自主提供無線電視頻道以及原民、客家、國會頻道給收視用戶。

　　由此可知，立法者基於有線廣播電視與多媒體內容傳輸平臺的產業特性，

---

[70] 相關討論，參見：江耀國 (2006)，〈有線電視數位化之法律議題研究（上）〉，《科技法律透析》，18卷 10 期，頁 63 以下；程法彰 (2010)，〈美國有線電視與衛星直播電視的必載頻道相關規範對我國的借鑑——兼論中華電信 MOD 關於必載頻道規範的可能回應〉，《台灣科技法律與政策論叢》，7 卷1 期，頁 55 以下。

[71] 例如：廖家儀 (08/13/2021)，〈從東奧轉播檢視傳播法規必載規範〉，《工商時報》，https://view.ctee.com.tw/legal/31631.html（最後瀏覽日：2021 年 8 月 31 日）；章忠信 (2005)，〈有線廣播電視「必載」無線廣播電視節目的爭議〉，《著作權筆記》網站，http://www.copyrightnote.org/ArticleContent.aspx?ID=54&aid=2093（最後瀏覽日：2021 年 8 月 31 日）。

對於電信服務事業所無之活動進行規範。惟兩者並非頻道與節目的製造、編輯與公開者，僅為營運通訊傳播工具而協力散布頻道於公眾者，以實現媒體之資訊流通功能。頻道與節目對於兩者而言，首要意義並非作為自我意見之表達、民主控制與監督政府或者是某種文化傳承的載體，毋寧是作為商業面向的商品或服務。換言之，兩者以商品（頻道、節目）轉售給消費者是否能獲得利潤為主要著眼點，對於頻道之上、下架課題，也主要依照商業競爭的遊戲規則來行事[72]。通訊傳播法介入有線廣播電視的上下架頻道機制，乃顧及到人民擁有「經由通訊傳播媒體之平臺表達與散布」之權利[73]。如不對頻道上、下架的商業活動予以規範，可能會發生外部性多元失衡情況：過度放任有線電視相關事業以純粹的市場競爭、追求利潤方式來決定頻道的播送與否，會使市場壟斷化，連帶造成經濟意義上弱勢但與文化傳承、民主監督相關的節目內容永遠無法獲得用戶關注的不良後果。有鑑於此，有必要對於此環節之商業行為進行管制，包含課以一般競爭規範外的特殊義務。這種情況與本身即為節目製播、頻道編輯者的無線廣播電視台與衛星廣播電視台顯有不同。對於能夠自產自播的廣播電視台，以立法論角度而言，就應較著重這些事業所製作與編輯的節目整體能與多元視聽文化有適當的連結性。

四、他山之石：德國對於有線電視系統經營者與多媒體服務傳輸平臺的定位

在此簡短介紹德國對於有線廣播電視系統經營者與多媒體服務傳輸平臺

---

[72] 2021 年公平交易法學會舉辦的「通訊傳播法制與公平交易法之交錯學術演討會」中的第 1 場報告，講述有線電視頻道的上、下架課題與《公平交易法》的限制競爭問題，頻道載送與商業競爭的緊密關聯可見一斑。參見：王牧寰、楊儷綺、胡家崎 (2021)，〈多元競爭視角下的有線電視產業授權與載送管制〉，發表於《通訊傳播法與公平交易法之交錯學術研討會》，台灣公平交易法學會主辦，臺北。

[73] 見釋字 613 號理由書。另參見：許育典 (2008)，〈多元文化國下通訊傳播自由的建構〉，《東吳法律學報》，20 卷 1 期，頁 32。

的法律定性。

　　德國的有線廣播電視系統最早由公營事業德國聯邦郵政 (Deutsche Bundespost) 與日後的德國電信股份有限公司 (DTAG) 於 1980 年代展開建設，僅作為對所有終端用戶單向播送電視與廣播節目之網路[74]。因此，德國的有線電視系統如同電信網路，最早是由國家所建設。這種未提供自己製播之廣播、電視節目的有線電視廣播系統營運者被稱之為「電纜網路營運者 (Kabelnetzbetreiber)」，其營業項目為透過電纜設備對廣播、電視節目進行再傳送 (Weiterverbreitung von Rundfunkprogrammen in Kabelanlagen)」，屬於對其他廣播電視事業提供傳輸服務 (Zugang zu Übertragungsmöglichkeiten für Rundfunkveranstalter) 的一種類型[75]。

　　在舊法《廣播邦際協定 (Rundfunkstaatsvertrag)》[76]時代，作為廣播電視傳遞途徑的電纜網路營運者被視為是該協定第 2 條第 2 項第 13 款之「平臺提供者」，並受到同協定第 52 條以下規制。平臺提供者乃以數位傳輸規格或者數位數據流為基礎，組合廣播電視、可廣播電視相比之（指向公眾）電子媒體與第三人頻道，以提供整體服務 (Gesamtangebot) 或者組合頻道 (Zusammenfassung) 之選項；非平臺提供者，為專為某廣播電視或可與廣播電視相比之電子媒體者散布者。故平臺提供者具備兩個要件，也就是其必須將自己或者他人的頻道進行組合而作為整體服務以及非僅播送一個單獨頻道。所謂的組合，係指「綑包給付 (Bündelungsleistung)」，也就是以傳輸技術（尤其是利用解碼系統）提供給不同之有權接收者同樣捆包，而有別於單純的電信服務[77]。理論上，平臺提供者仍可進一步區分為技術性平臺 (technische

---

[74] Kühling/Schall/Biendl, (Fn. 51), Rn. 108.

[75] Kühling, Sektorspezifische Regulierung in den Netzwirtschaft, 1. Aufl., 2004, S. 123 f.

[76] 2019 年 5 月 1 日後生效之第 22 次修正版本。該協定於 2020 年 11 月 6 日失效，並由《媒體邦際協定》所取代。

[77] Paschke, Medienrecht, 3. Aufl., 2009, Rn. 750.

Plattform) 與節目性、推銷性平臺 (Programm- bzw. Vermarktungsplattform) 兩種類型，前者實際上等同於電信網路營運者，後者則與知名節目製作事業有所互動而嘗試推銷自己或他人之節目[78]。

司法實務方面，法院認為，電纜網路營運者與廣播電台處於「以類比或數位方式於寬頻電纜網路中供應 (einspeisen) 廣播電子訊號」市場中，電纜網路營運者作為技術性供應服務提供者，而廣播電台則作為需求者，媒體法有關必載之規定不能作為廣播電台強制締約義務之依據，也不能作為服務提供者對廣播電台請求有償提供服務之正當事由[79]。

接著是新法《媒體邦際協定 (Medienstaatsvertrag)》，電纜網路營運者屬於由舊法平臺提供者轉變的「媒體平臺 (Medienplattform) 提供者」（第 2 條第 2 項第 14 款與第 19 款）。這項轉變乃各邦立法者體認到數位匯流下之市場轉變，使得部分平臺成為能夠決定頻道以及影響收視內容之「(頻道) 守門人」或者「瓶頸」，進而使得人民的收視自由受到經濟與政治利益之下的掌控，故必須針對「必載」（第 81 條第 2 項第 2 款）、播送協議（第 83 條第 1 項）、禁止歧視（第 84 條第 2 項第 3 句）等制定因應條款[80]。事實上，將平臺視為能夠控制頻道去留的守門人概念，在舊法時代已經出現[81]。立法者希望能藉由新法的定義，賦予平臺更多不取決於提供者、技術中立性與發展開放的概念[82]。《媒體邦際協定》對於媒體平臺提供者所給的定義，核心概念與舊法相似，為提供由其所決定播送之頻道並組合成整體服務者，僅在受組合的客體與排除適用範圍進行更明確的描述。因此，典型的仰賴基礎建設型媒體平臺提供者，像是電纜網路營運者，還有付費電視組合 (Pay-TV-Paketen) 與不拘

---

[78] Fechner, Medienrecht, 13. Aufl., 2012, 10. Kap. 10. Rn. 172.

[79] LG Mannheim, Urteil v. 19.04.2013–7 O 228/12 Kart.

[80] Fechner, Medienrecht, 21. Aufl., 2021, 10. Kap. Rn. 206 ff.

[81] Paschke, (Fn. 77), Rn. 747, 751.

[82] Martini, in: Gersdorf/Paal (Hrsg.), BeckOK Informations- und Medienrecht, 32. Aufl., 2021, MStV §2 Rn. 109.

束在基礎建設的網路服務 (OTT-Dienst) 營運者，都屬於本法所稱之媒體平臺[83]。

至於 IPTV 這類多媒體服務傳輸平臺，以舊法而言，德國學者 Fechner 認為，IPTV 可算作「平臺提供者」，蓋其成批販售自製與他人製作之節目組合（頻道）給自己用戶，而受到像是《廣播邦際協定》無歧視提供傳輸服務（第 52c 條）與確保多元性義務（第 52a 與 b 條）所拘束[84]。新法的「媒體平臺」顯然已將這種多媒體服務傳輸平臺納入其中。

從德國法的觀察中，可以確定多媒體服務傳輸平臺與電纜網路營運者原則上應受到同等規範。德國各邦之立法者並未將兩者硬性理解為「廣播電視」或者「電信」，而是成立一種獨立類型，即媒體平臺。這種媒體平臺雖然不需要向主管機關申請廣播電視營運執照，但有鑑於其握有傳輸頻道節目之能力，而能夠影響全國頻道呈現之狀態，故也不能單純視為電信服務事業[85]。因此，並出於維護文化多元等公益目的，仍有必要對於媒體平臺制定特別規定，尤其是要求其受有透明化、確保節目內容多元化與不歧視之行為義務。

五、小結

從通訊傳播法角度來說，對於「黨政軍條款應否作為參進市場限制條件」此一問題而言，某種程度上即是在討論「電信／廣播電視」這個概念組如何區別的問題，因為黨政軍條款的訂定，與國家與政黨退出大眾媒體之經營以及與節目製作保持距離的訴求有關，而與電信服務無涉。對電信服務、IPTV（中華電信 MOD）與有線廣播電視服務之功能與法律定性加以探討後，可以得知，IPTV 與有線廣播電視系統均為一種營運電信網路設備以對顧客提供電視頻道組合的服務，只是兩者所運用的網路與傳輸技術有所不同。

---

83 Martini, in: Gersdorf/Paal (Hrsg.), (Fn. 82), MStV §2 Rn. 102.

84 Fechner, (Fn. 78), Kap. 10, Rn. 212.

85 Martini, in: Gersdorf/Paal (Hrsg.), (Fn. 82), MStV §2 Rn. 110, 110a.

　　雖然 IPTV 與有線廣播電視服務在多數情況下並未直接參與節目的製作、編輯，也未從事將節目組合成頻道並對外銷售的業務，從功能上的角度來說，不能將其直接視為以傳遞資訊、政治評論給公眾之廣播電視事業。事實上，兩者一定程度上掌握頻道上下架之決定權利，從而不能將其單純視為完全內容中立之電信服務提供者。臺灣現行規範已經對於兩者作為頻道守門人的情況多有留意，而要求制定公開透明之上下架規章，以及以不歧視的方式處理頻道載送事項。惟是否有對兩者實施黨政軍條款之必要性，仍有待討論。

伍、黨政軍條款之再檢討

一、技術不中立管制之疑慮

　　黨政軍條款的不對稱適用性會造成實處於同一商品服務市場中的事業之間蒙受不同的法律限制，使特定的通訊傳播事業承受更多（受）投資、轉進市場限制的不良效果，而有不公平競爭的情形。按照憲法對於通訊傳播自由的制度性保障意旨，尤其是確保通訊傳播事業履行社會多元意見表達與散布任務之目的，必須適用黨政軍條款的對象，應限定在以製作、播送節目內容為核心業務之廣播電視事業，而非以電信服務為主軸之訊號傳輸事業。因此，如無依據「電信／廣播電視」之功能性區分而給予特定媒體黨政軍條款之拘束，將有違《通訊傳播基本法》第 7 條技術中立管制原則。該原則要求實處同一服務階層之通訊傳播事業在法律規管上應儘可能不因傳輸技術不同而受到差別待遇，避免法律與管制面變相扶植特定技術之事業[86]。

　　易言之，如果沒有明確掌握區分「電信／廣播電視」之緣由與目的，那麼黨政軍條款的適用問題就會在新型態媒體的管制上層出不窮。2019 年 1

---

[86] 李治安，前揭註 47，頁 192 以下。

月，NCC 同意中華電信 MOD 營業規章之修正案，刪除該規章第 25 條第 6 款後段之「不得自行提供單一或組合多數頻道，向用戶收取收視費用」用語，如此將使中華電信 MOD 得自組頻道套餐[87]。這項許可，使得中華電信可以與頻道商約定組成一個頻道套餐上架至 MOD，分潤制度由中華電與頻道商協商自訂[88]。這項決定勢必會引來爭議。第一，中華電信刪除其營業規章第 25 條第 6 款後段，是否牴觸了《固定通信業務管理規則》第 60–1 條第 3 款「不干預頻道節目內容服務提供者之內容服務規劃與組合、銷售方式及費率訂定」之規定？第二，中華電信刪除其營業規章第 25 條第 6 款後段，是否牴觸了 MOD 作為開放平臺的服務原則？換言之，若許可中華電信自組頻道，其是否仍為「開放傳輸平臺」，抑或已是實質大眾媒體？

就第一個爭點而言，NCC 認為，該款規定僅要求中華電信不得「干預」頻道商的頻道組合，並未禁止中華電信「另組」收視服務套餐[89]。就第二個爭點而言，NCC 則認為，中華電信自組頻道套餐，並不會使其成為頻道代理商，並非經營、投資頻道，故無涉黨政軍條款[90]。

然而 NCC 所給的理由不能算是深中肯綮。《固定通信業務管理規則》第 60–1 條第 3 款規定中華電信 MOD 不得干預頻道或節目的製作與規劃，以及介入內容服務提供者對於其收視用戶的銷售行為。就該款之訂立目的而言，應屬希望中華電信 MOD 的服務儘可能留在單純的訊號傳輸服務層面。NCC 僅以單純文義解釋，說明該條規定並未明言禁止另組收視服務一事，似有迴避法規目的之解釋之嫌。比較好的處理方式，應該是從「另組頻道」之具體行

---

[87] ETtoday 新聞雲 (01/23/2019)，〈允許中華電信 MOD 能自組頻道套餐　NCC：不涉及黨政軍條款〉，https://finance.ettoday.net/news/1363752（最後瀏覽日：2021 年 9 月 6 日）。

[88] 工商時報 (01/24/2019)，〈MOD 大鬆綁　開放自組頻道〉，https://ctee.com.tw/news/tech/28667.html（最後瀏覽日：2021 年 9 月 6 日）。

[89] 中央廣播電臺 (01/23/2019)，〈NCC 放行中華電信　MOD 將可自組頻道〉，https://www.rti.org.tw/news/view/id/2009265（最後瀏覽日：2021 年 9 月 6 日）。

[90] 工商時報，前揭註 88。

為來判斷是否實質構成提供影音內容服務。於是，這個問題便連結到第二個爭點。就此而言，學者江耀國引用《歐盟視聽媒體服務指令》對於媒體服務提供者的定義來進行判斷，媒體與非媒體的區別標準在於，是否受有對於選擇視聽媒體服務內容的編輯責任以及是否能決定如何呈現內容（《歐盟視聽媒體服務指令 [RL 2010/13/EU]》第 1 條第 3 項第 d 款），至於編輯責任，簡言之，乃對於播送影像組合以及對於播送計畫或者點選型錄之有效控制（《歐盟視聽媒體服務指令》第 1 條第 3 項第 c 款）。氏認為，中華電信是否藉由自組頻道而突破傳輸平臺之關鍵，在於中華電信 MOD 對於頻道節目的選擇或組成是否已達有效控制，而使未被選擇與組合的上架頻道節目內容實質上無法供公眾收視[91]。惟氏雖然提出了看似合理之判准，但對於 MOD 問題，就目前可見之文獻中，未正面予以解答。

　　本文認為，前開歐盟指令實為從《歐共體電視指令 [RL 89/552/EWG]》發展而來，乃有鑑於通訊技術的革新而制定，其適用範圍集中在「大眾媒體服務」[92]。換言之，該指令以提供給公眾為目的而對國民有實質影響之服務內容為規範客體[93]。在這種情況下，媒體服務提供者的定義也就落在「頻道呈現與節目群體編排」的範疇，而與像是有線廣播電視系統經營者或者中華電信 MOD 上下架、組合頻道之行為無涉。因此，有線廣播電視系統經營者或者中華電信 MOD 與頻道商、頻道代理商之間的商業關係，應該無法透過本指令來解讀。事實上，開放中華電信 MOD 能自組頻道，反使其更趨近於典型有線廣播電視系統經營者的角色[94]。正如 NCC 所言，MOD 自組頻道並不會使其成為頻道代理商，然而 NCC 真正忽略的是，趨近於同質的兩者，

91　台灣數位匯流網 (06/03/2019)，〈MOD 自組頻道——王郁琦：非純開放平台違反黨政軍條款〉，https://www.tdcpress.com/Article/Index/2032（最後瀏覽日：2021 年 9 月 6 日）。

92　Fink/Cole/Keber, Europäische und Internationales Medienrecht, 1. Aufl., 2008, Rn. 82, 85.

93　見《歐盟視聽媒體服務指令》立法理由第 21 點。

94　同此意見，參見：黃銘輝 (03/15/2019)，〈MOD 自組頻道　NCC 恐讓鯰魚成食人魚〉，《台灣數位匯流網》，https://www.tdcpress.com/Article/Index/1742（最後瀏覽日：2021 年 9 月 6 日）。

為何一個必須受到黨政軍條款限制，另一個卻不需要——有線廣播電視系統經營者也未必會有投資、經營頻道之情事。僅對特定事業適用的黨政軍條款，才是讓本屬正常自組頻道之商業行為陷入議論的主因。

二、制定黨政軍投資限制規範之非必要性

　　黨政軍條款之立法精神，在於禁止三者以任何投資方式「操縱」媒體而「介入」媒體經營[95]。在當時，無線電廣播電視臺在法律形式上雖皆屬私人事業，但是台視實際經營者為透過公股銀行進行投資的省政府，中視持有者則是透過黨營事業轉投資之國民黨，華視則為軍方所有，長期下來，造成言論市場的壟斷，媒體淪為維持政權之工具，而無法發揮監督政府的超然、客觀、中立立場，這也正是「黨、政、軍」退出三台運動的發起原因[96]。然而，是否有必要對於中華電信 MOD 這類 IPTV 以及有線廣播電視系統經營者做出黨政軍退出經營、投資之要求？

　　這個問題關係到兩者在通訊傳播秩序中的功能性定位。如果要將兩者以側重訊號傳輸平臺方面來理解，那麼兩者實際上就會與電信服務提供者類似，理論上便無以黨政軍條款相繩的可能性。反之，如果要將兩者以「頻道守門人」來理解，也就是側重頻道上下架的實務運作方面，那對兩者的管制觀念應該會較偏重視頻道、節目內容是否服膺於多元性要求。不過，即便是以後一種觀念來理解，實際上也未必較能導出引進黨政軍條款之必要性。理由在於，「頻道守門人」仍未涉及到節目的製作與頻道自身的節目編排，用職業自由之客觀條件限制（限制營運者資格）與主觀條件限制（不得受有政黨與政

---

[95] 見立法委員陳雪生等於去年底提出的《衛星廣播電視法》修正案。值得一提的是，除了重申黨政軍條款之原始立法精神外，該法案已經體認到，現行的黨政軍條款已被不當利用，甚至成為產業發展的阻礙，故主張修正黨政軍條款之若干細節。參見：立法院議案關係文書 (2020)，《院總第 1562 號　委員提案第 25356 號》，頁委 899 以下。

[96] 黨政軍退出三台運動聯盟，前揭註 1，頁 4、6。

府與關係人投資）等方式來確保「選擇、組合、排列頻道」的公正性，並非最小之侵害手段。立法者只需要針對頻道的選擇與排列行為予以規範，要求行為人建立透明、無歧視之頻道載送規則，以及添加「必載基本頻道」規定，以滿足人民基本需求，如此規範僅限制事業之執行職業自由，且足以確保「頻道守門人」遵循中立性原則。

其實，關於制定黨政軍投資限制規範之非必要性，也能從更根本的角度出發，檢討黨政軍條款本身的實質意義與正向效用。學界與司法實務已對於該條款的存在意義提出質疑，從比例原則檢驗的角度來看，正當性亦有不足[97]。黨政軍退出媒體運動之推動與立法，預設了將廣播電視與類似媒體設施視為服務於民主多元社會的「公器」或者「公有財」觀念[98]。這種觀念實際上是出於以往自然資源不足而僅能允許有限數量廣播電台共存之情形。在此前提下，節目製作的多元性要求也就勢必隨之提高，才能滿足民眾基本生活所需以及確保廣播電視承擔促進民主多元社會的任務。然而現今的傳播技術已與當時不能相提並論，頻道與節目播送實際上已不存在技術上的數量限制，有線電視的興起使得民眾而能夠收看的頻道大增，數位匯流亦使得頻道播送不受傳輸平臺拘束，更無數量上限制。如此就應該沒有必要再緊守媒體作為服務民主多元社會的公器觀念，而可優先從經營媒體作為個人主觀權利的面向出發[99]。如要改承認主觀權利為理解廣電自由的優先面向，那麼廣電

---

[97] 見本文「貳、二」之部分。

[98] 將廣播電視與相似媒體視為確保民主多元意見社會的公器，與德國憲法解釋長久以來將廣電自由視為一種特殊的、由法律制度形塑的權利類似，這種特殊的權利並非以當事人的主觀權利（防禦權）為出發點，而是該行為之實踐與程序的建構以實現意見多元為本質目的，故又稱為「任務性自由 (dienende Freiheit)」。傾向將我國廣電自由理解為相當於「任務性自由」者，參見：蕭文生，前揭註 5，頁 120 以下；陳新民，前揭註 29，頁 424 以下；石世豪 (2009)，〈我國為廣播電視積極立法的憲法基礎〉，收錄於：氏著，前揭註 36，頁 83 以下。

[99] Klein, in: Maunz/Dürig (Hrsg.), Grundgesetz Kommentar, Bd. 3, 94. Aufl.,2021, Art. 21 Rn. 191, 288; klein, Medienbeteiligungen politischer Parteien－Verfassungsrechtliche Betrachtungen, in: Marlok/v. Alemann/Streit (Hrsg.), Medienbeteiligung politischer Parteien, 1. Aufl., 2004, S. 87 ff.

秩序的制度性保障架構將會以外部多元模式為主，並放寬營業限制，容許儘可能多數的媒體事業展現民主多元意見社會價值，而不再只是一味要求廣播電台製作節目謹守多元性甚至是超然的中立性。一方面，並非全部的媒體都該是所謂「報導性媒體」，皆在扮演著傳遞新聞訊息的角色，仍有許多各式各樣滿足民眾需求的媒體與公共意見的形成無關，例如體育頻道、知識頻道、購物頻道；另一方面，媒體也不應該只能被動扮演著傳達公共意見的「媒介」，它也能（僅）是個公共意見的「要素」，個別媒體的立場也能化為公共意見的一部分，供民眾思考與判斷。事實上，現今要求各媒體必須自持、中立報導與製作節目，反而是不符現實的，傳播學方面的研究早已指出，閱聽群眾之政治立場與選擇收看之媒體呈現高度相關，而有群聚效應[100]。媒體與政黨之間的相互依存關係，也非單純從媒體事業股權結構即能斷定[101]。

　　如果要以確保外部多元作為廣電秩序的主要建構模式，那麼反而應該承認政黨也有參與媒體活動的空間，加入公共討論之中以刺激民意激盪。易言之，媒體管制的重點，便擺在避免使國家或者社會團體（政黨、財團、利益團體等等）取得支配整個媒體環境的優勢力量，並非僅要求個別媒體皆嚴守中立性與超然立場，真正要避免的情況在於特定政黨取得了支配媒體的優勢力量。在此前提下，只看政府、政黨於某一廣電事業持有股份或者表決權的黨政軍條款恐怕就不是很充分，媒體是否淪為政府、特定政黨或其他社會團

---

[100] 陳敏鳳 (2006)，《媒體立場的群聚效應分析——以台灣地區 2004 年總統選舉為例》，臺灣大學政治學研究所碩士論文，頁 76 以下。另參見：王鐘仁 (2017)，〈電視要看哪一台？民眾政黨立場與選擇性接觸媒體傾向關係之初探〉，《臺灣傳播調查資料庫》，https://www.crctaiwan.nctu.edu.tw/ResultsShow_detail.asp?RS_ID=62（最後瀏覽日：2021 年 9 月 6 日）。但這樣也產生民眾對於媒體可信度較為低下的後果，參見：臺灣媒體觀察教育基金會 (2019)，《2019 台灣新聞媒體可信度研究》，https://www.mediawatch.org.tw/sites/default/files/files/2019%E5%8F%B0%E7%81%A3%E6%96%B0%E8%81%9E%E5%AA%92%E9%AB%94%E5%8F%AF%E4%BF%A1%E5%BA%A6%E7%A0%94%E7%A9%B6%20_0.pdf（最後瀏覽日：2021 年 9 月 6 日）。

[101] 翁曉玲，前揭註 8，頁 78；張永明，前揭註 4，頁 7 以下；對於媒體受政治介入的完整介紹，參見：馮建三 (2009)，〈公共傳媒的政治規劃、經濟安排與社會監督〉，《月旦法學雜誌》，170 期，頁 21 以下。

體的禁臠，應將整體市場結構納入考量，才是較合理的觀察方式[102]。

三、建議與展望

　　要杜絕因廣電三法黨政軍條款而生的管制疑慮，較便宜之作法，為將目前過於嚴格的「一股都不能持有」的禁止、轉投資禁止規定予以適度放寬，例如放寬投資限制額度，以避免公開市場上受政府基金間接投資而違法的情況[103]，甚至是受政治人物惡意投資導致媒體違法，阻礙媒體市場運作[104]。倘若社會各界對黨政軍條款的鬆綁與鬆綁方式始終無共識，修法途徑未可預見盡頭，則以技術中立原則的觀點而言，仍應先設法消弭中華電信 MOD 這種多媒體內容傳輸平臺與有線廣播電視系統的管制落差。具體作法為使中華電信 MOD 與電信服務部門進行業務分離，尤其必須確保 MOD 部門上下架頻道的決策獨立性。

　　較長遠之計，則是檢討現行通訊傳播法對於電信服務、廣播電視、有線廣播電視系統等所構築出來的規範體系是否能夠順應數位匯流的事實領域變化。恰如學者石世豪在談論「廣播電視」之定義時強調，雖然廣播電視被用

---

[102] Gersdorf, Medienbeteiligung politischer Parteien im Lichte des Rundfunkverfassungsrechts, in: Marlok/v. Alemann/Streit (Hrsg.), (Fn. 99), S. 70 f.

[103] 此亦為有線廣播電視系統經營者的共識，參見：國家通訊傳播委員會，前揭註35，頁 5 以下。必須注意的是，NCC 的《傳播政策白皮書》也提到必須調整黨政軍條款的規範模式，以利視聽傳播產業之正常化經營，基本策略為維持黨政軍退出媒體精神，但是主要回歸到《預算法》與《政黨法》上進行規範，並調修歸責對象。然而這種政策宣示是否有意進一步放寬政黨直接、間接投資媒體的上限，則仍未知。參見：國家通訊傳播委員會 (2020)，《傳播政策白皮書》，頁 106 以下，https://www.ncc.gov.tw/chinese/files/20032/5237_42741_200320_1.pdf（最後瀏覽日：2021 年 9 月 6 日）。

[104] 例如著名的台數科股票案，某縣議員蓄意購買媒體事業一張股票並舉發該媒體違反黨政軍條款，以阻止企業併購案進行，台數科並同時遭到 NCC 裁罰。參見：鏡傳媒 (04/05/2017)，〈【東森案生變數】好厲害！她買一張股票　卡住百億電視交易案〉，https://www.mirrormedia.mg/story/20170403fin004（最後瀏覽日：2021 年 9 月 6 日）。最終，台數科對 NCC 訴願成功，參見：風傳媒 (03/21/2018)，〈台數科訴願贏了　NCC：將返還 200 萬罰款〉，https://www.storm.mg/article/414126（最後瀏覽日：2021 年 9 月 6 日）。司法方面見解，參見：臺北地方法院 107 年度簡字第 261 號判決。

來當作區分不同媒體規範之功能性概念，但是其仍並未成為純粹之法律概念，而仍保有「生活事實」之特性，故隨科技變遷之際，廣播電視之概念必須與時俱進[105]。氏亦強調，對於廣播電視採取功能性的分析觀點，也有助於吾人判斷新型態傳播科技在通訊傳播秩序體系中的定位[106]。在此前提下，面對有線電視系統的數位化以及電信服務事業進軍影音傳輸內容服務，首要課題便不是參考現行的相關法律定義，將其硬性納入到某個別法領域當中，並無條件受到該法領域全部的規定拘束，而是審酌這兩種服務型態的特點所在，較偏向單純訊號傳輸或者以內容應用服務為重心？兩者之間與其他已既存且已有法律明文規範的服務類型是否具有可替代性或競爭潛力？中華電信 MOD 的推出之所以引起爭議，正是基於我們未從媒體功能性定位來出發，便急著為 MOD 找「既有法律的歸宿」，從而落入「應受黨政軍條款限制／不限制」之窠臼當中。本文認為，有線廣播電視系統與中華電信 MOD 等類似服務屬於事實上較偏向於以訊號傳輸為主力業務之服務，不應動輒使用節目製作、編譯以及事業股權結構、財政來源等典型廣電立法模式，來進行高強度性的箝制。惟基於產業特性，兩者具備著頻道守門人地位，而對頻道擁有一定控制力，出於維護民主多元意見社會之公共利益，有必要對於頻道（代理）商與平臺、有線電視系統事業的商業往來進行一定程度的行為限制。在此情況下，不妨仿造德國《媒體邦際協定》關於媒體平臺的立法精神，制定出純粹電信服務與純粹廣播電視的中間類型，以一致性管制的方式來回應有線廣播電視數位化與 IPTV 興起的挑戰。對於我國而言，可行的做法是大幅修改《有線廣播電視法》，使其成為一部專門的媒體平臺法制[107]，並將《固定通信業務

---

[105] 石世豪，前揭註 50，頁 26。

[106] 石世豪，前揭註 50，頁 58 以下。

[107] 事實上，我國 2015 年推動「匯流五法」時，就曾提議將現行的《有線廣播電視法》以《有線多頻道平臺服務管理條例》替代之，後者對於有線廣播電視系統經營者的管制進行許多鬆綁，並作為另一部將取代《電信法》的《電信事業法》之特別法。該法採取水平監理模式架構，採取技術中立方式確立有線多頻道平臺之定義，使 MOD 亦納入其中。參見：法源法律網 (05/09/2016)，〈行政院會

管理規則》有關多媒體內容服務平臺的部分移入新法當中。同時，「一股都不能有」的黨政軍退出媒體嚴格限制規定也將失去其尚殘存之意義，而應一併修正。

最後，也是釜底抽薪之計，仍是直接針對無條件適用的黨政軍條款進行全面檢討。黨政軍條款屢受非難已久，其實也產生了很多回饋意見。其中，「實質控制理論」──也就是給予權責機關一定的判斷餘地，就政府、政黨是否對於其以任何形式投資之媒體事業的節目製作與編輯產生影響力進行審酌──屬於當前多數見解[108]。本文認為，憲法保障人民接近、利用通訊傳播工具以表達意見之權利，以及維護媒體免受國家以及與國家有相似性之政黨恣意干預，禁止國家、政黨投資媒體係出於正當目的，但這項投資之禁止規範應僅限於確保政府、政黨無法實質影響廣播、電視之節目製作與內容的限度內[109]。就此而言，實質控制理論應屬最符合憲法解釋意旨之判斷標準。不過，恰若張永明教授所言：「只有對於先天數量受限制之廣電傳播媒體，才需藉由特殊之法制設計，讓數量稀少之廣電媒體節目內部都能容納社會上各界的聲音[110]」，數位經濟蓬勃發展的今日，媒體資源稀有性或者傳播管道受限的情況不復存在，仍否必要繼續將過往的黨政軍退出媒體運動訴求毫無修正地加諸於今日多數並存與互相競爭的各種傳播事業，才是吾人更應有所警惕之事物。本文認為，黨政軍條款應逐步走向日落，而改以從事業市場行為與整

通過「有線多頻道平臺服務管理條例」〉，https://www.lawbank.com.tw/news/NewsContent_print.aspx?NID=135726.00（最後瀏覽日：2021 年 9 月 6 日）。對於「有線電視」更名之批評，參見：莊春發（2016），〈有線多頻道平臺服務管理條例對有線電視產業監理的變與不變〉，收錄於：彭芸、葉志良主編，《勇敢邁步：嶄新的匯流法論文集》，1 版，頁 267 以下，風雲論壇。

[108] NCC 亦表示未來修法應會朝此方向調整，參見：國家通訊傳播委員會（2018），《匯流時代傳播政策諮詢文件（綠皮書）》，頁 53，https://www.ncc.gov.tw/chinese/files/18083/5038_40421_180903_1.pdf（最後瀏覽日：2021 年 9 月 6 日）。經濟學的觀點，參見：莊春發（2011），〈論以市場結構為基礎規範黨政軍退出媒體的適當性〉，《中華傳播學會 2011 年年會論文》，頁 53 以下，http://ccstaiwan.org/word/HISTORY_PAPER_FILES/1324_1.pdf（最後瀏覽日：2021 年 9 月 6 日）。

[109] 見本文「貳、三」部分。

[110] 張永明，前揭註 4，頁 12。

體市場競爭結構方面進行控制，以避免媒體整體生態受到特定事業、政黨甚至是國家所壟斷，才是黨政條款爭議的根本解決之道，同時也繼承黨政軍條款的核心精神，更賦予新意。

陸、結論

一、

　　黨政軍退出媒體之訴求長久以來被視為與維護媒體自主有密不可分的關係。然而回應該訴求所制定的廣電三法黨政軍條款在隨著時代變遷情況下，存在意義發生了「質變」。行政機關持續不斷對違反黨政軍條款之事業開罰，卻一再被法院認為歸責對象不合理。再者，隨著傳播技術數位化改革，新型態服務不停推陳出新，然而黨政軍條款之適用範圍仍只停留在傳統傳播媒體領域，產生管制不對稱情形。

二、

　　對於黨政軍條款，法院認知到，實務上要讓廣電事業無條件服膺於「一股都不能有」的黨政軍條款是難以達成的，該條款錯誤地將廣電事業當作課以作為義務之對象，產生歸責對象不合理之後果。學界對於黨政軍條款的看法雖然並未統一，但近年來批評聲音越來越強，立法上有檢討改進之必要。就黨政軍條款的違憲性疑慮而言，為了維護媒體中立性功能，並非只能透過排除一切政府投資或者封鎖政黨實踐通訊傳播自由而影響媒體的機會才能完成，對於政府、政黨參與媒體之限制，應限於確保其無法實質影響節目製作與內容的限度內，故黨政軍條款恐怕不能通過比例原則之檢驗。

三、

　　有線廣播電視的數位平臺化以及電信事業跨足提供內容服務所產生的制

度性障礙，正是黨政軍條款被拿出來討論的原因。以往，多採取「一種傳輸管道、一部法律」的垂直立法方式來訂定通訊傳播法領域的規範。然而，數位匯流所導致的「服務、應用」層面與「傳輸」層面的分離，打破了網路技術之間的藩籬。黨政軍條款究竟是否適用於 2004 年由中華電信推出 MOD 服務，使其如同有線電視服務一般看待，遂成爭議不休的議題。然而，電信事業的發展脈絡完全不同於有線廣播電視事業，要對電信事業以黨政軍條款相繩，反而是不可想像之事。黨政軍條款爭議指出了我國通訊傳播法制停留在垂直立法思維的死結。

四、

電信服務、有線廣播電視系統與多媒體內容傳輸平臺（中華電信 MOD）的彼此關係仍須加以釐清。比起從法律定義與所在規範位置面向，直接就服務之功能性面向來觀察是更為恰當之方式。要理解三者，應探究其服務重點所在。電信服務、有線廣播電視服務與多媒體內容平臺服務實際上都較偏重於訊號傳輸面向，而非訊號所載之內容。不過，相較於電信服務，有線廣播電視服務與多媒體內容平臺服務都顯得較有「廣播電視」之性質，這是因為其所傳輸之訊號內容為廣播電視節目。因此，法律對兩者之「頻道上、下架」行為有特別的要求。正是因為兩者並未實際參與節目製作與編輯，而不能直接將其視為廣播電視。德國立法例將兩者界定為「媒體平臺」，並對於其組合頻道之行為予以特殊要求，而非單純在電信事業或廣播事業中擇一適用。

五、

黨政軍條款的不對稱適用性造成不同事業蒙受不同法律限制的效果，而有不公平競爭的情形。如果不以「廣播電視／電信」的功能性進行思考並適用／不適用黨政軍條款，恐有違技術中立管制原則。即便看重兩者的「頻道守門人」性質，也未必能導出引進黨政軍條款之必要性。立法者只需要針對

頻道的選擇與排列予以規範，要求建立起透明、無歧視的頻道載送規則，以及添加「頻道必載」之規定，就已經足以確保守門人的中立性質。再從黨政軍條款的本質方面來檢討，現今的頻道與節目播送實際上已不存在技術上的數量限制，已無必要再死抱著媒體作為公有財之觀念，要求節目製作的多元性與中立性。如要避免政府或特定政黨取得支配媒體之優勢力量，應觀察媒體整體生態結構，而非僅觀察單一媒體事業的股份與表決權。如要杜絕黨政軍條款的疑慮，較便宜的作法為直接放寬「一股都不能持有」的限制，以避免無謂情況發生，或者是設法拉平多媒體內容傳輸平臺與有線廣播電視系統之規範落差，確保前者上下架頻道的決策獨立性。較長遠之計，為檢討現行通訊傳播法規範體系能否順應數位匯流之事實領域變化。面對新型態服務，首要課題並非參考現行法律定義並將其納入該法律之中，而是審酌該服務之功能性特點，較偏向電信服務或者是內容服務，再判斷如何進行規範性安排。最後，仍必須直接面對黨政軍條款的本質問題，實質控制理論應屬最為適當的調整方式，但有鑑於媒體資源稀有性情況不復存在，黨政軍條款應走向日落，而改以從事業市場行為與整體市場結構方面進行控制，才是黨政軍條款核心精神的繼承。

參考文獻

一、中文部分

王牧寰主持 (2007)，《數位經濟下傳播匯流法制前瞻革新規劃》，國家通訊傳播委員會委託研究計畫。

王牧寰主持 (2019)，《匯流下通訊傳播事業頻道平臺上下架機制之研究》，國家通訊傳播委員會 2019 年委託研究計畫。

王牧寰、楊儷綺、胡家崎 (2021)，〈多元競爭視角下的有線電視產業授權與載送管制〉，發表於：《通訊傳播法與公平交易法之交錯學術研討會》，台灣公平交易法學會主辦，臺北。

王振寰 (1993)，〈廣播電視媒體的控制權〉，收錄於：鄭瑞城等著，《解構廣電媒體：建立廣電新秩序》，頁 75–128，澄社。

王鐘仁 (2017)，〈電視要看哪一台？民眾政黨立場與選擇性接觸媒體傾向關係之初探〉，《臺灣傳播調查資料庫》，https://www.crctaiwan.nctu.edu.tw/ResultsShow_detail.asp?RS_ID=62。

石世豪、官智卿 (1999)，〈我國有線電視相關產業結構概況〉，《月旦法學雜誌》，46 期，頁 20–24。

石世豪 (2009)，《我國傳播法制的轉型與續造》，元照。

石世豪 (2009)，《向競爭轉的通訊傳播匯流法制》，元照。

石世豪 (2017)，〈目的事業結合之多重管制問題及其制度革新芻議——以通訊傳播領域為例〉，《公平交易季刊》，25 卷 2 期，頁 55–90。

台灣經濟研究院 (2020)，《有線電視與中華電信 MOD 替代性分析》，自版。

江雅綺 (2016)，〈評析遠傳以公司債進軍中嘉案：黨政軍條款與公共利益的角力〉，《台灣法學雜誌》，294 期，頁 130–135。

江耀國、周韻采 (2002)，〈有線電視與電信產業匯流之法律問題研究〉，《政大法學評論》，70 期，頁 87–148。

江耀國 (2003)，《有線電視市場與法律》，元照。

江耀國 (2006)，〈有線電視數位化之法律議題研究（上）〉，《科技法律透析》，

18 卷 10 期，頁 49–62。

江耀國 (2016)，〈論水平架構之間通訊傳播法制革新——層級管制、馬來西亞
　　及英國法制、與臺灣匯流五法草案〉，收錄於：劉孔中、王紅霞主編，
　　《通訊傳播法研究（第二卷）》，新學林。

李治安 (2006)，〈關於數位匯流的基本管制問題〉，《科技法學評論》，3 卷，
　　頁 163–201。

呂理翔 (2016)，〈以限縮「無線必載」與取消「黨政軍退出媒體」條款實現多
　　元開放的傳播媒體秩序〉，《台灣法學雜誌》，294 期，頁 136–139。

余曜成、江耀國 (2011)，〈日本、韓國 IPTV 法制現況之分析〉，《法學新論》，
　　30 期，頁 35–72。

法治斌、董保城 (2020)，憲法新論，7 版，元照。

林石根 (2004)，《電信管制與競爭》，五南。

林家暘 (2020)，〈絕對禁止政黨媒體持股規範之正當性——以德國相關法律見
　　解為起點〉，《教育法學評論》，6 期，頁 15–42。

翁曉玲 (2020)，〈「黨政軍退出媒體」是憲法要求？——從廣電自由制度性保
　　障和本國文化保護談起〉，《教育法學評論》，6 期，頁 77–81。

張永明 (2020)，〈黨政軍退出廣電媒體條款之再檢視〉，《教育法學評論》，6
　　期，頁 1–14。

張永明 (2016)，〈簡論廣電三法之黨政軍條款〉，《台灣法學雜誌》，294 期，
　　頁 115–119。

許育典 (2008)，〈多元文化國下通訊傳播自由的建構〉，《東吳法律學報》，20
　　卷 1 期，頁 1–59。

章忠信 (2005)，〈有線廣播電視「必載」無線廣播電視節目的爭議〉，《著作權
　　筆記》網站，http://www.copyrightnote.org/ArticleContent.aspx?ID=54&aid
　　=2093。

陳弘益 (2020)，〈我國廣電三法黨政軍條款修正芻議〉，《教育法學評論》，6
　　期，頁 61–76。

陳昱旗 (2018)，《數位匯流下國家通訊傳播委員會傳播監理政策之研究》，國

立臺北大學公共行政暨政策學系博士論文。

陳新民 (2011)，《釋憲餘思錄：卷一》，自版。

陳敏鳳 (2006)，《媒體立場的群聚效應分析——以台灣地區 2004 年總統選舉為例》，臺灣大學政治學研究所碩士論文。

陳耀祥 (2016)，〈「私法自治的界限系列——私法自治交錯於廣電三法與黨政軍條款」座談會與談稿〉，《台灣法學雜誌》，294 期，頁 140–141。

莊春發、蔡金宏 (2008)，〈臺灣有線電視經營區域之劃分與規模經濟效率之研究〉，《臺灣銀行季刊》，59 卷 1 期，頁 112–155。

莊春發、柯舜智 (2010)，〈論臺灣有線電視產業的競爭政策〉，《臺灣銀行季刊》，61 卷 4 期，頁 92–132。

莊春發 (2011)，〈論以市場結構為基礎規範黨政軍退出媒體的適當性〉，《中華傳播學會 2011 年年會論文》，http://ccstaiwan.org/word/HISTORY_PAPER_FILES/1324_1.pdf。

莊春發 (2016)，〈有線多頻道平臺服務管理條例對有線電視產業監理的變與不變〉，收錄於：彭芸、葉志良主編，《勇敢邁步：嶄新的匯流法論文集》，頁 263–282，風雲論壇。

國家通訊傳播委員會 (2018)，《匯流時代傳播政策諮詢文件（綠皮書）》，https://www.ncc.gov.tw/chinese/files/18083/5038_40421_180903_1.pdf。

國家通訊傳播委員會 (2020)，《傳播政策白皮書》，https://www.ncc.gov.tw/chinese/files/20032/5237_42741_200320_1.pdf。

黃仁俊 (2020)，〈黨政軍條款的再省思廣電法與政黨法之交錯〉，《教育法學評論》，6 期，頁 43–60。

黃銘輝 (03/15/2019)，〈MOD 自組頻道　NCC 恐讓鯰魚成食人魚〉，《台灣數位匯流網》，https://www.tdcpress.com/Article/Index/1742。

彭心儀、簡維克 (2004)，〈數位匯流下之管制架構初探——以互動電視為例〉，《萬國法律》，133 期，頁 52–67。

程法彰 (2010)，〈美國有線電視與衛星直播電視的必載頻道相關規範對我國的借鑑——兼論中華電信 MOD 關於必載頻道規範的可能回應〉，《台灣科

技法律與政策論叢》，7 卷 1 期，頁 55–81。

馮建三 (2009)，〈公共傳媒的政治規劃、經濟安排與社會監督〉，《月旦法學雜誌》，170 期，頁 21–42。

葉志良、王牧寰 (2019)，〈MSO 與頻道代理商結合對於有線電視市場競爭之影響〉，《科技法律透析》，31 卷 5 期，頁 43–71。

黃經綸 (2009)，〈MOD 還是 MOS？——淺析中華電信 MOD 衍生的管制問題〉，《科技法律透析》，21 卷 7 期，頁 12–16。

詹鎮榮 (2011)，《民營化與管制革新》，2 版，元照。

臺灣媒體觀察教育基金會 (2019)，《2019 台灣新聞媒體可信度研究》，https://www.mediawatch.org.tw/sites/default/files/files/2019%E5%8F%B0%E7%81%A3%E6%96%B0%E8%81%9E%E5%AA%92%E9%AB%94%E5%8F%AF%E4%BF%A1%E5%BA%A6%E7%A0%94%E7%A9%B6%20_0.pdf。

廖家儀 (08/13/2021)，〈從東奧轉播檢視傳播法規必載規範〉，《工商時報》，https://view.ctee.com.tw/legal/31631.html。

鄭榮彥 (2011)，《衛星廣播電視事業法律管制之研究——以經營許可為中心》，國立政治大學法學院碩士在職專班碩士論文。

蕭文生 (2020)，《傳播法基礎理論與實務》，3 版，元照。

賴祥蔚 (2014)，〈電視平台之市場界定——以中電電信 MOD 與有線電視為例〉，《公平交易季刊》，22 卷 3 期，頁 45–66。

戴豪君 (2003)，〈從 MOD 看數位匯流之法律課題〉，《資訊與電腦》，272 期，頁 78–82。

簡維克 (2004)，〈互動電視服務的法律定性分析〉，《月旦法學雜誌》，104 期，頁 133–146。

羅承宗 (2016)，〈「私法自治的界限系列——私法自治交錯於廣電三法與黨政軍條款」座談會與談稿〉，《台灣法學雜誌》，294 期，頁 128–129。

黨政軍退出三台運動聯盟 (1995)，《黨政軍退出三台運動問答》，自版。

二、德文部分

Fechner, F. (2012), *Medienrecht* (13. Aufl.), Mohr Siebeck.

Fechner, F. (2021), *Medienrecht*, (21. Aufl.), Mohr Siebeck.

Fink, U./Cole, M./Keber, T.(2008), *Europäische und Internationales Medienrecht* (1. Aufl.), C. F. Müller.

Geppert, M./Schuütz, R. (Hrsg.) (2013), *Beck'scher TKG- Kommentar* (4. Aufl.), C. H. Beck.

Gersdorf, H. (2004), Medienbeteiligung politischer Parteien im Lichte des Rundfunkverfassungsrechts, in: Marlok, M./v. Alemann, U./Streit, T. (Hrsg.), *Medienbeteiligung politischer Parteien* (1. Aufl.), Nomos.

Gersdorf, H./Paal, B. P. (Hrsg.) (2021), *BeckOK Informations- und Medienrecht* (32. Aufl.), C. H. Beck.

Klein, H. K. (2004), Medienbeteiligungen politischer Parteien－ Verfassungsrechtliche Betrachtungen, in: Marlok, M./v. Alemann, U./Streit, T. (Hrsg.), *Medienbeteiligung politischer Parteien* (1. Aufl.), Nomos.

Kühling, J./Schall, M. /Biendl, T. (2014), *Telekommunikationsrecht* (2. Aufl.), C. F. Müller.

Kühling, J. (2004), *Sektorspezifische Regulierung in den Netzwirtschaft* (1. Aufl.), C. H. Beck.

Lin, C.-Y. (2021), *Das taiwanesische Regulierungsrecht im Telekommu-nikationssektor im Vergleich mit dem deutschen Recht* (1. Aufl.), Peter Lang.

Maunz T./Dürig G. (Hrsg.) (2021), *Grundgesetz Kommentar* (94. Aufl., Bd. 3), C. H. Beck.

Paschke, M. (2009), *Medienrecht* (3. Aufl.), Springer.

第八篇

絕對禁止政黨媒體持股規範之正當性
——以德國相關法律見解為起點[*]

林家暘[**]

[*] 本論文原刊登於《教育法學評論》期刊第 6 期，頁 15，2020 年。後記為增修之處，特此說明。

[**] 天主教輔仁大學法律學院富邦傳播法學講座專案助理教授，柏林自由大學法學博士。

壹、「黨政軍條款」所引發之爭議

一、立法歷程

所謂「黨政軍條款」，乃廣電三法針對政府、政黨、軍方制定絕對禁止參與媒體經營活動之規定總稱。以現行廣播電視法為例，2015 年修正通過第 5-1 條規定，凡政府、政黨與其捐助成立之財團法人或受託人皆不得直接、間接投資民營廣播、電視事業（第 1 項），除法律另有規定外，政府、政黨亦不得自營廣播、電視事業（第 2 項），政府與政黨的從屬人員視同政府與政黨，亦不得投資廣播、電視事業（第 4 項前段），連同其配偶、二親等血親、直系姻親，同樣設下對同一廣播事業不得持有合計逾已發行股份總數百分之一的限制（第 4 項後段）。除了投資限制外，同法條第 6 項也針對廣播事業的人事決定權予以嚴格限制，使黨政相關人士無法在廣播事業中取得如董事、監察人與經理人等重要職位。與廣播電視法同時修正通過的有線電視廣播法第 10 條以及衛星廣播電視法第 5 條皆有相同的限制規定。

上述規定的前身，為 2003 年廣播電視法革新式修正案中所納入的第 5 條第 4 項以下以及第 5-1 條規定。觀察該次修法的數個版本提案，杜絕黨、政、軍任何影響媒體的機會，堪稱朝野的一致共識[1]。然而當時的媒體權責機關行政院新聞局對黨政軍條款入法的態度顯得較為保留，其所提出的草案版本中並未納入相關原則，從而遭到強烈抨擊[2]。黨政軍條款的制定，乃基於媒體具備「公有財」特性與扮演監督政府之「第四權」角色，倘若政治勢

---

[1] 參見時任立委所提出的修正草案：李慶安等 (2002)，〈立法院議案關係文書〉，院總第 979 號，委員提案第 3939 號，頁 67；羅文嘉等 (2002)，〈立法院議案關係文書〉，院總第 979 號，委員提案第 4276 號，頁 60；洪秀柱等 (2002)，〈立法院議案關係文書〉，院總第 979 號，委員提案第 4458 號，頁 71。

[2] 立法院公報處 (2002)，《立法院公報》，91 卷 66 期，頁 59 以下，台北：立法院。

力不退出媒體而持續保有控制的可能性，則媒體的社會性功能將無法充分發揮，甚至淪為特定政黨、政治人物的宣傳工具[3]。不過可能正是因為黨政軍退出媒體是一項未經受高度異議的政策，其具體內容，或者說要如何實現確保媒體報導自主的黨政軍退出媒體，似乎未在立法院進行過足夠細緻的討論，政府與政黨一概禁止投資媒體的規範內容，於二讀交付政黨協商之後只有進行微幅修正，並逕予三讀通過[4]。

二、實務上所引發的困難

雖然黨政軍條款的立意良善，尤其是顧及媒體的社會性功能，期盼媒體能夠秉持超越政黨派系的專業自主立場，傳播均衡、多元的資訊給社會視聽大眾，然而在實務上，這種全面、無保留的禁令卻造成媒體營運窒礙難行的效果。一旦廣播事業受有政黨或政府的各種形式投資，或者相關人員之配偶與親屬持有該事業之少許股份，就可能在申請更換營運執照或者變更經營區域時面臨到 NCC 駁回的情形。例如，NCC 認為紅樹林有線電視公司仍有政府機構間接持股，有違反有線傳播電視法第 10 條第 1 項的情形，依據有線傳播電視法第 12 條第 1 項第 5 款，應駁回申請，NCC 則以附附款的方式同意換發其經營許可執照，要求限期改善違法情況[5]；永佳樂有線電視股份有限公司因政府間接投資持股而被駁回依據有線傳播電視法第 6 條第 2 項變更營業區域之申請[6]。此外，無論是在（無線）廣播電視、有線電視還是衛星電視部門，皆存有多數受管事業因違反政府、政黨自身與其從屬人士之親屬不

---

3 見前揭註 1 李慶安版本草案的修法理由以及立法院教育文化委員會採納此版本條文的審查報告：立法院教育文化委員會 (2002)，〈立法院議案關係文書〉，院總第 979 號，委員提案第 3939、4276、4458 號之 1，頁 693 以下。

4 立法院公報處 (2002)，《立法院公報》，92 卷 57 期，頁 491、498 以下，台北：立法院。

5 國家通訊傳播委員會第 924 次委員會議決議 (08/26/2020)。

6 國家通訊傳播委員會第 581 次委員會議決議 (03/05/2004)；最高行政法院 104 年判字第 685 號判決確定。

得持有股份之規定而受罰之案例。例如：三大有線電視股份有限公司被 NCC
認定長期違反衛星廣播電視法第 5 條第 4 項規定，依同法第 50 條規定裁處新
臺幣 160 萬元[7]；正聲廣播股份有限公司因違反廣播電視法第 5 條第 4 項規
定，依同法第 44 條第 2 項規定被處罰鍰新臺幣 30 萬元[8]。

　　事實上黨政軍條款所引發的問題早已為各憲法權力機關所認識。行政院
曾於 2011 年推動廣電三法修正草案，以解決黨政軍條款實務上引發困難的問
題[9]。立法委員李昆澤等曾在 2018 年推動修法，將黨政軍條款的規範對象從
廣播事業轉為可咎責之行為人，惟該草案僅打算處理罰則而避免處理發、換
照制度方面所產生的問題[10]。法院同樣也已經有所留意，在觀天下有線電視
公司案中，法院表示黨政軍條款造成歸責對象不合理，亦無可期待規範對象
能夠注意公開投資市場中有政府、政黨的間接投資行為，再者系爭條文將導
致相關業者之營運許可被廢止，並非當初制定黨政軍退出媒體規範以避免政
黨介入媒體經營之宗旨，從而判決撤銷 NCC 對原告之裁罰處分以及限期改
善之附款[11]。從上述各機關對於黨政軍條款的反應，均能看出這項規範的不
合理之處而有改善之必要。以下，將整理德國對於政黨投資媒體一事的實務
成果與學說意見，盼能找出一條對台灣廣電環境而言可行的道路。

7　國家通訊傳播委員會第 917 次委員會議決議 (07/08/2020)。
8　通傳營字第 10041079480 號裁處書 (01/04/2012)。惟此處分被法院撤銷：臺北高等行政法院 101 年
　　簡字第 157 號判決。該判決因 NCC 之上訴被最高行政法院駁回而確定：最高行政法院 101 年裁字
　　第 1673 號裁定。
9　行政院第 3239 次院會決議 (03/24/2011)。
10　李昆澤等 (2018)，〈立法院議案關係文書〉，院總第 1562 號，委員提案第 22088 號，頁「委 139」以
　　下。
11　臺北高等行政法院 108 年訴字第 1744 號判決。

貳、目前德國涉及限制政黨投資廣播媒體之法律規定

一、概要

關於限縮政黨投資媒體行為空間的規範,可分為「絕對性禁止投資」與「相對性投資限制」,前者指完全禁止政黨以直接、間接持股的方式與廣播媒體產生任何關聯,後者則是針對政黨投資媒體的方式給予一定程度的拘束。這兩種拘束程度有別的限制又因為限制對象不同進一步區分為「直接性拘束」與「間接性拘束」,前者乃是直接就政黨本身投資媒體行為進行規範,後者則是在准駁廣播事業的營運許可部分以制定審查發/換照條件的方式進行規範[12]。

德國屬於聯邦國家,聯邦與各邦之間存有事務立法權限上的劃分。依據德國基本法第 70 條第 1 項,在基本法沒有特別規定情況下,均屬各邦立法權限,故媒體立法是屬於各邦的自治範圍[13]。至於媒體事務的具體規範,除了廣播邦際協定 (Rundfunkstaatsvertrag, RStV) 之外,散見於各邦媒體法典之中。反之政黨則仍屬聯邦立法權限(基本法第 21 條第 5 項)。這種權限分際所造成的影響是,各邦的媒體法當中不會出現關於政黨投資媒體的「直接性拘束」規定,而只會有「間接性拘束」規範。然而,目前屬於聯邦法律的政黨法中,也不存在任何以政黨作為規範對象的「絕對性禁止投資」與「相對性投資限制」規定。德國的政黨 CDU/CSU 國會聯盟曾於 2001 年[14]以及 FDP 於 2004

---

[12] 此分類參見:Reffken, Politische Parteien und ihre Beteiligungen an Medienunternehmen, 1. Aufl., 2007, S. 206 f.。

[13] 聯邦擁有訊號傳遞技術(電信)、各邦擁有廣播組織與內容立法權限,此等權限劃分源自於德國聯邦憲法法院 1961 年第一次廣播判決,參見:Paschke, Medienrecht, 3. Aufl., 2009, Rn. 221。

[14] BT-Drs. 14/7441, S. 1.

年[15]皆曾提過政黨法修正案，欲將禁止政黨投資報業與廣播事業的要求正式明文規範，惟皆未成功。現行政黨法中關於政黨投資媒體的規定，乃著眼於政黨對於投資媒體的公開資訊義務。依據政黨法第 24 條第 6 項第 1. A. II. 1 款第 7 項第 1、2 款的規定，政黨必須公布其直接或者間接投資媒體的細節，包含投資對象與贊助產品、持股比例、投資金額、媒體資本額與年度結餘等等[16]，國會（聯邦議院，Bundestag）須定期公布擁有國會席次的政黨相關資訊[17]。

　　綜上所述，德國有關政黨投資媒體的法律規定，主要是以「間接性拘束」的立法模式來限制政黨過度干預媒體的運作，且其全規定在各邦媒體法之中。在眾多邦媒體法立法例中，共通點有二[18]：其一為均禁止政黨直接作為媒體事業經營者，例如下薩克森邦媒體法[19]第 5 條第 3 項第 6 款規定，不得授與營運執照給政黨、選舉團體或者其所屬之人員，來作為發照許可之人事前提要件；其二為均排除從屬於政黨的企業獲得營運執照，即不允許政黨對媒體進行能產生從屬關係之直接投資，例如北萊茵‧西伐利亞邦媒體法[20]第 6 條第 5 款排除從屬於政黨或選舉團體的公司與社團獲得執照的可能性，此處「從屬」之認定則參照德國股份公司法 (Aktiengesetz, AktG) 第 17 條的規定。從屬公司乃法律上獨立之公司，其受到他公司（控制公司）直接或者間接控制性影響 (beherrschender Einfluss) 者（第 1 項）[21]，受他公司持有多數股權狀

15　BT-Drs. 15/3097, S. 1.

16　亦參考：Reffken, (Fn. 12), S. 221 f.。

17　最新為 2018 年 4 月 9 日所發行的公報：Bundestag, WD 10-3000-021/18。

18　Reffken, (Fn. 12), S. 210 f.

19　原文全名 Niedersächsisches Mediengesetz，簡寫 NMedienG，最新版本：2016 年 2 月 18 日。

20　原文全名 Landesmediengesetz Nordrhein-Westfalen，簡寫 LMG NRW，最新版本：2020 年 10 月 14 日。

21　此為相對於 AktG 第 16 條多數股投資 (Mehrheitsbeteiligung) 的少數股投資 (Minderheitsbeteiligung)，意即利用特定方式獲得控制公司的權力，例如特別股權或者控制協議。參見：Bayer, in: München Kommentar AktG, Bd. 1, 5 Aufl., 2019, §17, Rn. 28 f.。

態 (Mehrheitsbesitz) 者，推定為從屬公司（第 2 項）[22]。除此之外，各邦媒體法對於政黨持股的限制標準稍有不同。

二、邦媒體法對於政黨對媒體持股的限制規定

在聯邦憲法法院 2008 年 3 月 12 日的判決[23]出爐後，黑森邦與巴登・符騰堡邦修改了其媒體法中本來規定的「絕對性禁止投資」[24]，因此，目前各邦的媒體法中，只存在作為授與營運執照前提要件的「相對性投資限制」規定。以下進一步依不同管制寬嚴程度例舉數邦規定敘述之。

1. 採取較為寬鬆管制的立法例

除了上述提到兩個共同點之外，北萊茵・西伐利亞邦、柏林與布蘭登堡邦，以及漢堡與石勒蘇益格・荷爾斯泰因邦並不特別另外針對政黨之媒體直接、間接持股數量訂出規定。北萊茵・西伐利亞邦媒體法第 6 條第 5 款：「政黨與選舉團體與其所屬之事業與社團（股份公司法第 17 條）不得取得營運執照。」柏林與布蘭登堡邦媒體邦際協定[25]第 27 條第 3 項：「不得授與營運執照給國家機構、政黨、選舉社團以及其所屬之事業或社團。」漢堡與石勒蘇益格・荷爾斯泰因邦際協定[26]第 18 條第 3 項則將附屬事業定義拉得更廣泛一些：「除教堂、高等學校與媒體教育機構，不得授與營運執照給公法法人，與其所屬之代表人與工作人員，政黨與選舉團體亦同。此規定亦適用於與前

---

[22] 多數股權狀態的定義要回到 AktG 第 16 條來觀察，該法條第 1 項規定，當一間法律上獨立的企業其股份半數以上屬於另一企業，或者另一企業擁有半數以上表決權（即多數股投資）時，該企業為受多數股權投資之企業。其定義接近於我國公司法第 369-2 條第 1 項所述之控制與從屬公司。

[23] 見本文「參、二」之說明。

[24] 舊規定說明參閱：Huber, Medienbeteiligung politischer Parteien, in: Morlok/v. Alemann/Streit (Hrsg.), Medienbeteiligung politischer Parteien, 1. Aufl., 2004, S. 113 f.; Reffken, (Fn. 12), S. 208 f.。

[25] 原文全名 Staatsvertrag über die Zusammenarbeit zwischen Berlin und Brandenburg im Bereich der Medien，最新版本：2019 年 4 月 4 日。

[26] 原文全名 Staatsvertrag über das Medienrecht in Hamburg und Schleswig-Holstein，簡寫 Medienstaatsvertrag HSH，最新版本：2017 年 12 月 13 日。

句所提之單位有股份公司法第 15 條所稱之聯盟企業 (verbundene Unternehmen) 關係[27]之事業。前兩句亦適用於外國公共與國家單位。」換言之，就以上三個邦的規定來看，政黨並未被禁止於一定限度內直接投資媒體，只要被投資之事業（也就是申請營運執照之事業）並未與政黨之間產生聯盟甚至從屬企業關係即可，至於間接投資就無任何限制。這類採取低度人事資格管制的立法模式並非棄政黨干預媒體運作一事於不顧，而是主要以確立節目製作原則與第三人播送時間分配等一般性規範的方式，要求媒體事業應確保多元的節目內容，以避免政黨對媒體營運自主的不當干涉。例如漢堡與石勒蘇益格‧荷爾斯泰因邦際協議第 3 條第 1 項明文規定節目播送不得為特定政黨服務；北萊茵‧西伐利亞邦媒體法第 36 條第 2 項規定政黨的播送時間限制與分配。

2. 採取嚴格限制政黨投資媒體的立法例

相對於上述法律，德國南部的兩個邦訂出了頗為嚴格的政黨投資媒體限制規範。巴伐利亞媒體法[28]第 24 條第 3 項規定：「政黨或者選舉人社團，以及受其直接或間接投資之事業與社團，不得提供與播送廣播節目。有信託關係者有固定投資關係者亦同。前兩句於無表決、控制權的非重要間接投資不適用之。」因此，只要媒體事業受到政黨直接或者間接投資，原則上無法獲得營業許可，但低程度的間接投資仍是容許的，只要此種投資無法使政黨獲得影響媒體事業節目內容的機會。然而要如何確定何種程度的間接投資是非重要的，法律中並無明文，然而在立法理由中，立法者給出了投資總額不超過被投資事業資本額的 5% 作為判斷基準[29]。

---

[27] 其包含股份公司法第 16 條多數股投資、第 17 條控制從屬公司、第 18 條企業集團 (Konzern)、第 19 條相互投資企業或者第 291 與 292 條之企業協議當事人。

[28] 原文全名 Gesetz über die Entwicklung, Förderung und Veranstaltung privater Rundfunkangebote und andere Medien in Bayern，簡寫 BayMG，最新版本：2019 年 3 月 26 日。

[29] LT-Drs. 14/12033, zu §2 Nr. 11 lit. b., S. 9.

　　至於巴登・符騰堡邦，則見於該邦媒體法[30]第 13 條第 4 項：「政黨、選舉團體，以及受其直接或間接投資而對節目製作或內容實現一定程度上影響節目製作與內容之事業，不得取得營運執照（第 1 句）。前句所稱之一定程度上影響，尤其指：1.事業或社團與政黨或者選舉團體間有股份公司法第 15 條所稱之聯盟企業關係;或者 2.政黨或選舉團體在事業內部或者基於契約協議、表決權或其他方式，使得節目製作與內容決定仰賴於其認可（第 2 句）。政黨直接或間接投資媒體事業或社團總數低於資本額 2.5%，推定不存有第 1 句所稱之一定程度上影響（第 3 句）。第 1 句與第 3 句規定適用於信託關係。選舉廣告的特殊規定不受此限。」

　　因此這兩邦的媒體法均原則上儘可能排除政黨直接、間接投資媒體的機會，僅容許極低度的投資空間，不僅投資額度受到限制，也要求媒體的自主性不因為此等投資而受到任何影響。這種立法例其實與絕對性禁止投資規定相去不遠。

3.中度管制的立法例

　　除了上面兩種立法模式之外，仍存有較為折衷的立法方式。下薩克森媒體法第 5 條第 3 項第 6 款：「不得授與營運執照給國家機構、政黨、選舉社團以及其所屬之人員。」同法條第 7 款：「不得授與營運執照給受到政黨或者選舉團體投資，使其得以單獨或與其他政黨、選舉團體共同影響廣播邦際協定第 28 條第 1 項至第 3 項意義下的節目製作與內容之法人或者社團。」廣播邦際協定第 28 條乃釐清節目製作人歸屬的規範，其作用在於確保私人廣電的意見多元性[31]。其中第 1 項第 1 句規定，節目由事業自行製作，或由他事業製

30　原文全名 Land mediengesetz Baden-Württemberg，簡寫 LMedienG BW，最新版本：2020 年 5 月 26 日。

31　廣播邦際協定第 26 條以下為遏止私人廣播電台危及意見多元的特殊規範，其方式為針對擁有支配力量 (vorherrschende Marktmacht) 的廣播事業課與額外之要求。而支配力量的認定是以整體節目的年度收視率以及與其他載體傳媒的共伴效應為主要判斷依據，這種以內容面著手已經超出了運用在紙媒或網路媒體的一般性經濟管制。同法第 27 與 28 條屬於第 26 條的細部規定，前者闡明計算收

作但直接投資逾資本總額 25% 或擁有相等表決權者，該事業為所有人。第 2
句則規定，間接投資由有股份公司法第 15 條之聯盟之企業關係及已受投資逾
資本總額 25% 或擁有相等表決權之事業所製作之節目者，亦同。第 3 句則進
一步說明，第 1 句與第 2 句之聯盟企業視為同一事業，其股份或者表決權共
同計算。如有多數事業基於協議或其他方式能對受投資之事業產生共同支配
性影響力，均視為支配事業。該法條第 2 項則補充前項有關影響力之部分。
當一事業或者多數事業共同對於廣電經營者能造成相當影響時，視為第 1 項
之投資。所謂相當影響，乃一事業或者已可歸屬於第 1 項或第 2 項的事業有：
經常性地在重要的廣播時段放送可歸屬於其的節目內容，或者出於契約、董
事決議或其他方式獲得廣播電台對於節目生產、購買與製作的決定權。第 3
項則是說明不屬於廣播邦際協定效力範圍內之事業亦適用前兩項規範。因此，
這種套用廣播邦際協定有關節目製作歸屬的立法方式，可說是著眼於對於電
台節目製作的實質影響力上，藉由節目製作人之歸屬來確認政黨是否干涉節
目製作，其中投資額與表決權被視為是最重要的判斷標準。

　　黑森邦私人廣播電台法[32]原本採取完全禁止政黨投資媒體的立法，嗣後
修法成僅對政黨持股進行限制。除了禁止政黨與選舉團體申請營運執照（該
法第 6 條第 2 項第 4a 款），與政黨或者選舉團體具有股份公司法第 15 條聯盟
企業關係者不得取得廣播事業營運執照（同項第 4b 款）。又依據第 6 條第 2
項第 4c 款：「受政黨或者選舉團體以各種方式投資而對其能直接或間接實現
一定程度上影響節目製作與內容之事業，不得取得營運執照。政黨或選舉團
體對被投資之事業直接或者間接地利用契約協議、表決權或者具有對節目製
作或內容進行干預的方式，視為有一定程度上影響。信託關係亦須公開。」
　　上述立法模式主要著眼於政黨實質影響媒體節目製作與內容的可能性，

視率之方式，後者則是說明如何認定節目之製作人。參見：Beater, Medienrecht, 2. Aufl., 2016, Rn.
　　597 f.。

[32] 原文全名 Gesetz über den privaten Rundfunk in Hessen，簡寫 HPRG，最新版本：2017 年 10 月 5 日。

而非僅以提出資本額上限或者是否構成從屬公司關係等形式標準來當作踰越投資與否的標準，因此這種以價值性的不確定法律概念作為判斷標準的立法方式理論上會留給行政機關在適用法律時有較多個案裁量的空間。

參、德國聯邦憲法法院針對媒體持股規範的闡釋——第十三次廣電判決

一、事由

與限制政黨投資媒體有直接關係的聯邦憲法法院裁判，首推 2008 年的第十三次廣電判決[33]。黑森邦私人廣播電台法原本僅規定政黨與選舉團體不得申請廣播電台營運執照（第 6 條第 2 項第 4 款），在 2000 年歷經修法，將該條文加入「受到政黨或選舉團體投資之事業或社團，選舉廣告等特殊規定不受此限。信託關係亦同；信託關係須公開」。質言之，這種條款從原本的「政黨不得成為廣播電台經營者」轉變成政黨「絕對性禁止投資」廣播電台。

指控方認為，在形式層面，如果此項修法是要針對非重要的投資，用意在於預防政黨藉由投資媒體而使其淪為政黨機器，那麼規範主體應該是政黨，其屬於聯邦立法權限，不應該透過各邦立法權限的媒體法來進行規範[34]。在實質合法性層面，這項修法牴觸了基本法第 5 條第 1 項第 2 句廣電自由以及第 21 條保障政黨憲政地位的意旨，絕對性投資禁止規範不符比例原則，蓋政黨同為根植於社會的基本權主體，並非國家的一部分，故能主張基本權利的防禦權；完全排除政黨對媒體任何形式與程度的投資亦無必要，反造成立法者受有憲法委託形塑、促進意見多元的環境受到擠壓；憲法廣電秩序中的「無國家干預之自由 (Staatsfreiheit)」原則不能正當化此等規範，政黨不同於國家

---

[33] BVerfG, Urteil v. 12.03.2008-2 BvR 4/03=BVerfGE 121, 30.

[34] BVerfGE 121, 30, 36 f.

受到中立性義務的拘束，就少量、非重要性投資而言，政黨也不可能因此使媒體聽命於政黨；同時此項規範也過度侵犯政黨的財產權、職業自由；媒體事業的基本權利也同樣受到過度干預[35]。

　　反之黑森邦政府與其他辯護者則認為，這項規定乃針對私人廣播電台的申請營運執照的人事條件而設，規定在邦媒體法並無疑慮；絕對性禁止投資條款實質上亦無違憲之虞，政黨在憲法中具有特殊地位，其與廣播電台之間存有結構性衝突的問題，一方面，媒體在國民與政府之間扮演著傳遞與控制功能的自主性角色，這種傳遞與控制政府作為的作用實踐了民主社會當中「第四權」的公共任務，在另一方面，政黨卻同樣也有著特殊的國民與政府之間的傳遞與轉換功能，媒體與政黨所具備的功能不能並存，而必須保持著必要距離，畢竟政黨的言行正好就是媒體報導的首要對象，也是需要被傳遞與控制的事物，當政黨自己能作為媒體時，那麼媒體的中介地位就岌岌可危；這種對政黨與媒體之間關係的設想來自於無國家干預之自由原則——應該儘可能排除任何國家對於媒體的直接與間接干預。將這項原則適用於政黨是完全合乎事理的，就媒體報導所發揮的社會功能的角度來看，政黨影響力往往與國家領域無法進行有意義的切割，哪怕只是間接或者是少數股投資，也應該加以排除，畢竟何時政黨可以利用這些手段實質影響媒體的節目製作與內容，難以明確評估，就憲法角度來說，要找出政黨投資而不會影響到媒體自主的界線，是不可能的[36]。另外，絕對性禁止投資條款的法律意義也需要釐清，聯邦憲法法院對於廣電自由向來採取「任務性自由 (dienende Freiheit)」的見解，這項條款應該視為確保自由權利實踐的形塑性條款，而非基本權干預，對此立法者享有較大的立法形塑空間，其只需要追求正當目的與適當性即能滿足憲法要求[37]。

---

[35] BVerfGE 121, 30, 37 ff.
[36] BVerfGE 121, 30, 40 f.
[37] BVerfGE 121, 30, 42 f.

二、判決理由

　　聯邦憲法法院對前開項爭議給出了答案：絕對性禁止投資規定牴觸了基本法第 5 條第 1 項第 2 句以及基本法第 21 條之意旨。就形式層面而言，聯邦憲法法院認為系爭條文重點圍繞在私人取得廣播電台營運執照的審核機制與確保廣電無國家干預之自由原則而設，因此仍屬廣電法之部分，而非政黨法的範疇，故黑森邦擁有立法權限[38]。實體法部分，法院的見解最主要可以分成(1)私人廣播電台的廣電自由、(2)無國家干預之自由原則適用於政黨、(3)政黨亦得主張「廣電自由基本權」與(4)系爭條文的定性與違憲性。

　　(1)首先法院重申基本法所示之廣電自由乃一種憲法委託，立法者有責任也有充分的自由，透過對於廣電自由的保障，形塑出意見多元與儘可能保障廣大、完整意見表達的環境。該形塑任務並不限於公共廣播電台，私人廣播電台的廣電自由同樣有實現自由與公共意見形塑之任務，唯一不同於公共廣播電台者，私人電台不被憲法要求高度的內部多元組織建構，而是依照私部門自治的精神來行事。立法者制定規範，決定成為私人廣播事業的前提要件，實屬形塑正當廣電秩序之一環[39]。

　　(2)立法者受到憲法委託，必須確保整體而言有足夠意見多元的廣電環境。在公私並立的二元廣電秩序底下，立法者須對憲法要求有所留意，即就整體結果而言，所有廣電營運者所提供的報導有足夠的多元性，以避免廣播電台淪為單一或少數社會團體的禁臠。不過這種任務性廣電自由的立法形塑也受到「無國家干預之自由」原則所拘束——其不得作為電台營運者或使廣播電台臣服於政治利益之下。無國家干預之自由原則並非排除國家一切對於創造或維持正當廣電環境的措施，而是要求國家作為保證者，積極維持廣電秩序，

---

[38] BVerfGE 121, 30, 48.
[39] BVerfGE 121, 30, 50 f.

故此原則不是要求國家對廣電保持絕對距離，而是要排除任何使媒體政治工具化的情形。對此，國家不得主導或宰制某廣電事業，所有能夠間接或細微影響媒體的國家措施皆應排除[40]。政黨不是國家機關的一環，雖然它出於國家與社會之間的傳遞功能而有特殊的地位，但其僅是進入國家機關中發揮作用，而非國家之一部分，它不能與國家等同視之，也不能使其與國家合而為一。即便是在廣電自由的框架中，黑森邦政府主張國家與政黨無法明確區分而直接將兩者等同視之的想法也是不盡正確的。然而，不容否認，政黨在某種程度上相似於國家 (Staatsnähe)，立法者應該對於政黨涉入媒體的狀況有所留意。由於政黨具備民意的匯聚與對政府的特殊傳遞功能，它非僅僅是由下至上傳遞的過程，毋寧也扮演著政府機關對人民之間的回饋角色，政黨計畫與國家行為都會影響到民意形成而作為輿論對象，在這種情況下國會多數黨的影響與國家是難以區別的，聯邦憲法法院先前就已認定，出於遠離國家 (Staatsferne) 與超越黨派 (Überparteilichkeit) 的觀點，制定不允許政黨與其附屬之事業、個人與社團經營廣電事業之規範，是無庸置疑的[41]。

　　(3)聯邦憲法法院申明政黨亦可主張基本法揭示的意見自由基本權利，廣電自由亦包含在內。基本法第 5 條第 1 項通訊自由亦補充了政黨受到基本法第 21 條第 1 項第 1 句之協力委託 (Mitwirkungsauftrag) 所創造的政黨功能。政黨在此並非僅僅是國民的傳聲筒，而是一名中介者：其尋求指向政治力量與其實踐的意見、利益與努力並加以調停與建構，以及嘗試在國家層級的意見輿論中造成影響。在合憲的前提下，政黨擁有決定是否與何時參與，以及哪些媒體能夠滿足上述這些行為的自由權利。是故，有關立法者如何形塑發給廣電營運執照的規範，其不僅僅要注意多元意見環境的維繫，也必須注意私人廣播電台與受憲法特別保障的政黨之固有權利[42]。

---

[40] BVerfGE 121, 30, 52 f.

[41] BVerfGE 121, 30, 53 f.

[42] BVerfGE 121, 30, 55 ff.

⑷在上開前提下，法院得以對系爭法條進行最終判斷。法院先肯認系爭條文為一項形塑廣電自由的條文，這項自由包含一切有關獲利、廣電方面的新聞與意見散播，權利人得作為營運者或與其他人共同經營廣電公司也屬於這項權利[43]。法院進一步認為，設定取得營運執照前提要件並非只是一個如黑森邦政府所認為的單純形塑性條文，同時也涉及到基本權主體的權利行使空間，立法者應確保廣電無國家干預之自由原則要求下的塑造多元意見環境，同時也對當事人之間的基本權利進行適切衡量[44]。法院認為制定政黨投資私人廣播電台之發照條件規範，限於政黨能夠對廣播電台造成直接性或間接性的支配性影響。支配性影響的認定標準屬於立法自由形成空間，不必自限於股份公司法第 17 條意義下的控制概念，重點在於實質影響節目製作或者內容的可能性，而非表面股份所代表的表決權或資本額[45]。因此，系爭條文藉由申請營運執照的准駁制度來全面禁止政黨投資媒體缺乏對不同主體法律地位的適當安排，就其所追求之目的而言也欠缺合比例性。發照制度對於政黨、廣播電台與執照申請者的法律狀態有重大影響，然而系爭條文將迫使政黨出售非重要持股，不取決於這種持股是否會干預媒體運作，無論對於政黨或者媒體而言均成過度負擔。目前，罕有直接投資，而只有政黨旗下之新聞出版媒體投資廣播電台的情形，系爭條文將導致政黨必須連帶拋棄本有之新聞出版媒體股份，這將改變德國政黨運作的固有傳統[46]。執照的申請者與廣播電台之權利也受到巨大影響，倘若有政黨間接持股的情形就會被駁回執照申請，其必須耗費超乎尋常的心神去調查是否有政黨（間接）持股在其中，尤其是在多層次的持股關係中，就會遭遇到實際的瓶頸。當存在政黨沉默性投資或

---

[43] BVerfGE 121, 30, 58.

[44] BVerfGE 121, 30, 59.

[45] BVerfGE 121, 30, 62 f.

[46] 關於德國政黨投資新聞出版以及電子媒體的歷史，可參閱：Püschel, Rechtliche Probleme der Beteiligung politischer Parteien an Medienunternehmen, verfügbar unter: http://www.presserecht.de/index.php?option=com_content&task=view&id=46&Itemid=33 (letzter Abruf: 15/10/2020)。

者隱藏的信託關係時，媒體自身同樣無法獲得任何法律上保障，因為這些事情媒體並非自身的過失所導致，卻將駁回申請的不利益加諸在媒體之上。立法者為了儘可能排除任何國家影響媒體的機會，連帶將政黨非重要或者間接投資而不具體地、間接地影響媒體的空間也一併排除，對於維護多元廣電秩序而言並不具備更高價值[47]。

肆、對於德國政黨投資媒體法律見解的整理與評論

一、廣電自由之解釋

如同第十三次廣電判決所爭執者，針對授與廣電營運執照的前提要件所制定的條款，究竟是屬於一種基本權利的限制，抑或是一種對於整體廣電秩序所進行的制度性形塑。這項爭議所代表的意義是：私人是否能夠主張防禦權面向的基本權利，亦即個人廣電自由受到國家不當干涉[48]。這種爭議源於德國憲法實務上對廣電自由做了頗具系統性的解釋[49]。聯邦憲法法院對於廣電自由與新聞出版自由 (Pressefreiheit) 向來採取「任務性自由」的理解方式，質言之，其具備著公共任務，保障這些自由權利是為了確保服膺於民主秩序的多元意見環境，使受有公共任務的媒體具備著「傳遞與控制功能」，並處在國家與人民之間作為「獨立的連結與控制機構」[50]。「傳遞」乃媒體的核心任務，乃對民眾傳遞報導性與批判評論性的觀點，國民得以豐富化自己的政治立場；「控制」則意味著在普遍民主與政黨政治條件下批評與控制國家與政黨言行的任務，此乃媒體之所以被視為具備民主國家第四權角色的緣由[51]。換

---

[47] BVerfGE 121, 30, 64 ff.

[48] 參閱：Reffken, (Fn. 12), S. 353 ff.。

[49] 參閱：Bullinger, Medien, Pressfreiheit, Rundfunkverfassung, in: FS 50 Jahre Bundesverfassungsgericht, Bd. 2, 2001, S. 194 ff.。

[50] BVerfGE 20, 162, 175; 83, 238, 296; 91, 125, 134; Degenhart, in: Kommentar zum Bonner Grundgesetz, Bd. 1, 185. Lief., 2017, Art. 5 Abs. 1 und 2, Rn. 39.

句話說，媒體（廣電、新聞出版）自由不僅僅只有與基本法第 5 條第 1 項第 1 句保障人民以文字與圖像來表達與散播的意見自由相連結的主觀防禦權面向[52]，更具備著建構性意義與客觀法面向[53]。惟前者相對於後者的客觀、建制與功能意義在受注目度而言，只居於次要地位[54]。更重要的是，相對於新聞出版媒體，廣電媒體在聯邦憲法法院眼中更進一步被當成是「大眾事物 (Sache der Allgemeinheit)」：其應該完全地超越黨派與不受任何外部干預來實現報導自由。因此廣電自由非為人民得以主張請求設立廣播電台與獲得營運許可之固有基本權利，毋寧是使國家受有確保廣電積極秩序之義務，其必須形塑出一切能夠維持自由中立媒體的可靠條件[55]。

在此情形下，學者 Möstl 認為，由於基本法字義上保障的是透過廣電的報導自由 (Berichterstattungsfreiheit)，而不是廣電活動本身，故重心應該擺在限定在報導活動的憲法解釋之上。憲法限定在「報導」的保障具備多種含義，其一為廣電並不僅僅只是一個傳播意見的「媒介 (Medium)」，也是使公共意見得以形成的「要素 (Faktor)」，其二為「報導」與廣電自由的任務性（而非個人權利）相結合，不能將具備巨大社會影響力的廣電僅視為為個人利益而存續，從而也不能單純為經營者散布意見的工具，因此廣電媒體乃「自由的報導性媒體」，其為了批判性的報導而與眾多意見持有者保持距離[56]。然而這種想法，學者 Huber 認為已不合時宜，自然人或法人皆可依據基本法第 5 條第 1 項第 2 句與第 3 條第 1 項主張進入到私人廣播電台活動領域。Huber 強調歐洲國際法對於廣電自由的理解值得注意，無論是歐洲人權法院或者歐盟

[51] Möstl, Politische Parteien als Medienunternehmer, DÖV 2003, 106, 107 f.; Cordes, Medienbeteiligungen politischer Parteien, ZParl 2009, 123, 129 f.

[52] Herzog, in: Maunz/Dürig, Grundgesetz Kommentar, Bd. 1, 90. Aufl., 2020, Art. 5 Abs. 1, 2, Rn. 202 f.

[53] Möstl, (Fn. 51), S. 107 f.

[54] Klein, Partei-Presse-Rundfunk, in: FS Maurer, S. 198; Beater, (Fn. 31), Rn. 86.

[55] Beater, (Fn. 31), Rn. 224 f.

[56] Möstl, (Fn. 51), S. 108 f.

法院，皆首要以個人主觀面向的防禦權來理解廣電自由，而與德國的「任務性自由」觀念大相徑庭[57]。

　　無論如何，德國聯邦憲法法院已經給了終局解答，雖然媒體法中禁止政黨投資媒體的規定屬於形塑性條文，但也同時肯認私人對於廣電自由的主觀權利，其已囊括幾乎一切參與廣電營運活動的行為自由，不僅僅只是利用廣電發表散布意見或單純營利，還包含投資、營運廣電媒體，立法者必須在注意政黨基本權利的前提下形塑出與第 5 條第 1 項第 2 句意旨相符之條文[58]。

二、政黨主張廣電自由

　　肯認個人可以主張廣電自由基本權，接續的爭議點便是政黨是否亦能主張此等權利？基本法第 21 條將政黨視為是國民政治意志形成的必要工具，並作為憲法位階上的機制，但是其並非是國家機關，而是自由籌組並從社會——政治領域中茁壯的團體，受任於協助國民政治意志形成與在國家機構中發揮作用[59]。通說認為，其作為國民組成之團體，並不屬於國家一部分，而能作為基本權主體[60]。既然如此，那麼政黨做為法人，並依據基本法第 19 條第 3 項（法人的基本權利能力）主張屬於基本權之一的廣電自由，應無疑問。但 Huber 認為，從基本法體系觀察，政黨不得依據基本法第 5 條第 1 項第 2 句主張廣電等媒體自由。基本法第 21 條第 1 項第 1 句規定政黨協力國民形成政治意志的憲法委託，在其限度內，政黨成為一種憲法制度性保障而獲得特殊

---

57 Huber, (Fn. 24), S. 115 f.; Klein, (Fn. 54), S. 204. 有關德國與歐洲國際法的觀念衝突，參閱：Grote/Wenzel, in: EMRK/GG Konkordanz Kommentar, Bd. 1, 2. Aufl., 2013, Kap. 18, Rn. 22。Degenhart 則認為兩者間可以在公私廣電雙元體制與禁止廣電獨占的前提下找到整合點，參見：Degenhart, (Fn. 50), Rn. 84。

58 下薩克森邦憲法法院已經在 2005 年透過對歐盟國際法的觀察，從廣電自由的主觀公權利面向出發來討論禁止政黨投資媒體問題，從此可推論，由主觀權利面向出發的解釋將會越來越成為主流。參閱：Degenhart, Rundfunkfreiheit in der Entwicklung, K&R 2007, 1, 2。

59 BVerfGE 20, 56, 100.

60 Klein, in: Maunz/Dürig, Grundgesetz Kommentar, Bd. 3, 90. Aufl., 2020, Art. 21, Rn. 258.

權利與義務，比起受基本權利保障的自我決定空間，這種制度所容許的毋寧是一種「權限」，因此應該要將基本法第 21 條視為相對於基本權利條款的特別法規範，質言之，該法條就政黨得以履行憲法委託的一切條件與行為，已經創設了無漏洞的保護領域，其中也包含參與媒體相關活動[61]。在此前提下，肯定政黨的廣電基本權純屬多餘，否則無法解釋，何以全部的邦媒體法均否定政黨能作為廣電事業主體[62]。

　　這種特別法見解遭遇到不小反彈，前聯邦憲法法院法官 Klein 認為，基本法第 21 條應該是第 9 條結社自由的特別法，故政黨能夠依據第 21 條第 1 項第 1 句與第 19 條第 3 項主張基本權利，同時也可承認，基本法第 21 條憲法委託乃針對政黨的基本權保護領域做出一定程度修正，使其有別於一般法人[63]。Möstl 則強調，如要按照 Huber 的制度性保障見解，那麼討論政黨是否能投資媒體的問題自始就是沒必要的，正是因為干涉了政黨的廣電自由保護領域，才有機會討論如何限制政黨投資媒體的問題[64]。對此，聯邦憲法法院明顯是維持了通說的見解，故以限制政黨的廣電基本權利的角度來探討禁止投資媒體規範的問題。惟必須注意，政黨應該只有在透過基本法第 21 條所解釋的任務與功能前提下來主張基本權利保障[65]。

三、政黨與廣電媒體之間的功能衝突論

　　即便政黨能夠主張廣電自由，這也不意味著政黨得以不受限制地投資媒體，這一點就回到限制規範的正當性基礎問題之上。一個流行論述是 Möstl 所提出之政黨媒體功能衝突論[66]。就如同上述判決黑森邦政府所提出的觀點，

---

[61]　Huber, (Fn. 24), S. 118 f.

[62]　Huber, Parteien in der Demokratie, in: FS 50 Jahre Bundesverfassungsgericht, Bd. 2, 2001, S. 617.

[63]　Klein, (Fn. 60), Art. 21, Rn. 256 f. 相同見解：Cordes, Medienbeteiligung politischer Parteien, 1. Aufl., 2009, S. 202 ff.。

[64]　Möstl, (Fn. 51), S. 109.

[65]　Cordes, (Fn. 51), S. 132.

政黨的言行正好就是媒體報導所需要傳遞與控制的對象，只有當媒體能以獨立自主的地位對政黨進行報導而不受其控制時，媒體連結國民與政治之間的公共任務才能履行，尤其是廣電媒體，其被視為是「報導性媒體」與多元議題與意見的媒介，當媒體的報導功能因為政黨投資而受到阻礙時，就應當排除之[67]。吾人可說，這個觀點將廣電基於公共任務而被賦予的功能面向當作主要依據，其應獲得最佳化的發揮。這種觀點有其自洽的內在邏輯，基本上也可適用於所有的媒體領域。然而這種容易令人聯想到憲法的功能法／機關最適理論的理解，並非無懈可擊，其過度省略了法釋義學的細節，吾人不可將媒體的政治／社會功能當作規範依據與判準，把媒體的政治想像或道德理想當作是（憲法）規範本身看待。一方面，無法從憲法中推導出媒體不得受有政黨投資的禁令，基於公私法廣電媒體各有不同程度的公益要求，多樣型態的媒體並非只能是「報導性媒體」，因此其並非功能法理論所理解的憲政機關，即便憲法對於廣電媒體有履行公共任務的要求，亦不曾給予個別媒體直接而具體的規範，廣電媒體的積極秩序仍須經過立法辯論的政治過程來形成；另一方面，如要將「政黨不准投資媒體」當做是憲法對於立法者的誡命，因為立法者有確保廣電自由的保護義務，因此最適合被賦予此項任務，那麼其至多受到「保護不足之禁止」原則所拘束，換句話說，立法者僅有排除媒體「整體」（不僅僅是單一廣播電台，甚至是包含新聞出版、電子媒體等）受到特定第三方不當影響的義務，實現足夠多元的媒體環境，並無確保「特定」媒體批判性傳遞與控制功能最大化義務，從而無法導出立法者負有禁止政黨投資媒體的責任[68]。

---

66 傾向認同此項見解者，例如：Kunig, Parteien, in: Insensee/Kirchhof (Hrsg.), Handbuch des Staatsrechts, Bd. 3, 2007, §40, Rn. 92 (Fn. 210); Cordes, (Fn. 51), S. 130 f。

67 Möstl, (Fn. 51), S. 109 f, 127 f.

68 對於功能衝突論完整的批評性論證請參閱：Reffken, (Fn. 12), S. 282 ff.。廣電積極秩序的確保與維持作為廣電自由的服務性自由表述應該是從廣電的整體角度來看，而不是從個別媒體機構的任務履行功能層面來觀察，就如同本文就前開判決理由（參、二、(2)）所提到的「就整體結果而言，所有廣

　　德國聯邦憲法法院未採納政黨媒體衝突論，而是從政黨作為媒體控制者將與國家難以區別的角度上來論證限制政黨投資媒體的正當性。不同於Möstl從媒體功能角度出發，聯邦憲法法院是以媒體免於國家干涉之自由觀點進行論證，憂慮政黨的「回饋性功能」若能藉由媒體工具形塑，將造成「公眾意見」與「政黨發言」相混淆的現象，導致「由下至上」的國民意志形成遭到扭曲，從而廣電媒體的「遠離國家性」與「超越黨派性」應該要獲得確保。需要特別注意的是，與政黨媒體功能衝突論不同，聯邦憲法法院最終所推導出的要求並不是使媒體傳遞與控制功能最大化的立法形塑，而是僅在政黨得以實質影響媒體節目製作與內容的前提下限制政黨投資媒體的活動空間，畢竟所謂的無國家干預之自由原則，並非媒體與國家之間絕對的分離，而是僅止於「報導活動（節目製作與內容）的無國家干預之自由」[69]。

　　聯邦憲法法院的論證方式，一定程度上可以避免政黨媒體功能衝突論在功能法詮釋上的理論缺陷。然而，若要順著這種從政黨之廣電自由出發的思路，參與媒體活動亦是基本法第21條所屬政黨協力行為，那麼制定一般性限縮政黨相關自由權利的規範似乎以政黨法為妥，而非涉及到其他廣電事業申請、營運者權利的廣電法[70]。

電營運者所提供的報導有足夠的多元性，以避免廣播電台淪為單一或少數社會團體的禁臠」，另參閱聯邦憲法法院第四次廣電判決：BVerfGE, 73, 118, 157與第六次廣電判決：BVerfGE, 83, 238, 296。立法者所必須形塑的廣電積極秩序當中，即便公私法廣電皆受有此等公共任務，卻可以有不同的角色定位與承擔份量，參閱：Paschke, (Fn. 13), Rn. 238 f.。

[69] 與本文對聯邦憲法法院推論的相同看法，參見：Cordes, (Fn. 51), S. 130 f.。關於無國家干預之自由係指報導活動而言，最早可從第一次廣電判決中發現：BVerfGE 12, 205, 262 f.。明確指出則是在第六次廣電判決：BVerfGE 83, 238, 322。

[70] 批評聯邦憲法法院僅僅就法律表面規範目的與國家實踐而忽略實質權責關係，並主張應該優先透過政黨法制定相關規範者，參見：Cordes, (Fn. 51), S. 125 ff.。類此見解，見：Wieland, Medienbeteiligung politischer Parteien, in: Morlok/v. Alemann/Streit (Hrsg.), Medienbeteiligung politischer Parteien, 1. Aufl., 2004, S. 110。

四、政黨適用無國家干預之自由原則？

最後，則是涉及到整體廣電憲法的反思。聯邦憲法法院認為「媒體『遠離國家』與『超越黨派』原則」於限制政黨投資媒體的問題也同樣適用，從而否定政黨有經營廣播電台權利，因為政黨「相似於國家」。前開聯邦憲法法院的論證是否恰當？換言之，無國家干預之自由原則是否能夠直接套用在政黨上面？學界對此本來就有兩極的看法。正方認為政黨可視為是國家的延伸，反方則認為政黨是根植於社會的團體[71]。從聯邦憲法法院未曾更動見解的態度中，吾人得以進一步思考長久憲法實務中發展出來的廣電「任務性自由」於現代媒體生態中的合宜性。

就如同 Klein 已經提及的，聯邦憲法法院一直沒有留意頻譜資源不足已經消失的現況，過度嚴守制度化的「任務性自由」觀念，造成私人廣播電台的經營限制鮮以個人固有權利為出發點來看待[72]。然而政黨依據憲法作為協助政治民意形成的機構，將自己的意見直接傳達給公眾不僅僅是一種權利，也是義務，若其被要求只能透過獨立的媒體才能履行這項任務，恐怕窒礙難行[73]。既然私人廣播電台已經以私部門自治與外部多元的精神來履行公共任務，質言之，以市場競爭秩序來維持意見多元的廣電環境，那麼就不需要強制禁止政黨自己經營廣播電台，保持一定數量的彼此競爭媒體與對所有社會力量開放進入媒體管道的機會才是確保多元意見廣電環境的宗旨，惟必須使政黨有負有投資廣電與其他媒體的公開義務，以及阻止單一或少數政黨獲得支配媒體力量的情況，即聯邦憲法法院反覆提及的「使廣播電台淪為單一或

---

[71] Wieland, (Fn. 70), S. 104 ff.

[72] Klein, Medienbeteiligung politischer Parteien, in: Morlok/v. Alemann/Streit (Hrsg.), Medienbeteiligung politischer Parteien, 1. Aufl., 2004, S. 87; Klein, (Fn. 60), Art. 21, Rn. 191; Bullinger, (Fn. 49), S. 198 f.; Reffken, (Fn. 12), S. 378 f. 亦有以「開明自由」與「任務性自由」的觀點對立來討論者，參見：Cordes, (Fn. 63), S. 343 ff.。

[73] Klein, in: (Fn. 60), Art. 21, Rn. 85.

少數社會團體的禁臠」[74]。又廣電媒體的「遠離國家性」與「超越黨派性」恐怕也是不切實際的過分理想，私人廣播電台在行政層面始終受到一般性社會團體——其包含政黨成員——所組成的媒體監理機構間接影響，其報導也不可能始終超然於黨派之外，富有批判性又不擁護特定政黨立場，它並非只能當作「媒介」，也能（僅）是公共意見形成的「要素」[75]。基於上述，Klein 主張廣播電台部門應與新聞出版部門無異——它被賦予同樣的民主功能，卻自始開放競爭與允許政黨持有或投資[76]。

　　藉由他的論點，我們得以思考上開聯邦憲法法院判決的妥適性：基於政黨的近似國家性而限縮政黨的投資媒體空間，使其不得支配性影響到媒體的節目製作與內容，是否依然是一個過於嚴格的限制？換句話說，如果政黨始終無法有效掌握私人廣電節目製作與其內容的影響機會，又要如何持續性地協力民意形成？Gersdorf 便認為，由無國家干預之自由原則來談政黨投資媒體的問題不切實際，真正核心應該是如何維持與促進多元意見的秩序，政黨的意見亦屬於公共輿論之一部分，其應加入公共討論之中以刺激民意激盪，故政黨就如同其他社會團體，得以參與媒體活動，真正會成問題的應該是他們取得了支配廣電媒體的優勢力量，最終造成多元意見的減損，立法者必須對此有所回應[77]。其也認為，如果著眼是維持意見多元的秩序與避免支配性力量的誕生，那麼在談政黨影響媒體的問題時，僅看其對單一私人廣電事業取得多少持股或者表決權恐怕不太充分，應該同時參考整體廣電市場，例如參考以收視率作為依據的收視集中度來進行修正，惟立法者有廣泛的立法形成自由，決定應該要用什麼方式避免政黨實質影響媒體的危險發生[78]。單就

74　Klein, (Fn. 72), S. 85 ff; Klein, (Fn. 54), S. 200 f; Klein, (Fn. 60), Art. 21, Rn. 288.

75　Klein, (Fn. 60), Art. 21, Rn. 192, 193.; Klein, (Fn. 72), S. 87 f.

76　Klein, (Fn. 72), S. 88 f.

77　Gersdorf, Medienbeteiligung politischer Parteien im Lichte des Rundfunkverfassungsrechts, in: Morlok/v. Alemann/Streit (Hrsg.), Medienbeteiligung politischer Parteien, 1. Aufl., 2004, S. 70 f.

78　Gersdorf 補充，立法者如果針對政黨設定出與一般廣電的促進外部多元規範所使用的收視集中度完

憑靠政黨投資單一廣播事業，抑或從整體廣電環境來做實質影響的判斷，聯邦憲法法院基於媒體的超越黨派性而認定了前者，我們或許能從這裡窺見其始終認為廣電媒體相較其他媒體更具有領導性也有較大影響力，故無論公營或私人廣播電台，皆預設為超然中立的報導性媒體，不許其成為服膺於個人利益的工具[79]。

伍、台灣黨政軍條款之合憲性考察

觀察德國憲法實務對於政黨投資媒體的見解，可以得知，私人廣播電台亦負有實踐意見多元環境公共任務，即便在私人廣播電台領域，外部多元與市場秩序原則上已經可以滿足這項任務，然就政黨投資之事，廣電媒體的報導中立性格仍應儘可能維持，對此立法者有充分的立法權限，於不使政黨對被投資媒體獲得支配性影響力的前提下，衡量公益目的與相關者之基本權利，制定限縮政黨投資私人廣播電台自由的法律。目前各邦的媒體法針對限制政黨投資媒體之規範，也大抵是朝不絕對禁止投資，但限制在無法對個別廣播電台產生支配性影響力的方向來立法。我們可以借助德國相關的討論，思考我國憲法規範應該如何衡量政黨乃至於國家投資媒體的合憲性問題。

一、通訊傳播自由作為人民基本權利

1.主觀權利面向出發的通訊傳播基本權

黨政軍條款究竟是立法者形成自由下客觀面向的制度性規範，抑或是主觀面向的基本權限制規範，此問題牽涉到司法審查對於立法行為的控制密度：如果是前者，立法者能滿足憲法委託所提出的前提條件即可，若是後者，則

全無關的判斷標準，可能就逾越了其立法形成之範圍。參見政黨投資廣電媒體研討會 Gersdorf 報告後討論的發言紀錄：Morlok/v. Alemann/Streit (Hrsg.), Medienbeteiligungen politischer Partei, 1. Aufl., 2004, S. 94 f, 97 f.。

[79] Klein, (Fn. 60), Art. 21, Rn. 19; Möstl, (Fn. 51), S. 108.

必須要從基本權干預的角度出發，尤其是以比例原則來進行審查[80]。

　　我國大法官解釋對於廣電相關基本權利的見解，首見於 1994 年的釋字第 364 號：「以廣播及電視方式表達意見，屬於憲法第 11 條所保障言論自由之範圍。」此號解釋中，大法官將廣電自由視為是透過廣電以實現言論自由的類型，進一步得到人民有「接近使用傳播媒體之權利」，其指出一般民眾得依一定條件，要求傳播媒體提供版面或時間，許其行使表達意見之權利，以促進媒體報導或評論之確實、公正。然而，基於技術限制（電波頻率的稀有性）以及媒體亦有其「編輯自由」，接近使用媒體權利應以法律加以適當限制，以利公平合理的媒體發展。有趣的是，立院當初聲請解釋時，是請求司法院解釋，憲法第 11 條是否可導出廣電自由「並」保障民眾平等接近媒體之權利，大法官卻僅就後者做出說明。這是因為大法官有意迴避「廣電自由」本身討論，以避免進入到媒體壟斷與開放廣電市場的判斷，抑或是認為廣電自由僅僅是接近使用傳播媒體之權利，不得而知。不論如何，從這號解釋當中，我們僅能得知此項權利乃言論自由的衍生性權利，而沒有辦法很明確得知，大法官肯認人民具有申請、經營、投資、參與廣播電台活動等的主觀性基本權利。至於媒體的「編輯自由」，其是否屬於廣電自由的一環，抑或是言論自由的媒體版本，也尚未清楚[81]。不過 2006 年的釋字 613 號則直接確立了「通訊傳播自由」，肯認「經營或使用廣播、電視與其他通訊傳播網路等設施，以取得與發表言論之自由」，因為這號解釋直接闡明通訊傳播自由「非僅止於消極防止國家公權力之侵害」，足見人民具有使用廣播電台以發表意見權利乃自然權利[82]。到了 2010 年的釋字 678 號，則進一步表示言論自由之保障並非絕

80　Reffken, (Fn. 12), S. 353 f.; Gersdorf, (Fn. 77), S. 70 f.

81　石世豪 (2009)，〈我國為廣播電視積極立法的憲法基礎〉，氏著，《我國傳播法制的轉型與續造》，頁 74 以下，台北：自刊。

82　陳新民 (2011)，〈非法使用無線電波頻率的處罰與廣播自由的憲法意義——司法院釋字第 678 號解釋之協同意見書〉，收錄於：氏著，《釋憲餘思錄：卷一》，頁 419 以下，台北：自刊。

對，並非不得出於正當目的加以限制之，從此通訊傳播自由的防禦權性格已經表露無遺[83]。

　　從上述憲法實務背景觀之，我國自始就將「通訊傳播自由」視為主觀權利，此與德國將廣電自由視為「任務性自由」，以託付立法者制定積極秩序為主要核心的理解大相徑庭，而較貼近歐洲人權法律的意義。因此在我國憲法解釋當中，理論上不會出現某項廣電法律規定究竟是立法形成的形塑性條款抑或是基本權限制規範的爭議。故對於限縮廣電活動相關行為的法律，應優先以基本權限制之正當性的角度來理解其合憲性與否。就此我國憲法實務應該是與第 13 次廣電判決有頗高相似之處，雖然後者仍然是以形塑性條款來理解媒體法中限制政黨投資的規範，但對於立法者的立法形塑自由審查並未因此放寬，而是在承認政黨廣電自由的前提下，要求立法者考慮到相關當事人的法律地位，以進行合理的立法，吾人可說，於此號判決中，已經相當程度上消解了主觀權利限制與客觀制度形塑的理論爭議。因此德國聯邦憲法法院的判決就限縮基本權利規範的正當性討論而言，對我國仍有高度參考價值。

2.政黨的通訊傳播基本權

　　廣電媒體事業享有前述通訊傳播自由，自不待言。有問題的地方在於，我國是否承認政黨的基本權利，甚至是通訊傳播自由？我國憲法並未對政黨法律地位予以說明，在台灣的學界裡，亦不乏政黨憲政定位的討論，通說認為，政黨乃源自於結社自由而形成之社會團體，故並非國家之一部分，且既為源於結社自由而形成之社會團體，在無與法人本質不符而不適用之前提下，政黨理論上應該具基本權能力，不過其被賦予協助形成國民政治意志的公共任務（政黨法第 3 條），因而政黨之規範部分亦具備公法性質[84]。又依據人民

---

[83] 批評參見：石世豪 (2011)，〈電波管理與言論自由事前限制問題：大法官釋字第 678 號解釋評析〉，《法令月刊》，62 卷 3 期，頁 40 以下。

[84] 蘇俊雄、朱志宏、許宗力 (2002)，《政黨規範體制的研究：從動員戡亂時期人民團體法政黨規範檢討，探究政黨立法的需要性與可行性》，行政院政黨審議委員會委託研究，頁 56 以下；蔡宗珍

團體法第 4 條、44 與 45 條，政黨屬於人民團體，並得依據第 11 條進行法人登記，因此上述的政黨社團法人本體說應無疑慮。2017 年政黨法施行後，亦不改變上述情況，該法值得注意之處乃針對政黨之財產權進行一定程度的制度性形塑[85]。

　　組成政黨以從事政治活動，共同性政治表達為其主要部分，政黨自由可視為言論自由的特別形式[86]。就此而言，政黨亦受到由言論自由推導出來的通訊傳播自由保障才是，因為政黨的政治言論對於國民政治意志形成尤為重要，保障其透過新聞出版、廣播、電媒等媒體的發聲管道進行意見的發表與散布之權利實乃不可或缺，否則政黨的參與公共輿論、傳達民意與政府回饋民眾之任務便不可能得以實行，這也是為何 Huber 認為政黨的媒體自由自始已包含在基本法第 21 條所推導出的政黨制度性保障之緣由[87]。在承認政黨的通訊傳播基本權的前提下，也才有談論如何限制政黨的基本權利以達成公平分配政黨近用大眾媒體機會（政黨法第 6 條）此一公益目的之必要[88]。

二、制定絕對禁止政黨投資媒體規範之正當性

（一）廣電自由的客觀價值秩序

　　憲法第 23 條規定，除了增進公共利益所必要者外，不得以法律限制之。

(1998)，〈政黨政治的迷思：從 97 憲改的政黨運作論我國憲政體制下政黨的定位、發展及其危機〉，《台大法學論叢》，27 卷 2 期，頁 72 以下；許志雄、陳銘祥、蔡茂寅、周志宏、蔡宗珍 (2008)，《現代憲法論》，4 版，頁 281 以下，台北：元照；程明修 (2007)，〈憲法基本原則：第三講民主原則（三）〉，《月旦法學教室》，6 卷 2 期，頁 46 以下；陳耀祥 (1992)，〈德國的政黨法律定位〉，《憲政時代》，17 卷 3 期，頁 52 以下；黃仁俊 (2011)，《德國政黨內部民主制度與司法審查界限之研究》，頁 34 以下，國立台灣大學社會科學院國家發展研究所碩士論文；陳博維 (2018)，《台灣政黨法制之研究》，頁 40、56，國立台灣大學社會科學院國家發展研究所碩士論文。

[85] 辛年豐 (2020)，〈政黨法人基本權的本質性限制：以政黨的財產權為核心〉，《黨產研究》，5 期，頁 134 以下。

[86] 許志雄、陳銘祥、蔡茂寅、周志宏、蔡宗珍，前揭註84，頁 284 以下。

[87] 見本文「肆、二」。

[88] 政黨的媒體平等原則參見：陳博維，前揭註84，第 49 頁以下。

就人民之通訊傳播自由而言，釋字 364 號已經表示立法者有義務要確保廣電的平等秩序，除了頻率的公平分配之外，也要謀求廣播電視之均衡發展，釋字 613 號則更進一步強調通訊傳播自由有積極課予立法者立法義務，從大法官這些論述中可以得知，通訊傳播自由也類似於德國廣電自由的行使負有公共任務的色彩，其不僅是防禦權，更具備制度性保障的面向[89]。

　　在此前提下我們必須了解，憲法對立法者給出什麼被認為是適於通訊傳播領域發展的條件，或者說，從釋憲者的觀點而言，憲法設定了什麼樣的廣電秩序。對此描述最多者，首見於釋字 613 號論證立法者對通訊傳播自由的制度形塑，其應「經由各種組織、程序與實體規範之設計，以防止資訊壟斷，確保社會多元意見得經由通訊傳播媒體之平台表達與散布，形成公共討論之自由領域」。將廣電媒體視為公共意見之媒介與平台的立場在釋字 364 號已經看到端倪，其要求立法者妥善處理人民接近使用媒體權利與媒體編輯自由的衝突情形。事實上，我國大法官在看待廣電媒體在憲政中所扮演的角色很貼近德國聯邦憲法法院想透過廣電積極秩序所確保的媒體功能，媒體必須扮演好公正的評論者與報導者，尤其是其具備著監督國家機關與影響國家政策的政黨的公共功能，這種民主憲政國家中不可或缺的「第四權」角色，起著「傳遞」與「控制」作用，它一方面使多數民眾的自主政治意見得以形成與擴散，媒體資源不得被壟斷或獨占，另一方面也不能受政府與政黨恣意影響，否則將導致民主原則中由下至上的政治意志形塑過程遭到顛覆。是故，媒體被設定成「自由中立的報導性媒體」──它不能僅是經營者、投資者或特定團體的傳聲筒[90]。總而言之，憲法對於立法者所要求的積極廣電秩序形塑，應該

---

[89] 陳新民，前揭註 82，頁 422 以下；石世豪，前揭註 81，頁 81 以下。

[90] 類似論者，參見：陳耀祥 (2005)，〈論政黨經營事業之法律限制〉，國際刑法學會台灣分會編，《民主・人權・正義：蘇俊雄教授七秩華誕祝壽論文集》，頁 787 以下，台北：元照。另學者林子儀將廣電媒體理解為「公共論壇」，參見：林子儀 (1991)，〈論接近使用媒體權〉，《新聞學研究》，集 45，頁 7 以下。

是以國家與少數個人、團體不得影響媒體節目製作與內容為前提，釋字 364 號所述的媒體「編輯自由」可能已預示了媒體之中立性應獲保障，其應重新獲得憲法解釋上的意義。

　　須再說明一點，大法官解釋未曾明確說明公共電台與私人電台之通訊傳播自由在憲法評價上是否有所區別[91]。不過就本文主要所要討論的政黨投資私人廣播電台問題而言，可先擱置。因為我國已經有公共電視法規制公共電視台內部與外部的法律關係，且觀察上述三號釋字之申請事由，均針對私人廣播電台而發。私人廣播電台是否應該要與公共電視一般承擔高度的公共任務，仍有待未來釋憲機關釐清[92]。

（二）「絕對禁止投資」規定不符比例原則要求

　　當前廣電三法中的黨政軍條款是否合理，應探究該條款是否過度侵犯人民之基本權利，質言之，該項條款應該(1)具備正當目的、(2)合於達成目的（適當性）、(3)無更輕微但同樣有效之侵害手段（必要性）與(4)利損不得明顯失衡（狹義比例原則）[93]。以下以廣播電視法第 5-1 條為例，其數項設定不符合憲法要求。

　　(1)從憲法及大法官解釋過去針對媒體編輯自由與通訊傳播自由的理解而言，立法者有義務塑造包含私人廣播電台的積極秩序，確保「媒體中立性」為其舉舉大者。黨政軍條款力圖排除一切政治勢力掌控媒體的可能，俾使資訊不受到政府與政黨干預與壟斷，確保媒體維持資訊中立平台之特點，形成公共討論之自由領域，其亦為民主原則底下不可或缺之社會機制。故黨政軍條款乃追求正當目的。

　　(2)黨政軍條款一概排除國家機關與政黨人士參與媒體活動，應該適於上開目的之達成，因為藉由全面性地禁止投資與人事參與可能，媒體監督國家

91　陳新民，前揭註 82，頁 428 以下。
92　陳新民，前揭註 82，頁 430 以下。
93　比例原則之要素首見釋字第 476 號，後成為我國釋憲實務的經常性見解。

與政黨的公共功能得以不受阻礙地真正落實。

　　⑶然而制定絕對禁止政黨投資媒體規範恐非絕對必要的措施。憲法要求立法者維持媒體監督國家與政黨的公共功能，非使立法者負有義務排除任何政黨影響到媒體所屬通訊傳播自由之行為，而是在維持媒體自主的前提下，衡量當事人相關利益，制定合宜的規定。再者政黨作為根植於社會並且協力民主意志形成之團體，亦享有「接近使用傳播媒體之權利」，其不僅有權利透過廣電等媒體參與公共討論，更有義務促成民意形成與扮演政府與人民之間的中介角色。故絕對的投資禁止規範並無必要，能夠合理限制政黨投資活動空間，確保政黨無法影響到廣播電台之節目製作與內容，使廣播電台不至於淪為特定政黨的傳聲筒，即能滿足憲法廣電積極秩序中對於廣電中立性媒體之要求[94]。惟最好仍須輔以政黨投資之公開資訊義務，使民眾能夠辨識與理解特定媒體受政黨投資、贊助之程度。基此，廣播電視法第 5-1 條第 1 項禁止政黨與其所屬之社團法人及受託人不得直接、間接投資民營廣播、電視事業，逾越憲法所要求限於影響媒體自主之前提。同條第 4 項後段規定國家與政黨從屬人員之配偶、二親等血親、直系姻親不得持有合計已發行股份總數百分之一的限制，亦無其必要性，此項規定未能嚴格區分所述人員的投資媒體行為是否可歸責於政黨，諸如政黨利用人頭而蓄意將來取得媒體內部影響力之措施，抑或是個人單純理財行為，亦屬過度之限制。

　　至於如何合理限制政黨投資，屬於立法形成之範圍，應交由立法者進行政治討論，而非司法機關得自行決定之事項。不過前開之德國各邦媒體法對於實質影響的認定，或比照股份公司法有關從屬企業、聯盟企業的規定，或比照邦際媒體協定有關節目製作人歸屬的認定，或有論者所提出的，無論是直接或者間接投資，設定每個投資階層皆不得超過股份總數 10% 之規定（因

---

[94] 類此見解，參見：王牧寰、陳人傑、蔡昕宸、廖祥丞 (2018)，《數位經濟下傳播匯流法制前瞻革新規劃》，國家通訊傳播委員會委託研究，頁 145。

為一般被認為在此限度內不可能取得任何足以影響議事表決的力量）[95]，皆可供為參考[96]。在此應再一次強調，實質影響標準不意味著與形式認定標準不相容，立法者仍可制定投資額、表決權上限等作為推定有實質影響之條款，以降低法律適用的不明確性。

　　在此適合一併補充有關國家機關投資媒體的情形。目前我國釋憲實務尚未如德國聯邦憲法法院明確提出廣電無國家干預之自由原則，而僅論及對於傳播方式之保障並非絕對，應因其特性而有不同之保護範疇與限制之準則（釋字 678 號）。故國家所屬機構能夠多大程度投資私人廣電，尚有討論餘地。然而有鑑於上述大法官所開展的廣電客觀秩序而言，「國營電台」與媒體監督政府之自主性有違，因此國家機關不得作為廣電事業之營運者，應無疑慮。然而不可想像廣電與國家的絕對隔離，即便是德國的無國家干預之自由原則，亦係確保媒體之報導自由而言，從而第六次廣電判決中，法院認為，北萊茵‧西伐利亞地方廣播電台法第 29 條第 6 項不違憲，其規定縣級地方政府 (Gemeinde) 與其投資的事業在核發給籌備事業廣電營運執照前，於資本投資上限與表決權加總未超出 25% 的前提下，擁有投資該公司之權利。理由在於，憲法對於節目製作並無影響且尚處準備經濟、技術條件階段以實現廣播活動的籌備公司並未如同已經營運之廣播事業般設定如此高的要求，換句話說，憲法只要求到不危害到廣電自由而且在事物安排上具有合理性即滿足，在此前提下，立法者並無義務將此等籌備公司只保留給地方新聞出版業負責，讓地方政府有機會參與籌備活動，非憲法所不許[97]。由此可知，並非只要是國家行為均須與媒體活動保持距離，重點始終在於不得影響媒體的報導自由。

---

[95] Cordes, (Fn. 51), S. 134 f.

[96] 除了德國立法例與國外學者看法，國內亦有學者提出比照英國 1990 年廣電法的禁止持股逾 5% 標準，也可供作參考：陳人傑、楊嘉雯、洪志清、羅山珊 (2009)，《廣播事業股權規範之研究》，國家通訊傳播委員會委託研究，頁 154 以下。

[97] BVerfGE 83, 238, 330 f. 持反對意見者，參見：Paschke, (Fn. 13), Rn. 237。

就我國而言，立法者應該細究各種國家參與媒體活動的目的與法律上意義，例如政府諸基金的不相關投資而非針對媒體以獲得控制權為主要目的之行為，或者是對廣播電台出於其他公益目的而進行財政補助等等。無保留地禁止國家獲得媒體持股，恐怕只會讓與媒體相關的經濟活動受到不必要箝制。

　　⑷立法者須仔細斟酌當事人之間的利害關係，不得使立法所欲達成公益目的與付出代價呈現過度失衡之情況。黨政軍條款設置於廣播電視台的發照制度當中，不僅僅涉及到政黨自身的參與媒體活動權利，執照的申請者、廣播電台的營運以及第三人的投資權益也將受到巨大影響。倘若一概禁止政黨對媒體的直接與間接持股，在公開投資市場的情況下，將導致媒體事業耗費巨大心神調查持有自己股權的事業是否有政黨持股，當持股關係又涉及到多層次的投資關係時，則調查更加困難[98]。媒體自身若未能詳細調查持股關係而受到處罰甚至不許繼續營運時，這項調查無異課與廣電事業過大負擔，且罔顧第三投資人的利益。其次黨政軍條款將受有法律效果的規範對象限定在廣電事業本身，造成行為主體與歸責對象不一之狀態，立法者顯然未在當事人利益間進行足夠權衡[99]。對此立法者以修改政黨法為主要立法方式較妥。最後為黨政軍條款雖有排除政黨影響以確保媒體自主與均衡報導之目的，然而一概禁止政黨投資媒體或者參與媒體活動可能反而造成反效果，亦即公共討論之自由領域被不當縮減，因為政黨的意見亦應作為公共討論之要素[100]，就恰如德國聯邦憲法法院所言：「禁止思想針砭的表述從來就無法確保意見自由，遑論促進。[101]」太過草率剝奪政黨的意見表達管道以及動輒迫使媒體退

---

[98] 聯邦憲法法院已於第十三次廣電判決所提出之觀點，參見本文「參、二、⑷」。反對意見認為只要透過共同商業註冊登記查詢，這一工作並不困難：Cordes, (Fn. 51), S. 134 f.。

[99] 並參見 2011 年 7 月 28 日「廣播事業違反黨政軍條款不得投資媒體相關規定案」聽證會會議記錄中業者之意見，頁 7。該會議記錄之檔案：https://www.ncc.gov.tw/chinese/files/12020/37_23601_120209_1_C.PDF（最後瀏覽日：10/15/2020）。

[100] Gersdorf, (Fn. 77), S. 72, 74; Wieland, (Fn. 70), S. 111 f.

[101] BVerfGE 74, 297, 332.

出市場的規定也從來無法確保或者促進社會意見多元的表達、散布，遑論公共監督。

陸、結論

(1)政黨絕對禁止投資媒體規範（黨政軍條款）乃基於媒體具備「公有財」特性與扮演監督政府之「第四權」角色，避免廣電媒體成為國家、政黨之宣傳工具。然而當其於公開投資市場直接或間接受到政府、政黨投資時，旋即遭到換照申請被駁回與被課處罰金之命運，使媒體事業受到相當程度箝制。行政法院判決認為此條款歸責對象不合理，行政、立法兩院亦曾推動過修法草案欲解決此爭端。

(2)德國有關限制政黨投資媒體之規範規定在各邦私人廣電媒體法，其均限制政黨與其從屬事業自己經營廣播電台，至於直接與間接投資的限制，各邦立法存有寬嚴不一程度的差異，惟並無絕對禁止政黨投資媒體之立法例。

(3)德國聯邦憲法法院曾對於政黨投資媒體問題作出判決。私人廣播電台的廣電自由亦負有公共任務，惟主要透過私部門自治來履行。故私人廣播電台的制度形塑同樣受到廣電之不受國家干預原則所拘束。政黨雖然不是國家之一部分，但有鑑於回饋政府意見之功能，其有「近似國家」之性質而亦適用上開原則。政黨受有基本法協力委託而作為政府與媒體之間的中介者，其享有廣電之基本自由。限制政黨投資廣電媒體之規範雖然屬於形塑性條文，制定內容仍應對政黨與廣電營運事業等當事人基本權利進行衡量。制定政黨投資私人廣播電台之發照條件規範，限於政黨能夠對廣播電台造成直接性或間接性的支配性影響，全面性禁止政黨投資媒體缺乏對不同主體法律地位的適當安排。

(4)在學說上，德國已在檢討廣電自由作為「任務性自由」之適當性，而有轉向主觀權利說的趨勢。同時政黨亦可主張廣電自由基本權，惟須在基本法所賦予政黨任務與功能之前提下來理解保障內涵。學界流行的政黨與媒體

功能衝突論之見解有法釋義學上不圓滿之處，聯邦憲法法院亦未採納，而是以媒體不受國家干預之自由來作為準則。不過聯邦憲法法院的看法早先就遭遇到批評，因為其一方面對於私人廣播電台設定過高的意見多元要求，二方面也不該對政黨的媒體活動以不受國家干預原則相繩。相較其他媒體更具有影響力從而預設為超然中立的報導性媒體，對於廣電媒體的這種想像是否仍有必要，值得繼續深思。

(5)觀察過去數則大法官解釋，我國討論政黨投資媒體一事應以保障政黨與媒體事業主觀面向之通訊傳播自由作為出發點，同時立法者應積極形塑確保通訊傳播自由之制度，以調和意見多元之公益與當事人之間的權利衝突。在此前提下，對於絕對禁止政黨投資媒體的規範，應以比例原則作違憲性審查。在追求媒體獨立自主之目的前提下，黨政軍條款有助於目的之達成，然而達成此目的不必要全面性禁止媒體不重要之直接與間接投資，該條款亦未對相關人權益進行充分權衡。黨政軍條款動輒進行裁罰與迫使媒體退出市場未必有益於整體意見多元發展。

後記

本文主要目的，為探討禁止政黨以直接或間接方式投資廣電媒體之正當性，故未將國家投資廣電媒體的規定納入討論，亦不特別討論政黨自行或透過附屬事業經營廣電媒體之問題。值得補充一述者，為《政黨法》第23條規定「政黨不得經營或投資營利事業，並不得從事第十九條第四款規定以外之營利行為。」而同法第19條第4款則規定，政黨得透過「為宣揚理念或從事活動宣傳所為之出版品、宣傳品銷售或其權利授與、讓與所得之收入」取得經費或收入。因為廣電媒體亦為營利事業，本條款於政黨以直接或間接方式投資廣電媒體時仍有適用之餘地。倘若如此，則單純廢除或修改黨政軍條款之主張可能會沒有意義。

就此，應探究廣電三法之黨政軍條款與《政黨法》第23條的法律適用關

係。換言之，仍須解釋兩項規定究竟為平行適用關係，抑或特別法——普通法關係，以確定法律適用情形。如兩項規定應解釋為平行適用關係，則屬於真正之法條競合，那麼政黨投資媒體一事，就必須同時注意兩項條款，因為當其中一條不適用時，仍不妨礙另一條之適用。如兩項規定應解為處於特別法與普通法關係，即屬於不真正的法條競合，那麼當特別法規定不適用時，對事實之法律評價即告終結，普通法規定亦無從適用。

　　廣電三法的黨政軍條款與《政黨法》第 23 條存在高度的構成要件差異。不過，相較於後者僅就政黨禁止從事營利、投資獲利行為進行廣泛規制，黨政軍條款所指涉的事物顯得較為具體、特定。換言之，雖然兩項條文皆針對政黨之行為，然而黨政軍條款的作用領域僅限於三種廣電事業之投資，而賦予特殊的法律效果。就此文義理解而言，應認為廣電三法之黨政軍條款為《政黨法》第 23 條之特別規定。再者，就立法目的進行討論，制定《政黨法》第23 條之用意，在於「政黨係以共同政治理念，協助形成國民意志，促進國民政治參與為目的，非以營利為目的，自不得藉本身權力與民爭利」[102]，故主旨在於避免政黨成為營利性社團。然而，廣電三法之黨政軍條款的立法目的，更著眼於維護民主多元秩序、確保國家的媒體中立等重要憲政目標，此宏旨實非《政黨法》第 23 條所盡能承載。因此，將廣電三法之黨政軍條款理解為《政黨法》第 23 條之特別規定，堪稱妥切。在此前提下，本文僅討論廣電三法之黨政軍條款，而不談《政黨法》第 23 條，已足能達成全文訴求。

　　以下為按照本文主張而決定放寬政黨投資廣電媒體限制後之立法方面建議。如果將來不廢除廣電三法之黨政軍條款，而僅就「一股都不能有」之限制進行鬆綁，則其仍為《政黨法》第 23 條之特別規定，而應優先適用之。不過，如果將黨政軍條款悉數廢除，那麼就不得不顧及到《政黨法》第 23 條所構成之限制。對此，《政黨法》於廣電三法黨政軍條款廢除同時應一併修正。

---

[102] 立法院議案關係文書，院總第 1434 號，政府提案第 15514 號，2016 年 2 月 17 日，頁 12。

最好的作法，為直接明文規定政黨投資廣電媒體之限度，使其排除《政黨法》第 23 條之適用。通傳會原先規劃使黨政軍條款「回歸政黨法」而適用第 23 條處罰政黨的構想[103]也必須有所調整，否則修法僅有改變處罰對象之意義，而未能達成鬆綁投資限制之根本目的（後記寫於 2022 年 11 月）。

---

[103] 國家通訊傳播委員會，傳播政策白皮書，2020 年，頁 107。

參考文獻

一、中文部分

王牧寰、陳人傑、蔡昕宸、廖祥丞 (2018)，《數位經濟下傳播匯流法制前瞻革新規劃》，國家通訊傳播委員會委託研究。

石世豪 (2009)，《我國傳播法制的轉型與續造》，台北：自刊。

石世豪 (2011)，〈電波管理與言論自由事前限制問題：大法官釋字第 678 號解釋評析〉，《法令月刊》，62 卷 3 期，頁 25–49。

辛年豐 (2020)，〈政黨法人基本權的本質性限制：以政黨的財產權為核心〉，《黨產研究》，5 期，頁 113–145。

林子儀 (1991)，〈論接近使用媒體權〉，《新聞學研究》，集 45，頁 1–23。

黃仁俊 (2011)，《德國政黨內部民主制度與司法審查界限之研究》，國立台灣大學社會科學院國家發展研究所碩士論文（未出版），台北。

許志雄、陳銘祥、蔡茂寅、周志宏、蔡宗珍 (2008)，《現代憲法論》，4 版，台北：元照。

程明修 (2007)，〈憲法基本原則：第三講民主國原則（三）〉，《月旦法學教室》，6 卷 2 期，頁 44–51。

陳人傑、楊嘉雯、洪志清、羅山珊 (2009)，《廣播事業股權規範之研究》，國家通訊傳播委員會委託研究。

陳博維 (2018)，《台灣政黨法制之研究》，國立台灣大學社會科學院國家發展研究所碩士論文（未出版），台北。

陳耀祥 (1992)，〈德國的政黨法律定位〉，《憲政時代》，17 卷 3 期，頁 52–104。

陳耀祥 (2005)，〈論政黨經營事業之法律限制〉，收於：國際刑法學會台灣分會（編），《民主・人權・正義：蘇俊雄教授七秩華誕祝壽論文集》，頁 769–788，台北：元照。

陳新民 (2011)，《釋憲餘思錄：卷一》，台北：自刊。

蔡宗珍 (1998)，〈政黨政治的迷思：從 97 憲改的政黨運作論我國憲政體制下

政黨的定位、發展及其危機〉,《台大法學論叢》, 27 卷 2 期, 頁 49–90。

蘇俊雄、朱志宏、許宗力 (2002),《政黨規範體制的研究:從動員戡亂時期人民團體法政黨規範的檢討,探究政黨立法的需要性與可行性》, 行政院政黨審議委員會委託研究。

二、德文部分

Beater, A. (2016). *Medienrecht* (2. Aufl.). Tübingen: Mohr Siebeck.

Bullinger, M. (2001). Medien, Pressfreiheit, Rundfunkverfassung. In Badura, P./Dreier, H. (Hrsg.), *Festschrift 50 Jahre Bundesverfassungsgericht* (Bd. 2, S. 193–218). Tübingen: Mohr Siebeck.

Cordes, M. (2009). *Medienbeteiligung politischer Parteien* (1. Aufl.). Göttingen: Cuvillier.

Cordes, M. (2009). Medienbeteiligungen politischer Parteien. *Zeitschrift für Parlamentsfrage*, S. 123–140.

Degenhart, C. (2007). Rundfunkfreiheit in der Entwicklung. *Kommunikation & Recht*, S. 1–9.

Dörr, O./Grote, R./Marauhn, T. (Hrsg.) (2013). *EMRK/GG Konkordanz Kommentar* (2. Aufl., Bd. 1). Tübingen: Mohr Siebeck.

Gersdorf, H. (2004). Medienbeteiligung politischer Parteien im Lichte des Rundfunkverfassungsrechts. In Morlok, M./v. Alemann, U./Streit, T. (Hrsg.), *Medienbeteiligung politischer Parteien* (S. 69–76). Baden-Baden: Nomos.

Goette, W./Habersack, M. (Hrsg.) (2019). *München Kommentar AktG* (5. Aufl., Bd. 1). München: C. H. Beck.

Huber, P. M. (2001). Parteien in der Demokratie. In Badura, P./Dreier, H. (Hrsg.), *Festschrift 50 Jahre Bundesverfassungsgericht* (Bd. 2, S. 609–626). Tübingen: Mohr Siebeck.

Huber, P. M. (2004). Medienbeteiligung politischer Parteien. In Morlok, M./v. Alemann, U./Streit, T. (Hrsg.), *Medienbeteiligung politischer Parteien* (S.

113–128). Baden-Baden: Nomos.

Kahl, W./Waldhoff, C./Walter, C. (Hrsg.) (2017). *Kommentar zum Bonner Grundgesetz* (185. Lief. Bd. 1, Art. 5 Abs. 1 und 2). Karlsruhe: C. F. Müller.

Klein, H. H. (2004). Medienbeteiligung politischer Parteien. In Morlok, M./v. Alemann, U./Streit, T. (Hrsg.), *Medienbeteiligung politischer Parteien* (S. 77–90). Baden-Baden: Nomos.

Klein, H. H. (2001). Parteien-Presse-Rundfunk. In Geis, M.-E./Lorenz D. (Hrsg.), *Staat, Kirche, Verwaltung: Festschrift für Hartmut Maurer zum 70. Geburtstag* (S. 193–204). München: C. H. Beck.

Kunig, P. (2005). Parteien. In Insensee, J./Kirchhof, P. (Hrsg.), *Handbuch des Staatsrechts* (3. Aufl., Bd. 3, §40). Karlsruhe: C. F. Müller.

Maunz, T./Dürig, G. (Hrsg.) (2020). *Grundgesetz Kommentar* (90. Aufl., Bd. 1, 3). München: C. H. Beck.

Möstl, M. (2003). Politische Parteien als Medienunternehmer. *Die öffentliche Verwaltung*, S. 106–113.

Paschke, M. (2009). *Medienrecht* (3. Aufl.). Heidelberg: Springer.

Püschel, H. (ohne Datum). *Rechtliche Probleme der Beteiligung politischer Parteien an Medienunternehmen*. verfügbar unter: http://www.presserecht. de/index.php?option=com_content&task=view&id=46&Itemid=33

Reffken, H. (2007). *Politische Parteien und ihre Beteiligungen an Medienunternehmen* (1. Aufl.). Baden-Baden: Nomos.

Wieland, J. (2004). Medienbeteiligung politischer Parteien. In Morlok, M./v. Alemann, U./Streit, T. (Hrsg.), *Medienbeteiligung politischer Parteien* (S. 103–112). Baden-Baden: Nomos.

第九篇

告別廣電三法之黨政軍條款——法政策學、比較法學、公法學的三重奏[*]

黃仁俊[**]

[*] 本文內容分別以「黃仁俊，黨政軍條款的再省思——廣電三法與政黨法的交錯，教育法學評論，2020 年 12 月，第 6 期，國立臺灣師範大學，頁 43–60。」和「黃仁俊，黨政軍退出媒體條款之合憲性檢驗——簡評臺北高等行政法院 108 年訴字第 99 號判決，教育暨資訊科技法學評論，2021 年 10 月，第 7 期，天主教輔仁大學法律學院，頁 65–78。」兩篇期刊論文合併改寫而成，並新增前言和結論的段落，統整成本文。作者非常感謝輔仁大學法律學院的厚愛，能讓兩篇期刊著作合併，並同時收錄於輔仁大學法學叢書。

[**] 天主教輔仁大學法律學院學士後法律學系助理教授，德國慕尼黑大學法學博士。

因為法律就是羅馬神話中的薩圖恩 (Saturn)，祂會吞食自己的子女。法律是僅能透過清除自身的過去，始賦予自己活力。

Rudolf von Jhering

《為權利而鬥爭 (Der Kampf um's Recht)》，1872

壹、前言

　　當公共政策走入憲法訴訟的當下，政黨政治與憲法政治必然產生競逐。對應正在進行憲法訴訟化的臺灣，能夠掌握公共政策的走向之人，不再單純是立法者的政治判斷，而是憲法法庭大法官對於法律條文的違憲審查。當政策論辯轉化成司法論證，如何開展**法政策學、比較法學、公法學**三者的學術內涵，則構成引導憲法政治與憲法訴訟的知識燈塔。

　　對此，本文欲以廣電三法的黨政軍條款為主軸，分別透過法政策學、比較法學、公法學的三個視角，探究公共政策、政黨政治與憲法政治三者在制度設計、運作與調控的生態系。首先，本文將以法政策學的視角，重新回顧「黨政軍條款」的制度目的，描繪出當初制度本身的理想性格，對比現今該制度變形的扞格。其次，本文另以比較法學的視野，檢視重塑該制度的其他規範可能，進而介紹德國廣電法和政黨法的立法例，希冀能促成此一制度的修正，達成以正視聽之效果。再者，本文將以公法學範疇下的憲法訴訟作為現行僵局的突破，試為法官草擬法規範憲法審查聲請書，說明法律違憲之確信。最後，希冀本文以法政策學、比較法學、公法學的三重奏，真正能達成告別黨政軍條款之效。

貳、制度的開端

　　對於臺灣廣播電視事業的發展而言，「臺灣廣播電視事業的初期發展與國民黨政府在大陸時期的建立廣播事業有關[1]。」這樣的評論早於 1993 年便由學者王振寰探討《廣播電視媒體的控制權》一文所提出。中國國民黨黨營的

中國廣播公司（中廣）掌控了中國廣播電視（中視）的控制權、臺灣省政府掌控了臺灣電視公司（台視）的控制權、國防部和教育部則掌控了中華電視公司（華視）的控制權[2]。從 1960 年代開始，中視、台視和華視，這三間所謂「老三台」的電視台在，則分別由黨、政、軍的力量所介入和代表，而呈現出中國國民黨政府對於大眾傳媒的掌控，亦勾勒出黨國體制下宣揚國策、輿論控制與思想教育的軌跡。

　　1976 年所公布的「廣播電視法」便體現過往非常時期國家體制下的媒體管控，而留下了清楚的文字紀錄。在 1976 年「廣播電視法」的第 1 條的立法目的便提及：「為管理與輔導廣播及電視事業，以闡揚國策，宣導政令，報導新聞，評論時事，推廣社會教育，發揚中華文化，提供高尚娛樂，增進公共福利，特制定本法。」此外，在當時該法第三章「節目管理」的第 21 條第 2 項便清楚地指明，「反共復國國策」與「廣播、電視節目內容」的連結，甚至於該法第 45 條第 2 款加諸了吊銷其廣播或電視執照作為最為嚴厲的行政處罰。

　　在國家體制始漸回歸自由民主憲政秩序的同時，黨國體制對於媒體公司資本結構的控制並未因此消散，因此，早在 1995 年民間便發起了「黨政軍退出三台運動聯盟[3]」，而在 2000 年政黨輪替之後，透過主政的民主進步黨政府，於 2003 年修正有線廣播電視法、廣播電視法、衛星廣播電視法（以下簡稱廣電三法）之過程中，導入了所謂的「黨政軍退出媒體」的政策條款。當年在條文三讀之前，還另作一項附帶決議，用以強調該立法意旨，略以「**為使黨政軍勢力徹底退出媒體，以維護新聞自由與民主健全發展，不以任何形式介入媒體經營，無線電視台釋應由立法院依政黨比例推薦之代表、社會公正人士及無線電視台員工組成釋股監督委員會，制定並執行釋股之相關事**

1　王振寰，廣播電視媒體的控制權，收錄於：鄭瑞城等（編），《解構廣電媒體》，1993 年，頁 83。

2　王振寰，前揭註，頁 84–86。

3　黨政軍退出三台聯盟，「黨政軍退出三台運動」問答手冊，1995 年 3 月 25 日，頁 22–23。

宜[4]。」以下扼要摘錄現行廣電三法之有關黨政軍條款的條文：

廣播電視法第 5–1 條

政府、政黨、其捐助成立之財團法人及其受託人不得直接、間接投資民營廣播、電視事業。

除法律另有規定外，政府、政黨不得捐助成立民營廣播、電視事業。

本法修正施行前，政府、政黨、其捐助成立之財團法人及其受託人有不符前二項所定情形之一者，應自本法修正施行之日起二年內改正。

政黨黨務工作人員、政務人員及選任公職人員不得投資廣播、電視事業；其配偶、二親等血親、直系姻親投資同一廣播、電視事業者，其持有之股份，合計不得逾該事業已發行股份總數百分之一。

本法修正施行前，廣播、電視事業有不符前項情形者，應自本法修正施行之日起二年內改正。

政府、政黨、政黨黨務工作人員及選任公職人員不得擔任廣播、電視事業之發起人、董事、監察人及經理人。

本法修正施行前，廣播、電視事業有不符前項情形者，應自本法修正施行之日起六個月內解除其職務。

本條所稱政黨黨務工作人員、政務人員及選任公職人員之範圍，於本法施行細則定之。

有線廣播電視法第 10 條

政府、政黨、其捐助成立之財團法人及其受託人不得直接、間接投資系統經營者。本法修正施行前，政府、政黨、其捐助成立之財團法人及其受託人有不符前項所定情形者，應自本法修正施行之日起二年內改正。

政黨黨務工作人員、政務人員及選任公職人員不得投資系統經營者；其配偶、二親等血親、直系姻親投資同一系統經營者，其持有之股份，合

4　立法院公報，2003 年 12 月，第 92 卷第 57 期。

計不得逾該事業已發行股份總數百分之一。本法修正施行前，系統經營者有不符規定者，應自本法修正施行之日起二年內改正。

政府、政黨、政黨黨務工作人員及選任公職人員不得擔任系統經營者之發起人、董事、監察人或經理人。本法修正施行前已擔任者，系統經營者應自本法修正施行之日起六個月內解除其職務。

前二項所稱政黨黨務工作人員、政務人員及選任公職人員之範圍，於本法施行細則定之。

衛星廣播電視法第 5 條

政府、政黨、其捐助成立之財團法人及其受託人不得直接、間接投資衛星廣播電視事業。除法律另有規定外，政府、政黨不得捐助成立衛星廣播電視事業。

本法修正施行前，政府、政黨、其捐助成立之財團法人及其受託人有不符前二項所定情形之一者，應於本法修正施行之日起二年內改正。

政黨黨務工作人員、政務人員及選任公職人員不得投資衛星廣播電視事業；其配偶、二親等血親、直系姻親投資同一衛星廣播電視事業者，其持有之股份，合計不得逾該事業已發行股份總數百分之一。本法修正施行前，衛星廣播電視事業有不符規定者，應自本法修正施行之日起二年內改正。

政府、政黨、政黨黨務工作人員及選任公職人員不得擔任衛星廣播電視事業之發起人、董事、監察人及經理人。本法修正施行前已擔任者，衛星廣播電視事業應自本法修正施行之日起六個月內解除其職務。

前二項所稱政黨黨務工作人員、政務人員及選任公職人員之範圍，於本法施行細則定之。

在 2003 年「廣電三法」納入黨政軍條款，嚴明禁止黨政軍介入媒體投資，並且要求此一修正施行之日起二年內改正之，亦即，在 2005 年 12 月 26 日則為黨政軍退出媒體的大限。在此之前，中視則因中國國民黨將其股權賣

給中國時報集團，朝向非黨營化；台視則釋出公股並於興櫃市場掛牌，走入民營化；華視則與公共電視台合組台灣公共廣播電視集團，走向公共化[5]。

參、制度的變形

2005 年 10 月政府組織再造，整併行政院新聞局、交通部電信總局等相關業務，而新設「國家通訊傳播委員會」作為通訊傳播事業之監理與審查業務的主管機關。在《國家通訊傳播委員會組織法》第 1 條即敘明：「行政院為落實憲法保障之言論自由，謹守黨政軍退出媒體之精神，促進通訊傳播健全發展，維護媒體專業自主，有效辦理通訊傳播管理事項，確保通訊傳播市場公平有效競爭，保障消費者及尊重弱勢權益，促進多元文化均衡發展，提升國家競爭力，特設國家通訊傳播委員會。」該「謹守黨政軍退出媒體之精神」的條文文字則開啟了黨政軍條款在數位匯流時代的新課題以及國家通訊傳播委員會對於廣電三法的法律解釋問題。

一、一股都不能有的僵化解釋

在 2005 年 12 月 26 日之後，行政機關（國家通訊傳播委員會）在黨政軍條款的解釋適用上，在後續的廣播電視法施行細則第 3 條至第 5 條、衛星廣播電視法施行細則第 3 條、有線廣播電視法施行細則第 5 條至第 7 條分別就「政黨黨務工作人員」、「政務人員」和「公職人員」予以明確的定義。再者，對於「不得直接、間接投資」的條文文字則是基於「政黨不以任何形式介入媒體經營」的立法意旨，採取股權直接或間接持有的事實認定，而有著「一股都不能有」的法律解釋。在此一解釋之下，倘若黨務、政務、公職人員間接持有媒體一股，則該系統經營者、衛星廣播電視事業、境外衛星廣播電視事業或他類頻道節目供應事業，則分別將依照有線廣播電視法第 58 條第 2

5　蕭文生，傳播法之基礎理論與實務，第二版，2017 年，元照，頁 84。

項、衛星廣播電視法第 50 條以及廣播電視法第 44 條之 2「處新臺幣二十萬元以上二百萬元以下罰鍰，並令其限期改正；屆期不改正者，得按次處罰，或廢止其經營許可並註銷其執照。」至於民營廣播、電視事業則是依照廣播電視法第 44 條之 2，「處新臺幣二十萬元以上二百萬元以下罰鍰，並令其限期改正，屆期不改正者，得按次處罰。」而無註銷執照的處分。

　　然而，行政機關所持「一股都不能有」的法律見解，無疑是體現在黨國體制的歷史脈絡之中，這樣的法律見解在數位匯流的新時代是馬上面臨到挑戰。在科技匯流、產業匯流以及市場匯流的時代之下，媒體的所有權是跨產業別的，並且在創新的資本市場是不停流動的[6]。「一股都不能有」的法律政策或法律解釋，可說是因事實上不能，而形成了法律上的不能[7]，特別是黨政軍條款的裁處對象是系統經營者、衛星廣播電視事業、境外衛星廣播電視事業或他類頻道節目供應事業，而非為行為人的「政黨黨務工作人員」、「政務人員」和「公職人員」。舉例而言，當某一「政黨黨務工作人員」、「政務人員」和「公職人員」在公開股票市場上買入並持有台灣電視公司的股票，則台灣電視公司「毫無期待可能性並且被動的」便違反了黨政軍條款，進而有可能面臨相關的罰鍰，呈現出的違背義務行為人和規範處罰對象不同的謬誤。

　　對此而言，最顯而易懂的案例即是，行政院國家發展基金在公開股票市場購買某上市公司的股票，而該上市公司又間接持有電視台的股份，造成間接投資之情形，而構成違反黨政軍條款之情形。例如行政院國家發展基金投資國際中橡投資控股公司，而後者又投資緯來電視網股份有限公司（緯來日本台、緯來綜合台及緯來體育台），旋即造成緯來電視網股份有限公司違背黨政軍條款，將面臨相關的罰鍰以及無法更換頻道執照，此一情形亦呈現出的違背義務行為人（國發基金）和規範處罰對象（緯來電視）不同的裁罰謬

6　彭芸，匯流時代的電視產業及觀眾，2004 年，五南，頁 9。
7　陳銘祥，法政策學，二版，2019 年，頁 19。

誤[8]。

二、行政爭訟的困局

　　針對上述違背義務行為人和規範處罰對象不同的裁罰謬誤，受裁罰的當事人勢必提起相關行政爭訟，以確保該權利。對此，在行政爭訟實務上，以臺北高等行政法院 108 年訴字第 99 號判決有關「國發基金間接投資緯來電視案」為例，該受裁罰之當事人（緯來電視）則主張「衛廣法第 5 條第 1 項係課予黨政軍不得直接、間接投資之不作為義務，不作為義務之對象並非原告。且現行衛廣法亦無任何應改正之具體內容規定，更難認原告得以一己之力獨立排除或防免黨政軍直接或間接投資之有效措施，況原告對於黨政軍之輾轉投資並無預見可能性。另參以目前並無任何法規授權衛星廣播電視事業經營者可得合法取得上層公司之股東持股狀況，遑論以公開集中交易市場撮合狀況瞬息萬變，原告如欲隨時掌握直接或間接持有其所有上層股東股權之變化狀況，顯需付出巨大成本，勢必影響衛星廣播電視事業之正常營運。原告依法並不負有事前或事後防止其受黨政軍投資之作為義務，故亦無可非難性及可歸責性。」再者，該排除黨政軍條款之情事與申請換照之處分而亦有切缺正當合理之關聯，違反行政程序法第 94 條禁止不當聯結之規定。

　　與之相對的，在此一訴訟中，國家通訊傳播委員會則對此主張：「原告（緯來）可以主動協助其法人股東建立查核機制，隨時掌控受投資之情形。為排除系爭違反黨政軍投資情事原告尚非不得聲請定暫時狀態處分，並提起確認股東關係不存在之訴」。再者，國家通訊傳播委員會亦認為：「排除違反黨政軍條款之情事絕非客觀上不可能實踐，且實務上亦有東森電視事業股份有限公司、年代網際事業股份有限公司、全民電視股份有限公司等排除違反

8　國家通訊傳播委員會亦認同此一倒置的裁罰對象，請參見：國家通訊傳播委員會，傳播政策白皮書，2018 年 8 月，頁 106。

黨政軍投資情事,是無論係黨政軍直接或間接投資情形,系爭附款並非客觀上不能履行,且亦非顯無期待可能性,或客觀上無法排除或不能排除。」由此可知,該情事並非個案,而是一再發生的通案。

就此而言,行政法院首先否定了國家通訊傳播委員會的主張,而認為:「國發基金於基準日 107 年 10 月 15 日持有原告法人股東中橡公司股票,而間接輾轉投資原告(即系爭違反黨政軍投資情事),致有違反黨政軍投資條款等情,有政府機構持股股東名冊 1 份在卷可稽(原處分卷第 4 頁)。然原告對於國發基金持有原告法人股東中橡公司股票,及中橡公司持有原告股票等投資之行為,除事前知情,與之有意思聯絡,或是有防止發生之可能性外,處於被動狀態,應無預見可能性,原告亦無法拒絕國發基金取得中橡公司股票及中橡公司取得原告公司之股份等投資之行為,原告並無可非難性及可歸責性。況原告均係因國發基金購入中橡公司股份及中橡公司購入原告股份之行為,而非原告自己之行為導致國發基金間接投資原告之違規狀態。原告對國發基金及中橡公司之各該投資行為,並無任何實質影響力,無權限制或拒絕上開股份買賣交易之成立,遑論排除。可知,原告並無任何法律上權源,得本於一己之力,獨立以『改正』違反衛廣法第 5 條第 1 項規定情事。」

再者,行政法院亦補充,「衡諸證券交易法及公司法等證券金融法令顯不具期待原告履行之可能性,且繫諸於投資者是否出賣股票或第三人買受原告股票之意願、資力及行為始能達成,以目前自由交易市場之制度下均非合理可行。」最後,行政法院撤銷原處分並認為,國家通訊傳播委員會應依本判決之意旨,重由委員會議行使充分完整之審議權後,另行作成適法專業之判斷結果而定。

對此,而後國家通訊傳播委員會則依該判決之,同樣出附附款許可之換照處分,仍舊要求緯來電視改正其違反黨政軍條款情形,依然落於無期待可能性的改正困局。有鑑於此一困境,國家通訊傳播委員會亦肯認黨政軍條款不合理,而望能透過修法解套[9]:

「NCC 說明，考量緯來電視因其上層股東受有政府基金投資，進而導致其有違反黨政軍條款之情事，雖屬被動且間接受有政府投資之情形，惟依衛廣法第 5 條規定，黨政軍不得直接、間接投資衛星廣播電視事業。為貫徹 NCC 組織法謹守黨政軍退出媒體之精神，以促進通傳產業健全發展及維護媒體專業自主，並兼顧消費者權益，因此，NCC 決議以附附款許可換照方式處理，並明訂改正期限，藉由給予相當期限，促使緯來電視能以較長之時間來排除黨政軍持股情形。

　　NCC 表示，黨政軍條款確有不盡合理之處，依日前公布的『傳播政策白皮書』，揭露黨政軍條款適當解禁方向，針對現行法衍生之種種窒礙，盼各界正視，期謀求黨政軍條款合理修正，以健全產業秩序[10]。」

9　對此一議題學界則是有所分歧，不過適當地鬆綁舊時代黨政軍條款，以活絡相關產業發展仍是學界的主流意見：相關討論與以及外國法的比較可參閱：翁曉玲，「黨政軍退出媒體」是憲法要求？——從廣電自由制度性保障和本國文化保護談起，教育法學評論，2020 年 11 月，第 6 期，頁 77–81；張永明，黨政退出廣電媒體條款之再檢視，教育法學評論，2020 年 11 月，第 6 期，頁 1–14；陳弘益，我國廣電三法黨政軍條款修正芻議，教育法學評論，2020 年 11 月，第 6 期，頁 61–76；黃仁俊，黨政軍條款的再省思——廣電三法與政黨法的交錯，教育法學評論，2020 年 12 月，第 6 期，頁 43–60。另國內學界的討論請參見：張永明，簡論廣電三法之黨政軍條款，台灣法學雜誌，2016 年 4 月，第 294 期，頁 115–119；蔡明芳，遠傳以認購公司債入主中嘉案的經濟分析，台灣法學雜誌，2016 年 4 月，第 294 期，頁 120–121；廖欽福，荷蘭商 NHPEA Chrome Holding B.V. 申請多層次轉投資吉隆第 12 家有線電視股份有限公司案之召開公聽會，程序上可能爭點與後續，台灣法學雜誌，2016 年 4 月，第 294 期，頁 122–127；羅承宗，「私法自治的界限系列——私法自治交錯於廣電三法與黨政軍條款」座談會與談稿，台灣法學雜誌，2016 年 4 月，第 294 期，頁 128–129；江雅綺，評析遠傳以公司債進軍中嘉案：黨政軍條款與公共利益的角力，台灣法學雜誌，2016 年 4 月，第 294 期，頁 130–135；呂理翔，以限縮「無線必載」與取消「黨政軍退出媒體」條款實現多元開放的傳播媒體秩序，台灣法學雜誌，2016 年 4 月，第 294 期，頁 136–140；陳耀祥，「私法自治的界限系列——私法自治交錯於廣電三法與黨政軍條款」座談會與談稿，台灣法學雜誌，2016 年 4 月，第 294 期，頁 140–142；陳人傑，廣電事業股權規範之研究，財團法人電信技術中心，國家通訊傳播委員會委託研究，2009 年 12 月，頁 154；石世豪，目的事業參與結合之多重管制問題及其制度革新芻議——以通訊傳播領域為例，公平交易季刊，2017 年 04 月，第 25 卷第 2 期，頁 55–90。

10　參見：國家通訊傳播委員會重為緯來電視網股份有限公司所屬 3 頻道換照許可處分，期盼未來黨政軍條款合理修正，2020 年 8 月 12 日，國家通訊傳播委員會新聞稿。資料來源：https://www.ncc.gov.tw/chinese/news_detail.aspx?site_content_sn=8&sn_f=44678（最後瀏覽日期：2022 年 12 月 1 日）。

三、權利侵害的三類型

上述的國發基金間接投資緯來電視一案,其實只是黨政軍條款被濫用的冰山一角。對此,本文嘗試以國家通訊傳播委員會組織法第 1 條、廣播電視法第 5-1 條、有線廣播電視法第 10 條與衛星廣播電視法第 5 條作為關鍵字,檢索歷年來違反黨政軍條款的行政爭訟。就涉犯黨政軍條款「不得直接、間接投資」則可區分為「基於政府國發基金投資所生之間接持有」、「源於民營化之前的公股所生之間接持有」或「併購商戰下的政客惡意入股的行為」的三者類型。這三種類型均體現出「一股都不能有」的法律見解被濫用且不合時宜的情形。

(一)基於政府基金投資所生之間接持有

除了上述所摘錄的臺北高等行政法院 108 年訴字第 99 號判決有關「國發基金間接投資緯來電視案」之外,基於政府基金間接投資所生則另有臺北高等行政法院 101 年訴字第 613 號判決的「國安基金間接投資年代電視案」、臺北高等行政法院 101 年簡字第 279 號判決的「臺灣地區雜糧發展基金會間接投資東森電視案」以及最高行政法院 101 年度判字第 194 號「退撫基金間接投資緯來電視案」。

從時序而言,自 2012 年至今,此一類型的黨政軍條款濫用情形仍層出不窮。值得注意的是,早在最高法院 101 年度判字第 194 號便已揭示該情形,不過,國家通訊傳播委員會仍是堅守「一股都不能有的舊解釋」,並且重複作出相同卻不適法的附附款行政處分,靜待將來修法的契機。在歷經 2010 年、2012 年、2015 年以及 2018 年的立法未果,該無預見可能性、不可非難性及不可歸責性的問題仍舊存在。此一類型的特色在於多源頭的間接投資態樣,由於證券市場自由流通及公司股份自由轉讓原則,任何政府機關或基金均可因自由證券市場的流通,而直接或間接違犯黨政軍退出媒體條款,造成電視台受到裁罰。舉例而言,在最高行政法院 101 年度判字第 194 號「退撫基金

間接投資緯來電視案」便指出該多源頭的投資者有公務人員退休撫卹基金管理委員會、國家金融安定基金管理委員會、交通部之中華郵政股份、勞工保險局、臺北市政府對緯來電視均具有間接投資關係。

（二）源於民營化之前的公股所生之間接持有

　　除了基於政府基金投資所生之間接持有，亦有另一種樣態是所謂官股的持有。例如中華電信在民營化之後仍有交通部之官股，因此中華電信 MOD 原先所具有的「固定通訊綜合網路業務經營有線廣播電視業務營運許可證」，也就是所謂系統業者的角色，則可能違背有線廣播電視法第 10 條的黨政軍條款，因此，始有「中華電信股份有限公司多媒體內容傳輸平臺服務營業規章」的變革，將其轉為「網路平臺」，而繞開黨政軍涉入媒體條款[11]。不過，在臺北市政府持有富邦金控的官股，則成為了訴外人富邦金控、富邦人壽違背黨政軍條款的原有，迄今則有臺北高等行政法院 109 年度訴字第 1253 號判決的「北市府間接投資紅樹林電視案」、臺北高等行政法院 108 年訴字第 1744 號判決的「北市府間接投資觀天下電視案」、最高行政法院 104 年判字第 685 號判決的北市府間接投資永佳樂電視案、臺北高等行政法院 101 年簡字第 394 號判決的北市府間接投資三立電視案。

　　臺北高等行政法院 108 年訴字第 1744 號判決的「北市府間接投資觀天下電視案」業已揭示出此一類型的特性，即為多層次的循環追索，在此一判決臺北市政府竟經由 7 個層次間接投資原告而違反有線廣播電視法第 10 條第 1 項規定之情形：「黨政軍投資條款旨在禁止黨政軍以任何形式投資媒體，以

---

[11] 參見 2007 年 9 月 6 日國家通訊傳播委員會第 195 次委員會議紀錄。關於中華電信 MOD 的規範發展另可參照：江耀國，論對寬頻多媒體 (MOD) 服務的法律管制，律師雜誌，2002 年 9 月，第 276 期，頁 34–43；賴祥蔚，電視平台之市場界定——以中電電信 MOD 與有線電視為例，公平交易季刊，2014 年 7 月，第 22 卷第 3 期，頁 45–66；章忠信，允許 MOD 自組頻道的法制再次謬誤，2019 年 3 月 27 日，資料來源：http://www.copyrightnote.org/ArticleContent.aspx?ID=9&aid=2946（最後瀏覽日期：2022 年 12 月 1 日）；劉宗德，NCC 懈怠管制 MOD 之責任及救濟，月旦法學雜誌，2020 年 1 月，第 296 期，頁 77–91。

防止介入媒體經營，惟因有價證券公開市場交易之不確定性，將致立於被動地位之原告隨時可能因違反黨政軍投資條款而遭廢止經營許可證，並非黨政軍投資條款法規範之本旨，故系爭附款之履行於原告顯不具期待可能性。是以，被告針對臺北市政府、政府機關（構）經由 7 個層次間接投資原告而違反有線廣播電視法第 10 條第 1 項規定之情形，以系爭附款要求原告『自核准換照之日起 3 年內改正違反黨政軍條款情事』，衡諸證券交易法及公司法等證券金融法令顯不具期待原告履行之可能性，且繫諸於臺北市政府、政府機關（構）是否出賣股票或第三人買受原告股票之意願、資力及行為始能達成，以目前自由交易市場之制度下均非合理可行，難認系爭附款與原處分具有正當合理之關聯。」

（三）特定黨政軍人士的惡意入股

最後一種類型則較特殊，係屬有心人士刻意違背黨政軍條款，以作為商業併購之特定手段或者杯葛換照，而令國家通訊傳播委員會作成裁罰，刻意利用違背義務行為人和規範處罰對象不同的裁罰漏洞。最受注目的則屬於台數科併購東森電視一案，對此則可參見：臺灣臺北地方法院 107 年簡字第 261 號判決：「原處分主張原告受屏東縣議員宋麗華間接投資，違反有線廣播電視法第 10 條第 2 項規定，基於國家通訊傳播委員會組織法第 1 條謹守黨政軍退出媒體之精神及有線廣播電視法一體適用於所有有線廣播電視事業，無排除適用之理由云云，顯然逾越有線廣播電視法第 12 條第 1 項、第 58 條第 2 項法律規範範圍，而違法擴張解釋適用有線廣播電視法第 10 條第 2 項、第 12 條第 1 項及第 58 條第 2 項規定，致使本不負有防免其接受黨政軍投資之作為義務，且客觀上亦難以履行該作為義務原告之『系統經營者』，擔負起非法定且難以期待其履行之作為義務，核自有違法。」如此利用該裁罰漏洞場景則形成地方民代購置一張股票卡住百億併購案的局面。

肆、制度的重塑

一、修法解套的學說見解

調整「黨政軍條款」在學界業已醞釀許久，特別是在法學界對此亦有相當多的看法，不過，各個學者對於廣電市場的認知想像不同，其規範管制的態樣亦當然有些出入[12]。作為廣播電視主管機關的國家通訊傳播委員會，其當然了解「黨政軍條款」停留在特定時代下的意義，而希冀透過「修法放寬」的方式，微調廣電三法下的「黨政軍條款」。對於上述的修法討論內容，相關解套的可能則臚列如下：

（一）三層次豁免說

學者陳炳宏教授曾在 2013 年「反對刪除『黨政軍退出廣電媒體』條款暨修法意見」一文中提出若干修法建議，其主要論理在於保留廣電三法的黨政軍條款，而著眼於該行政機關的「施行細則」，希冀透過「黨政軍資金間接投資廣電媒體達三層（含）以上，則視同非黨政軍股權」的豁免規定，予以調整該僵化的「黨政軍退出廣電媒體」，以下摘錄其原始文字：

「（一）從修訂現行相關法規細則著手，一來先確立不溯及既往原則，即在此之前，任何廣電媒體不管是否認知到有黨政軍間接投資的事實，除

---

[12] 請參見：張永明，簡論廣電三法之黨政軍條款，台灣法學雜誌，2016 年 4 月，第 294 期，頁 115–119；蔡明芳，遠傳以認購公司債入主中嘉案的經濟分析，台灣法學雜誌，2016 年 4 月，第 294 期，頁 120–121；廖欽福，荷蘭商 NHPEA Chrome Holding B.V. 申請多層次轉投資吉隆等 12 家有線電視股份有限公司案之召開公聽會，程序上可能爭點與後續，台灣法學雜誌，2016 年 4 月，第 294 期，頁 122–127；羅承宗，「私法自治的界限系列——私法自治交錯於廣電三法與黨政軍條款」座談會與談稿，台灣法學雜誌，2016 年 4 月，第 294 期，頁 128–129；江雅綺，評析遠傳以公司債進軍中嘉案：黨政軍條款與公共利益的角力，台灣法學雜誌，2016 年 4 月，第 294 期，頁 130–135；呂理翔，以限縮「無線必載」與取消「黨政軍退出媒體」條款實現多元開放的傳播媒體秩序，台灣法學雜誌，2016 年 4 月，第 294 期，頁 136–140；陳耀祥，「私法自治的界限系列——私法自治交錯於廣電三法與黨政軍條款」座談會與談稿，台灣法學雜誌，2016 年 4 月，第 294 期，頁 140–142。

主動申報並退出外，其餘以投資日認定，如果在細則修訂前係既存事實，則既往不究。

（二）以母法黨政軍退出為基本精神，透過細則修法規定，如果黨政軍資金間接投資廣電媒體達三層（含）以上，則視同非黨政軍股權，不違反母法規定。此項修法可以將目前被視為窒礙難行的法條簡單化。但此舉並不等同同意黨政軍投資媒體，只是認可實際投資行為可能難以確認間接投資三層以上資金來源的事實，因此不以違反法規為認定標準。這點建議與同意間接投資意義不同。同意間接投資等於同意黨政軍可以投資廣電媒體，但認可三層以上之資金來源難以認定，因此不是為違反規定，其意義還是反對黨政軍投資廣電媒體。

（三）如果違反該條文，其受罰對象應該是投資者，而非廣電媒體，這點應確立，否則違反公平原則[13]。」

（二）容許間接持有 5% 股權說

早在 2009 年由國家通訊傳播委員會亦對此一問題，進行「廣電事業股權規範」之委託研究報告，在此一報告上，學者陳人傑則建議採取容許黨政軍間接 5% 股權說，以下為摘錄該研究報告之文字：

「本研究認為，在比較法上可參考英國 1990 年廣播電視法 (Broadcasting Act 1990) 規定政治組織持有超過 5% 利益者，不得取得廣電執照之規定。對於持股較為分散的廣電事業，持股 5% 即具有不容忽視的影響地位。為持續現行『黨政軍退出媒體』之政策，避免股權較為分散的廣電事業遭到黨、政持股的不當影響，本研究建議對於直接持股宜為禁止，間接持股的部分則可考慮參考上述英國法之規定，以 5% 之比例加以限制。至於適用之對象，則為頻道事業及非中性平台的廣電平台事業（包

---

13 陳炳宏，反對刪除「黨政軍退出廣電媒體」條款暨修法意見（2013 年 1 月 5 日），資料來源：http://pxc24.blogspot.com/2013/01/blog-post_6.html（最後瀏覽日期：2022 年 12 月 1 日）。

括無線、衛星及現行的有線廣電平台）；已為中性平台性質的電信平台事業，或者日後數位化的有線廣電平台事業，則可以解除此一限制[14]」。

（三）實質控制說

另外，在 2018 年由國家通訊傳播委員會曾委託財團法人電信技術中心進行「數位經濟下傳播匯流法制前瞻革新規劃」研究，在此一研究報告中對於黨政軍條款的調整則採取實質控制的見解。以下為摘錄該研究報告之文字：

> 「黨政軍條款除直接影響 IPTV 產業的正常發展外，也同樣影響目前廣電三法中所規範廣電事業的正常營運，並干擾證券交易市場的買賣機制。基此，本研究認為，唯有全面性、全面地調整黨政軍條款的規範模式，視聽傳播產業才可真正邁向正常化經營的康莊大道。由是，通傳會規劃未來的調整重點概如採『實質控制理論』，限縮管制範圍，以及規範及裁罰對象改為政黨及政府機關（構）等[15]。」

再者，106 年 5 月 31 日國家通訊傳播委員會第 750 次委員會議上，有關「荷蘭商 BIJ LOU B.V. 及荷蘭商 PX CAPITAL PARTNERS B.V. 申請轉讓偉齊股份有限公司、杰軒股份有限公司暨東森電視事業股份有限公司股權續行討論案」違反黨政軍條款的裁罰案，時任委員的陳耀祥教授則是採取了實質控制說，而提出了不同意見書，該文字摘要如下：

> 「本案在申請主管機關審查股權買賣過程中，因為利害關係人東森國際股份有限公司的強烈反對及公職人員與政黨購買台數科股票而出現所謂牴觸衛廣法第 5 條禁止黨政軍投資媒體規定之爭議。經查，黨政軍條款之立法目的在於防止政府投資及介入媒體經營，違反政府與媒體保持臂距原則及接受媒體監督之民主課責機制。依本會管制之行政先例，黨政

---

[14] 陳人傑，廣電事業股權規範之研究，財團法人電信技術中心，國家通訊傳播委員會委託研究，2009 年 12 月，頁 154。

[15] 王牧寰，數位經濟下傳播匯流法制前瞻革新規劃，財團法人電信技術中心，國家通訊傳播委員會委託研究，2018 年 9 月，頁 145。

軍無論直接或間接投資，皆是以投資之初即違反黨政軍條款為判斷基準，在交易過程因為故意阻擾交易進行而於審查中購入兩張股票並向本會檢舉之行為，並無前例。本案交易雙方當事人於簽約之際並無故意或過失採取黨政軍投資媒體模式，自無歸責之可能。即使前述公職人員及政黨購買台數科股票有效，依『實質控制』理論，兩張股票所取得之股東權利並無控制經營媒體之功能，依法學方法論上目的解釋方式推之，並未違反前述黨政軍條款[16]。」

（四）完全廢除黨政軍條款說

在學界的討論上則還有廢除黨政軍條款的看法，其多半是認為黨政軍條款侷限在特定的時空背景上，而不符合現在潮流。對此學者陳清河認為：「黨政軍條款已是『過時的尚方寶劍』，現在媒體的內容並不因為排除黨政軍資金，就不帶有色彩，與其以比例或其他折衷方式規範，不如全部刪掉，用其他法規和媒體自律來管理媒體內容[17]」。再者，前交通部長賀陳旦亦認為：「電信業發展媒體內容產業是必然的趨勢；政府輔導媒體內容產業往更蓬勃的發展也是必然要做的事。基於電信業在電信網路數位化發展上的領先，應該展現長尾理論來發展更多消費型態的服務，滿足不同閱聽眾的需求，積少成多，累積龐大的新媒體商機。廢除黨政軍條款是台灣緊急的課題，但也因為社會普遍的非理性的恐慌，使黨政軍條款的廢除一直拖延著[18]。」

---

[16] 參見國家通訊傳播委員會第 750 次委員會議紀錄「荷蘭商 BIJ LOU B.V. 及荷蘭商 PX CAPITAL PARTNERS B.V. 申請轉讓偉齊股份有限公司、杰軒股份有限公司暨東森電視事業股份有限公司股權續行討論案」陳委員耀祥不同意見書，頁 5。

[17] 轉引自殷其光，傳播匯流法制重要議題研析暨政策建議委託研究採購案，財團法人電信技術中心，2018 年 9 月，頁 166。

[18] 轉引自殷其光，傳播匯流法制重要議題研析暨政策建議委託研究採購案，財團法人電信技術中心，2018 年 9 月，頁 166。

二、從綠皮書到白皮書的推動

對此，國家通訊傳播委員會亦曾透過委「匯流時代傳播政策諮詢文件（綠皮書）」以及「傳播政策白皮書的方式」，積極地尋求社會共識以及法案修正的可能。首先，國家通訊傳播委員會在 2018 年 8 月所提出的「匯流時代傳播政策諮詢文件（綠皮書）」之中，其對於「黨政軍條款」提出了如下說法：

「現行的黨政軍條款的問題。首先是歸責對象不合理，違規投資者為政黨與政府機關（構），被處罰者卻是廣電事業，另外，在間接投資的情況，已發生投資者投資時不知違反規定，廣電事業也不知被間接投資因而違反規定的不合理情形；而對透過直接投資及間接投資以外之其他方式控制廣電事業者，卻漏未規範。在『一股都不能有』的嚴格規定下，造成許多無實質控制力的間接投資受到限制，影響廣電事業的正常營運發展，並干擾證券交易市場的買賣機制。關於本會過往的執法狀況，也未獲行政院訴願會及行政法院認可，裁處案件多數遭撤銷決定或被駁回。再者，政黨的經營及投資行為，依 2017 年 12 月新修正的政黨法，已受限制。基此，關於黨政軍條款的調整方向，舉凡改易處罰的對象、改採『實質控制理論』、縮減納管的廣電事業類型、於一定條件下放寬政府投資與經營的限制等，都需要充分討論並獲得國人的共識[19]」。

在此之後，國家通訊傳播委員會亦曾對上開綠皮書進行政策分析和建議的委託研究案，而後，於 2020 年 2 月提出傳播政策白皮書。在此一白皮書之中，國家通訊傳播委員會對於黨政軍條款提出了如下的政策方向：

「本會將以五大方向、朝全面性調整『黨政軍條款』規範模式為規劃策略，以利視聽傳播產業之正常化經營：

1.限制政府、其捐助成立之財團法人及其受託人經營媒體。

---

[19] 國家通訊傳播委員會，「匯流時代傳播政策諮詢文件（綠皮書）」，2018 年 8 月，頁 8 註 2。

2.政府投資部分回歸《預算法》規定。

3.政黨部分依《政黨法》規定，禁止投資或經營媒體，廣電三法則規範
　改正義務。

4.明確定義政黨黨務人員、政務人員及選任公職人員。

5.修正歸責對象，以使責任與處罰相符。[20]」

　　小結以言，鬆綁廣電三法之中黨政軍條款為整體共識，不過仍須稟持著國家通訊傳播委員會組織法第 1 條的規定：「行政院為落實憲法保障之言論自由，謹守黨政軍退出媒體之精神，促進通訊傳播健全發展，維護媒體專業自主，有效辦理通訊傳播管理事項，確保通訊傳播市場公平有效競爭，保障消費者及尊重弱勢權益，促進多元文化均衡發展，提升國家競爭力，特設國家通訊傳播委員會（以下簡稱本會）。」對此而言，放寬黨政軍投資，拒絕黨政軍控制，似乎是二者的理想交集。而一股都不能有的法律見解應當如同黨國體制一般，走入歷史之中。特別是在 2017 年制定政黨法之後，政黨法第 23 條業已明文「政黨不得經營或投資營利事業，並不得從事第十九條第四款規定以外之營利行為」。而其罰則規定在政黨法第 34 條「違反第二十三條規定者，處政黨新臺幣五百萬元以上二千五百萬元以下罰鍰；經限期停止經營或投資而不遵從者，並得按次處罰。」有鑑於此，未來廣電法黨政軍條款的修正，特別是在但書放寬，抑或是，例外排除得規範內容，勢必橫跨政黨法以及廣電三法，而此一法規範的交錯業已於德國立法例所明示，而可供我國在修法上予以參酌。

伍、制度的比較——德國法的視野

　　在德國亦有著類似黨政軍條款的相關規定，而體現在政黨參與媒體的若干規範限制，進而交錯在德國政黨法以及廣電媒體法之間。以下則對德國政

黨法和廣電媒體法分別論之。

一、德國政黨法的規範

德國政黨法並未對政黨可否參與媒體有所明確的規定。不過，在德國政黨法第 24 條第 7 項第 1 款和第 2 款可視為是容許政黨參與媒體的規定[21]，該項規定如下：

「資產負債表應添列包括下列各款之說明：

1. 依第 6 項第 1 款第 1 目之 2.(1)之投資事業及年度決算中直接與間接投資之列表，各項應詳列投資事業之名稱與事務所所在地，並說明登記資本額及投資股份；投資額及投資事業於前一事業年度終結前之資本與決算結果，亦應表明。投資事業決算報告所記載之投資，應自該決算報告中摘引出。本法所稱之投資，係依商法第 271 條第 1 項定義之。

2. 列出投資媒體事業者，該媒體事業之主要產品的名稱。」

從此項的條文可得而知，政黨是原則上可以投資媒體事業的，不過，政黨是負有義務於政黨財務報告公開，亦即，在本項所列的資產負債表予以公開該媒體事業。易言之，該規範模式是以公開揭露作為內容。值得注意的是，早在 2001 年以及 2004 年，分別由基督教民主聯盟 (CDU/CSU) 和自由民主黨 (FDP) 均各自提政黨法修正案，要求政黨禁止參與出版以及廣電企業[22]。然而，這些提案並未通過。

二、德國廣電法的規範

就德國廣電法的法律規範而言，首先，德國是聯邦制的國家，不過，廣播電視事務是屬於各邦的自治權限，德國十六邦僅能透過廣播電視媒體邦際

---

[21] Nadja Paul, Die Rundfunkbeteiligungen politischer Parteien, Nomos, 2010, S. 42.

[22] BT-Drucks. 14/7441, S. 3; BT-Drucks. 14/7441, S. 3; Vgl. Michael Winter, Medienbeteiligungen politischer Parteien, Peter Lang, 2014, S. 108–110.

條約 (Rundfunkstaatsvertrag, RStV) 的簽訂，創建聯邦層次的廣播媒體法 (Rundfunkrecht)。在該條約第 20a 條第 3 項業已禁止政黨取得有關全國廣電執照的許可，並且在德國股份有限公司法第 15 條 (§ 15 des Aktiengesetz) 的意義上，與該政黨相關的聯合企業，亦同樣予以禁止[23]。對此，德國聯邦憲法法院亦曾作過相關的判決，而認為「雖然立法者當然可以禁止政黨直接或間接的參與媒體的投資，不過是僅限在政黨能夠藉此對於節目的設計以及節目的內容產生特定的影響[24]。」就此而言，德國學界認為其決定性的判準在於，政黨能否直接或間接地對廣電事業產生實際的影響[25]，而非以名目上的投資比例和表決權為據[26]。

　　基於上述，政府和政黨參與媒體的限制，是由各邦的邦廣電法或者媒體法予以分別明確的。在各邦廣電法的明文規定上，則是對於上述政黨投資媒體事業增加了若干的要件限制，而有著不同程度限制的規範內容。以下則簡介德國 16 個邦的邦廣電法或者媒體法有關限制政黨參與投資媒體的條文規範方式：

　　最簡單的規範態樣便屬**薩爾蘭邦**的媒體法 (Saarländisches Mediengesetz)，其於第 44 條第 3 款規定，政黨以及其所屬的企業法人和組織，禁止頒發許可執照[27]。

　　最接近我國的黨政軍條款規範則屬，在**柏林和布蘭登堡**之間關於廣播電

---

[23] Beck RundfunkR/Bumke/Schuler-Harms, 4. Aufl. 2018, RStV §20a Rn. 25–26.

[24] BVerfGE 121, 30 (30); Malte Cordes, Medienbeteiligungen politischer Parteien—zugleich eine Besprechung des Urteils des Bundesverfassungsgerichts vom 12. März 2008—2 BvF 4/03, Zeitschrift für Parlamentsfragen, Vol. 40, No. 1 (2009), pp. 123–140.

[25] Margarete Schuler-Harms, Medienbeteiligungen politischer Parteien in: M. Morlok/U. v. Alemann/T. Streit (Hrsg.), Medienbeteiligungen politischer Parteien, Nomos, 2004, S. 29, 35, 46; Peter M. Huber, Medienbeteiligungen politischer Parteien in: M. Morlok/U. v. Alemann/T. Streit (Hrsg.), Medienbeteiligungen politischer Parteien, Nomos, 2004, S. 125 ff.

[26] BVerfGE 121, 30 [63 f.].

[27] Vgl. §44 (Voraussetzungen für die Zulassung), Saarländisches Mediengesetz, SMG (Amtsbl. I. 2015 S. 913).

視的共同邦協約 (Staatsvertrag über die Zusammenarbeit zwischen Berlin und Brandenburg im Bereich des Rundfunks)，其於第 27 條第 3 項規定，國有單位、政黨以及選舉協會，還有其所附屬的企業或團體是無法獲得廣電播放許可執照[28]。

薩克森－安哈特邦媒體法 (Mediengesetz des Landes Sachsen-Anhalt, MedienG LSA) 第 14 條第 3 項則規定，政黨或者在經濟上依賴該政黨的企業、團體和個人，其為該政黨所工作或者為該政黨之機關，則禁止頒發許可執照[29]。

在**巴伐利亞邦**的媒體法第 24 條第 3 項 (Bayerische Mediengesetz, BayMG) 是禁止政黨或選舉人團體，抑或是受其直接或間接參與的事業，提供廣電節目和廣電傳送。這樣的規定同樣適用於政黨或者選舉人團體基於信託或單純投資的事業。前二句的條文並不適用於微量並且毫無表決權和控制權的參與 (geringfügige mittelbare Beteiligungen ohne Stimm- und Kontrollrecht)[30]。

在**黑森邦**的私人廣電法第 6 條第 2 項第 4 款 (Hessisches Privatrundfunkgesetz, HPRG) 亦禁止頒發許可執照給政黨和選舉人團體，或者是與政黨和選舉人團體具有德國股份有限公司法第 15 條 (15 des Aktiengesetz) 定義上的聯合企業和組織，抑或是該企業以某種形式被政黨參與，而在節目內容或者節目的設計構成可以直接或者間接的具有特定影響力[31]。

---

[28] Vgl. §27 (3) Staatsvertrag über die Zusammenarbeit zwischen Berlin und Brandenburg im Bereich des Rundfunks (GVBl.I/09, [Nr. 5], S. 67).

[29] Vgl. §14 III Mediengesetz des Landes Sachsen-Anhalt, MedienG LSA, (GVBl. LSA 2013, 2, 3).

[30] Vgl. §24 (3) (Bayerische Mediengesetz, BayMG), Gesetz über die Entwicklung, Förderung und Veranstaltung privater Rundfunkangebote und anderer Telemedien in Bayern (GVBl. S. 799, BayRS 2251-4-S).

[31] Vgl. §6 (2) 4 Hessisches Privatrundfunkgesetz, HPRG (GVBl. Nr. 20 vom 11.10.2017 S. 294).

　　梅克倫堡－前波美拉尼亞邦廣播電視法第 9 條第 2 項第 4 款 (Landesrundfunkgesetz－RundfG-M-V) 則規定，許可執照禁止發給政黨以及選舉人團體，還有其從屬之人或組織，抑或是，德國股份有限公司法第 15 條 (15 des Aktiengesetz) 的聯合企業[32]。**萊茵蘭－伐爾茲邦**媒體法 (Landesmediengesetz Rheinland-Pfalz, LMG) 第 25 條第 4 項[33]，以及在**漢堡和石勒蘇益格－荷爾斯泰因邦**關於媒體法的邦協約 (Staatsvertrag über das Medienrecht in Hamburg und Schleswig-Holstein, Medienstaatsvertrag HSH) 的第 18 條第 3 項亦是同此文字規範[34]。

　　在**下薩克森**的媒體法第 5 條第 3 項第 6 款 (Niedersächsisches Mediengesetz, NMedienG)，禁止頒發許可執照給政黨以及選舉人團體，還有其從屬之人，另外，第 7 款則規定禁止頒發許可執照給受到政黨和選舉人團體投資參與的法人或者團體，在此一法人或團體之中，政黨或選舉人團體能單獨或者一同，符合在廣播電視媒體邦際條約第 28 條第 1 項至第 3 項，影響該節目內容或者節目的構成[35]。

　　北萊茵－威斯伐倫邦媒體法 (Landesmediengesetz Nordrhein-Westfalen, LMG NRW) 第 6 條「不相容 (Inkompatibilität)」的規定上，在該條第 5 款則禁止頒發許可執照給政黨與選舉人團體，還有其相互從屬的企業和團體，其認定則是依據德國股份有限公司法第 17 條 (§ 17 Aktiengesetz) 所規定的屬企業 (abhängige Unternehmen) 及控制企業 (beherrschende)，其可直接或間接對其施加控制和影響的情形[36]。就此而言，在**布來梅**媒體法的 (Bremisches Landesmediengesetz, BremLMG) 的第 4 條第 3 項第 4 款和第 5 款[37]，還有**圖**

---

[32] Vgl. §9 (2)4 Landesrundfunkgesetz－RundfG-M-V) (GVOBl. M-V 2003, S. 510).

[33] Vgl. §25 (4) Landesmediengesetz Rheinland-Pfalz, LMG) (GVBl. 2018, 431).

[34] Vgl. §18 (3) Staatsvertrag über das Medienrecht in Hamburg und Schleswig-Holstein (Medienstaatsvertrag HSH) (HmbGVBl. 2007 S. 47, GVOBl. Schl.-H. 2007 S. 108).

[35] Vgl. §5 (3) 6, §Niedersächsisches Mediengesetz, NMedienG) (Nds. GVBl. 2010, 480).

[36] Vgl. §6 Landesmediengesetz Nordrhein-Westfalen, LMG NRW (2. Juli. 2002, GV. NRW. S. 334).

林根邦媒體法 (Thüringer Landesmediengesetz, ThürLMG) 的第 8 條第 3 項第 1 款亦是採取同樣的文字[38]。

在**薩克森邦**的私營廣播電視法 (Sächsisches Privatrundfunkgesetz－SächsPRG) 第 6 條第 3 項第 2 款，該許可執照是禁止頒發給政黨或者選舉人團體，抑或是其從屬的公司法人和協會[39]。

最為詳盡的規範則屬**巴登－符騰堡邦**媒體法 (Landesmediengesetz Baden-Württemberg, LMedienG)，其在第 13 條第 4 項詳細地規定，廣電許可執照是禁止頒發給政黨以及選舉人團體，還有受到政黨以及選舉人團體直接或間接參與的企業和協會，禁止其能夠對於該節目內容或者節目的構成產生特定的影響。此一特定的影響是立基於德國股份有限公司法第 15 條 (15 des Aktiengesetz) 的定義上，而其政黨或者選舉人具有相互連結的聯合企業。再者，政黨或者選舉人團體在其企業或者組織上具有契約協議或章程條款，或者以其他的方式具有地位，而可據此取決節目的內容和設計組成，亦屬之。另外，該條文亦規定了若該政黨或選舉人團體直接或間接參與企業均未超過百分之二點五，則推定並未造成特定的影響[40]。

小結以言，從德國廣電法和政黨法對於黨政軍條款的立法例上，可得而知該黨政軍條款的規範核心是立基於確保廣電媒體的多元化，所採取的規範理論較偏向實質控制理論，而並非是全然帳面上一股都不能有的解釋。對此而言，德國十六個邦對於政黨參與媒體的規範限制，其作為參考的外國立法例，應可提供我國再次省思黨政軍條款未來修法的規範態樣。

---

[37] Vgl. §4 III 4–5 Bremisches Landesmediengesetz (BremLMG) vom 8. Mai 2018 (Brem.GBl. 2018, S. 177).

[38] Vgl. §8 III 1 Thüringer Landesmediengesetz, ThürLMGThüringer Landesmediengesetz (ThürLMG) vom 15. Juli 2014 (GVBl. Nr. 4/2014, S. 385).

[39] Vgl. §6 III 2 Sächsisches Privatrundfunkgesetz－SächsPRG (11. Dezember 2018 (SächsGVBl. S. 810).

[40] Vgl. §13 IV Landesmediengesetz Baden-Württemberg, LMedienG 26. Mai 2020 (GBl. S. 306).

陸、制度的檢驗——違憲之確信

　　在此一等待修法的漫長道路上，喚起法官的憲法意識，依據憲法訴訟法第 55 條，由法院提起法規範違憲審查，似乎成為了此一解套的最佳解法[41]。以下將試圖扼要地以臺北高等行政法院 108 年訴字第 99 號判決有關「國發基金間接投資緯來電視案」一案為例，闡述該法規範違憲審查聲請書的內容：

一、法規範違憲審查聲請書的草擬

（一）聲請法院及其法官姓名

　　臺北高等行政法院及○○○法官

（二）應受判決事項之聲明

　　為審理臺北高等行政法院 108 年訴字第 99 號判決衛星廣播電視法事件時，對於衛星廣播電視法第 5 條（下稱系爭規定），依合理之確信，認為牴觸憲法第 23 條所定比例原則、司法院釋字第 432 號解釋「法律明確性」與釋字第 687 號解釋所揭櫫「無責任即無處罰」的憲法原則，而有侵害人民受憲法第 15 條所保障之財產權與營業自由，應受違憲宣告，並自本判決宣示或公告之日起失效。

（三）應受審查法律位階法規範違憲之情形及所涉憲法條文或憲法上權利

1. 憲法第 15 條：「人民之生存權、工作權及財產權，應予保障。」
2. 憲法第 23 條：「以上各條列舉之自由權利，除為防止妨礙他人自由、避免緊急危難、維持社會秩序，或增進公共利益所必要者外，不得以法律限制之。」

---

[41] 同以憲法學的視野檢視黨政軍條款的內涵亦可參見：翁曉玲，「黨政軍退出媒體」是憲法要求？——從廣電自由制度性保障和本國文化保護談起，教育法學評論，2020 年 11 月，第 6 期，頁 77-81；張永明，黨政退出廣電媒體條款之再檢視，教育法學評論，2020 年 11 月，第 6 期，頁 1-14；陳弘益，我國廣電三法黨政軍條款修正芻議，教育法學評論，2020 年 11 月，第 6 期，頁 61-76。

3. 司法院釋字第 432 號解釋理由書第 1 段：「法律明確性之要求，非僅指法律文義具體詳盡之體例而言，立法者於立法定制時，仍得衡酌法律所規範生活事實之複雜性及適用於個案之妥當性，從立法上適當運用不確定法律概念或概括條款而為相應之規定。有關專門職業人員行為準則及懲戒之立法使用抽象概念者，苟其意義非難以理解，且為受規範者所得預見，並可經由司法審查加以確認，即不得謂與前揭原則相違。……」

4. 司法院釋字第 687 號解釋理由書第 1 段：「基於無責任即無處罰之憲法原則，人民僅因自己之刑事違法且有責行為而受刑事處罰，法律不得規定人民為他人之刑事違法行為承擔刑事責任。又憲法第七條規定平等原則，旨在防止立法者恣意對人民為不合理之差別待遇。如對相同事物，為無正當理由之差別待遇，即與憲法第七條之平等原則有違。……」

（四）聲請判決之理由、應受審查法律位階法規範在裁判上適用之必要性及客觀上形成確信其違憲之法律見解

1. 系爭規定之沿革及立法理由

2003 年立法院在修正有線廣播電視法、廣播電視法、衛星廣播電視法之廣電三法則納入「黨政軍退出媒體」的政策條款。另作一項附帶決議，用以強調該立法意旨：「為使黨政軍勢力徹底退出媒體，以維護新聞自由與民主健全發展，不以任何形式介入媒體經營，無線電視台釋股應由立法院依政黨比例推薦之代表、社會公正人士及無線電視台員工組成釋股監督委員會，制定並執行釋股之相關事宜。」（立法院公報，第 92 卷第 57 期，2003 年 12 月。）

2. 系爭規定於修法過程之討論

2010 年 12 月由立法委員陳雪生等 18 人，鑑於廣電三法黨政軍條款之相關爭議性案件。例如媒體報導，曾有議員於公開市場買一張各媒體大股東之股票，造成間接持股情形，以致換照上發生困難；亦有聽聞於媒體投資案中，因個別政黨人員於公開市場買下極少量欲投資媒體之企業的股票，導致

　　該投資案被主管機關駁回。黨政軍條款立意甚良，但實際執行上卻出現了一些應該被注意、應該被再思考的問題。現今，黨政軍條款限制黨政軍投資媒體，卻也阻擋了媒體產業的蓬勃發展。爰此擬具「衛星廣播電視法」第 5 條條文修正草案。（參照立法院第 10 屆第 2 會期第 6 次會議議案關係文書）

原有條文	修法提案	修正說明
第 5 條 政府、政黨、其捐助成立之財團法人及其受託人不得直接、間接投資系統經營者。本法修正施行前，政府、政黨、其捐助成立之財團法人及其受託人有不符前項所定情形者，應自本法修正施行之日起二年內改正。 政黨黨務工作人員、政務人員及選任公職人員不得投資系統經營者；其配偶、二親等血親、直系姻親投資同一系統經營者，其持有之股份，合計不得逾該事業已發行股份總數百分之一。本法修正施行前，系統經營者有不符規定者，應自本法修正施行之日起二年內改正。 政府、政黨、政黨黨務工作人員及選任公職人員不得擔任系統經營者之發起人、董事、監察人或經理人。本法修正施行前已擔	第 5 條 政府、政黨、其捐助成立之財團法人及其受託人不得為下列行為。但其他法律另有規定者，不在此限： 一、直接投資衛星廣播電視事業。 二、擔任衛星廣播電視事業之發起人、董事、監察人或經理人。 三、以間接投資或其他方式達控制衛星廣播電視事業之人事、財務或業務。 有下列情形之一者，視為前項第三款所稱之控制： 一、政府、其捐助成立之財團法人或其受託人各別間接持有衛星廣播電視事業之股份，逾該事業已發行股份總數百分之十，但政府基金因委託投信機構投資而持有之股份數，不在此限。 二、政府、其捐助成立之財團法人及其受託人間接持有衛星廣播電視事業之	一、衛星廣播電視法第五條第一項規定之規範意旨及立法精神，係著眼於禁止黨政軍以直接、間接投資方式操縱媒體而介入媒體經營。 二、其中對於政府基金透過公開市場投資上市公司之行為，例如新、舊制勞退基金舊及勞工保險基金等，其主管機關為勞動部勞動基金運用局，依據該局表示，勞動基金均以增進基金長期穩健收益為目標，無政治力介入基金投資，投資資訊透明，其僅為單純財務投資獲利考量，依法不得派任董事或監察人進駐上市公司，故勞動部勞動基金運用局對上市公司，甚至其輾轉投資的媒體實從產生任何實質控制力，亦無直接或間接介入媒體經營之可能。 三、除政府基金須尋求穩健績優股外，壽險公司資

任者，系統經營者應自本法修正施行之日起六個月內解除其職務。

前二項所稱政黨黨務工作人員、政務人員及選任公職人員之範圍，於本法施行細則定之。

股份，合計逾該事業已發行股份總數百分之十，但政府基金因委託投信機構投資而持有之股份數，不在此限。

三、公營事業擔任系統經營者之發起人、董事、監察人或經理人。

政黨、其捐助成立之財團法人及其受託人不得為下列行為：

一、直接投資衛星廣播電視事業。

二、間接投資衛星廣播電視事業。

三、擔任衛星廣播電視事業之發起人、董事、監察人或經理人。

四、以其他方式達控制衛星廣播電視事業之人事、財務或業務。

除法律另有規定外，政府、政黨不得捐助成立衛星廣播電視事業。

政黨黨務工作人員、政務人員及選任公職人員不得投資衛星廣播電視事業；其配偶、二親等以內之血親、直系姻親投資同一衛星廣播電視事業者，其持有之股份，合計不得逾該系統經營者已發行股份總

金來自於保戶，為保障投資人，在維持一定收益及避免高風險性投資的衡量下，電信等大型績優股往往成為投資首選。實務上金融、保險業基於穩定收益考量而持有電信業股票，又金融、保險、電信等產業亦為政府基金經常性之投資標的，故無論是政府基金直接投資電信產業，或政府基金透過投資金融、保險產業而持有電信產業股票，都是市場上的常態。

四、不論是政府基金或金融、保險產業，於公開市場買賣股票都是基於財考量的投資行為，亦會隨著市場景氣變化而改變持股類別的配置比例。若以固定比例規範間接投資系統經營者之上限，不但難以預料，且在市場波動劇烈，金融、壽險資金加重電信業持股的情況下，非常容易超過。

五、基於黨政軍條款之精神係在禁止以直接、間接投資方式操縱媒體而介入媒體經營，為避免上述因財務考量之配置風險，建

	數百分之一。 政黨黨務工作人員及選任公職人員不得擔任衛星廣播電視事業之發起人、董事、監察人或經理人。 前二項所稱政黨黨務工作人員、政務人員及選任公職人員之範圍，於本法施行細則定之。 違反第一項第一款、第三項第一款或第五項規定者，其取得之股份無表決權，中央主管機關並得令其限期處分，屆期不為處分者，不得享有股東權利；衛星廣播電視事業不得容許其行使表決權或享有股東權利。 一、違反第一項第二款、第三款、第三項第二款至第四款或第六項規定者，中央主管機關得令衛星廣播電視事業限期為下列行為：解除擔任董事、監察人或經理人之職務。 二、解除政府、政黨、其捐助之財團法人及其受託人對衛星廣播電視事業之控制。	議間接持股比例放寬至10%，且政府基金因單純投資行為之持股比例不應納入計算。

　　由上述修法過程之說明可知，目前黨政軍退出媒體條款已有不合時宜之情形，並未考量到證券資本市場自由流通與數位匯流的情形，針對「間接投資」之管制手段宜有「10%股權排除機制」相互配套。

3.德國法上的比較[42]

德國廣電法對於政黨涉入媒體的法律規範而言，可分為聯邦和各邦的規範。德國十六邦僅能透過廣播電視媒體邦際條約 (Rundfunkstaatsvertrag, RStV) 的簽訂，創建聯邦層次的廣播媒體法 (Rundfunkrecht)。在該條約第 20a 條第 3 項業已禁止政黨取得有關全國廣電執照的許可，並且在德國股份有限公司法第 15 條 (§ 15 des Aktiengesetz) 的意義上，與該政黨相關的聯合企業，亦同樣予以禁止[43]。對此，德國聯邦憲法法院亦曾作過相關的判決，而認為「雖然立法者當然可以禁止政黨直接或間接的參與媒體的投資，不過是僅限在政黨能夠藉此對於節目的設計以及節目的內容產生特定的影響[44]。」就此而言，德國學界認為其決定性的判準在於，政黨能否直接或間接地對廣電事業產生實際的影響[45]，而非以名目上的投資比例和表決權為據[46]。

在各邦廣電法的明文規定上，則是對於上述政黨投資媒體事業增加了若干的要件限制，而有著不同程度限制的規範內容。舉例而言，在巴伐利亞邦的媒體法第 24 條第 3 項 (Bayerische Mediengesetz, BayMG) 是禁止政黨或選舉人團體，抑或是受其直接或間接參與的事業，提供廣電節目和廣電傳送。這樣的規定同樣適用於政黨或者選舉人團體基於信託或單純投資的事業。前

---

[42] 關於德國法的討論亦可參見：詹鎮榮，論有線電視系統經營者換照之審查基準——德國法之啟示，成大法學，2008 年 12 月，第 16 期，頁 1–40；黃仁俊，黨政軍條款的再省思——廣電三法與政黨法的交錯，教育法學評論，2020 年 12 月，第 6 期，頁 43–60；林家暘，絕對禁止政黨媒體持股規範之正當性——以德國相關法律見解為起點，教育法學評論，2020 年 12 月，第 6 期，頁 15–42。

[43] Beck RundfunkR/Bumke/Schuler-Harms, 4. Aufl. 2018, RStV §20a Rn. 25–26.

[44] BVerfGE 121, 30 (30); Malte Cordes, Medienbeteiligungen politischer Parteien—zugleich eine Besprechung des Urteils des Bundesverfassungsgerichts vom 12. März 2008—2 BvF 4/03, Zeitschrift für Parlamentsfragen, Vol. 40, No. 1 (2009), pp. 123–140.

[45] Margarete Schuler-Harms, Medienbeteiligungen politischer Parteien, in: M. Morlok/U. v. Alemann/T. Streit (Hrsg.), Medienbeteiligungen politischer Parteien, Nomos, 2004, S. 29, 35, 46; Peter M. Huber, Medienbeteiligungen politischer Parteien, in: M. Morlok/U. v. Alemann/T. Streit (Hrsg.), Medienbeteiligungen politischer Parteien, Nomos, 2004, S. 125 ff.

[46] BVerfGE 121, 30 [63 f.].

二句的條文並不適用於微量並且毫無表決權和控制權的參與 (geringfügige mittelbare Beteiligungen ohne Stimm- und Kontrollrecht)。在**黑森邦**的私人廣電法第 6 條第 2 項第 4 款 (Hessisches Privatrundfunkgesetz, HPRG) 亦禁止頒發許可執照給政黨和選舉人團體，或者是與政黨和選舉人團體具有德國股份有限公司法第 15 條 (15 des Aktiengesetz) 定義上的聯合企業和組織，抑或是該企業以某種形式被政黨參與，而在節目內容或者節目的設計構成可以直接或者間接的具有特定影響力[47]。最為詳盡的規範則屬**巴登－符騰堡邦**媒體法 (Landesmediengesetz Baden-Württemberg, LMedienG)，其在第 13 條第 4 項詳細地規定，廣電許可執照是禁止頒發給政黨以及選舉人團體，還有受到政黨以及選舉人團體直接或間接參與的企業和協會，禁止其能夠對於該節目內容或者節目的構成產生特定的影響。此一特定的影響是立基於德國股份有限公司法第 15 條 (15 des Aktiengesetz) 的定義上，而其政黨或者選舉人具有相互連結的聯合企業。再者，政黨或者選舉人團體在其企業或者組織上具有契約協議或章程條款，或者以其他的方式具有地位，而可據此取決節目的內容和設計組成，亦屬之。另外，該條文亦規定了若該政黨或選舉人團體直接或間接參與企業均未超過百分之二點五，則推定並未造成特定的影響[48]。

　　由此可知，德國廣電法和政黨法對於黨政軍條款的立法例[49]上，可得而知該黨政軍條款的規範核心是立基於確保廣電媒體的多元化，所採取的規範理論較偏向實質控制理論，而並非是全然形式帳面上一股都不能有的解釋。

---

[47] Vgl. §6 (2) 4 Hessisches Privatrundfunkgesetz, HPRG(GVBl. Nr. 20 vom 11.10.2017 S. 294).

[48] Vgl. §13 IV Landesmediengesetz Baden-Württemberg, LMedienG 26. Mai 2020 (GBl. S. 306).

[49] 關於更詳盡的德國各邦立法例，請參閱：黃仁俊，黨政軍條款的再省思——廣電三法與政黨法的交錯，教育法學評論，2020 年 12 月，第 6 期，頁 56 以下。

（五）關係文件之名稱及件數（略）

二、小結

　　著眼於法律與政策的交集，黨政軍條款的修正當屬通傳會的施政目標，不過，一旦執政黨對此推動修正草案，則便會不分藍綠而遭受在野黨的「復辟說」或者「黑手說」的政治動員，進而引起相關輿論撻伐，這樣的事件一再地上演在 2010 年、2012 年、2015 年以及 2018 年的立法未果的場景。在「復辟說」和「黑手說」的政治動員與攻防之下，「鬆綁黨政軍條款」無疑是通傳會作為「獨立機關」的燙手山芋。在行政和立法怯懦的情境之下，司法應當能對此有所角色。特別是在更換執照卻違反黨政軍條款而陷於無限輪迴的行政救濟之中，法官釋憲則成為了等待漫長修法之路的唯一解法。

　　在上述所討論關於層層疊加所造成的間接持有，並且是「無故且被動」違背黨政軍條款的諸多案例上，實已牴觸了「無責任即無處罰 (nulla poena sine culpa)」的憲法原則。此一憲法罪責原則意謂著，國家的刑罰（包含行政罰）須以犯罪行為人的罪責來作為前提要件，並且不得逾越應負罪責的程度。罪責原則在憲法上的根源有二，一為人性尊嚴的本身，二為法治國原則。國家必須尊重以及保障人民作為自我決定生命的存在；因此，刑罰是以個人具有可非難的行為來作為前提。國家科處人民行政罰本身，並不繫於行為的不法性，亦不繫於法益的侵害，而是在於個人的非難性 (individuelle Vorwerfbarkeit) 相互結合。據此，人民之行為應具備三項要件，亦即，構成要件該當性、違法性和有責性，始能加諸處罰。對此而言，司法院釋字第 275 號解釋理由書早已明文「人民因違反法律上義務而應受之行政罰，係屬對人民之制裁，原則上行為人應有可歸責之原因」。司法院釋字第 687 號解釋理由書和釋字第 775 號解釋理由書，亦同樣揭櫫上開「無責任即無處罰之憲法原則」。

　　對此，有線廣播電視法第 10 條第 1 項規定「政府、政黨、其捐助成立之

財團法人及其受託人不得直接、間接投資系統經營者。」以及同法第 58 條第 2 項「系統經營者違反第十條第一項至第三項規定，處新臺幣二十萬元以上二百萬元以下罰鍰，並令其限期改正；屆期不改正者，得按次處罰，或廢止其經營許可並註銷其執照。」均為對人民違反行政法上義務之行為處以罰鍰，惟處罰應有可歸責之原因，俾符合憲法罪責原則。立法者針對應予非難之違反行政法上義務行為給予處罰，其在構成要件的設定上，固屬立法形成自由，原則上應予尊重。惟立法者在「不得直接、間接投資」條文上所設定之空間，仍不能排除違法性和有責性的適用，應適當兼顧阻卻責任事由和期待可能性之可能，以避免造成個案處罰顯然牴觸罪責原則之情形。系爭黨政軍條款（有線廣播電視法第 10 條第 1 項和第 58 條第 2 項）於此範圍內，牴觸「無責任即無處罰之憲法原則」，與憲法之法治國原則有違，而應限期修正之。

　　據此，依大法官解釋釋字第 371 號解釋以及憲法訴訟法第 55 條，各法院就其審理廣電三法黨政軍條款相關案件，對於裁判上所應適用之法律位階法規範，誠如上述之論理，應有十足合理之確信。應依其合理確信，認有牴觸憲法，且於該案件之裁判結果有直接影響者，得聲請憲法法庭為宣告違憲之判決。

柒、結論

　　廣電三法的黨政軍條款對於維護新聞自由與民主健全發展具有重要意義，然而，現今黨政軍退出廣電媒體條款之立法已明顯悖離其規範的預設，亦不符法治國原則下的法律明確性原則、「無責任即無處罰」以及比例原則之憲法原則，而容有立即修正之必要。系爭規定係於 2003 年修正，以黨國威權時代之黨政軍退出三台為規範目的，在當時之時空背景下，有其時代意義。惟面臨證券資本市場自由流通與數位匯流，系爭規定之實施，在「間接投資」的要件上，無從確定其文義範圍，顯難一般受規範者加以理解，亦無從由一

般受規範者得以預見。再者，系爭規定雖以「使黨政軍勢力徹底退出媒體，以維護新聞自由與民主健全發展，不以任何形式介入媒體經營」作為公益目的，惟未予以考量另有學說上「實質控制理論」或修法草案上「10% 股權限制說」之侵害更小之手段，致所欲追求之利益與人民因此造成之不利益間，手段過當顯不合比例。此外，系爭規定在連結衛星廣播電視法第 50 條有關行政罰的裁處上，亦有將違背義務行為人與規範處罰對象倒置之錯誤，尚難期待受規範處罰對象得僅藉己力自行防止或排除該義務之違背，顯然欠缺無期待可能性，亦排除阻卻違法事由之適用，進而造成個案處罰顯然牴觸罪責原則之情形。因此，該系爭規定牴觸憲法第 23 條比例原則、法律明確性原則以及「無責任即無處罰」的憲法原則，而侵害憲法第 15 條所保障之財產權與營業自由，當然亦侵害了憲法第 11 條的通訊傳播自由，而牴觸了由司法院釋字第 613 號解釋理由書所揭櫫「憲法所保障之通訊傳播自由之意義，即非僅止於消極防止國家公權力之侵害，尚進一步積極課予立法者立法義務，經由各種組織、程序與實體規範之設計，以防止資訊壟斷，確保社會多元意見得經由通訊傳播媒體之平台表達與散布，形成公共討論之自由領域」之意旨。

　　在數位匯流的時代，傳統媒體與網路媒體的交織，公共媒體與自媒體的並立之下，政府、政黨和媒體之間該如何規範，實有必要重新由憲法的視野，再次樹立黨、政、媒三者的基本原則與合法距離。此一修正契機正好可以從此一廣電三法的黨政軍條款開啟之，由此告別「一股都不能有的」舊解釋，進而邁向傳播規範的新時代。對此，本文試以法政策學、比較法學、公法學的三重奏，望能喚起往後承審相關案件法官的憲法意識，強化其法律違憲之確信，並草擬法規範違憲審查聲請書，盼以規範違憲之裁判結果作為修法的契機，進而告別老三台時代業已改變，將「黨政軍退出媒體」適時賦予新的時代意涵，而讓法律不再因社會變革而受到曲解，囿於陳規。最後，在告別廣電三法之黨政軍條款的同時，本文欲以德國法學家耶林在《為權利而鬥爭》

所提及的一段話作結,「因為法律就是羅馬神話中的薩圖恩 (Saturn),祂會吞食自己的子女。法律是僅能透過清除自身的過去,始賦予自己活力[50]。」

---

[50] Rudolf von Jhering, Der Kampf um's Recht, 3. Aufl., Wien: Manz, 1873, S. 30: Denn das Recht ist der Saturn, der seine eigenen Kinder verspeist. Das Recht kann sich nur dadurch verjüngen, dass es mit seiner eigenen Vergangenheit aufräumt.

第十篇

黨政退出廣電媒體條款之再檢視[*]

張永明[**]

---

[*] 本論文原刊登於《教育法學評論》期刊第 6 期，頁 1，2020 年。
[**] 國立高雄大學財經法律學系教授，德國波昂大學法學博士。

壹、前言

民主法治國家之媒體被譽為社會公器，國家之第四權，一般認為能彌補國家三權分立體制下，相互監督制衡之不足。媒體雖具有重要之功能，但角色不討好，媒體從業人員向來被冠以無冕王之稱號。為求媒體發揮監督政府之功能，理論上政府應該與媒體保持一定距離，以免媒體投鼠忌器，我國因過去僅有之三家電視台，分別由政黨、政府與軍方所有，自政黨輪替後陸續增訂所謂之黨政軍退出廣電媒體之條款，以營造自由廣電媒體之環境。

回顧黨政軍退出廣電媒體條款實施以來之廣電媒體生態，確實改變了過去黨政軍把持老三台之現象，但傳播市場也產生了重大變化，不僅增設了無線電視台，有線電視台在突破光纖傳播技術後，更朝無限量成長之方向前進，而且在大眾傳播媒體爆量成長下，各式媒體間之匯流，無論在傳播之內容或媒體經營上，均有單一化與集中化之趨勢，至於晚近快速成長之個人通訊科技，亦具有強大之通訊傳播功能，更加速傳播環境之大幅改變。

傳播媒體除第四權之功能外，亦具有文化、教育、娛樂及其他多種功能，當前之傳播市場不僅呈現國內廣電媒體間之競爭，國外產製之節目亦與本國自製之節目進行激烈競爭，如同其他產業之競爭一樣，廣電媒體產業亦必須具備一定經濟規模始具有競爭能力，因此公開募資成為廣電媒體產業之常態，但當黨政軍方購買廣電媒體相關產業之股票，導致廣電媒體被動牴觸黨政軍退出廣電媒體條款時，以廣電媒體為被處罰對象之案例層出不窮，但因廣電媒體無從改善此項違規行為，以致無法根絕。

從產業交叉持股、轉投資盛行之今日，縱使黨政軍未直接或間接投資廣電媒體，亦因政府於股市下滑時，主動以國安基金進場護盤，而形成廣電媒體違反黨政軍退出廣電媒體條款，此時無論是處罰廣電媒體，或要求國安基金不對廣電媒體股票進行護盤，均非妥當。然而，另一方面，形式上黨政軍沒有廣電媒體股份，但廣電媒體自動偏袒政黨或政府，以致受黨政軍實質操

控廣電媒體者，反而因未牴觸黨政軍退出廣電媒體條款而安然無事。凡此均顯示，黨政軍退出廣電媒體條款已到了應重新檢視之地步，縱使此條款仍有存在之必要，亦應作目的性之限縮，而非如現行規定單純以形式上有無作為判斷標準。

貳、黨政軍退出廣電媒體條款之演進

一、黨政軍退出廣電媒體條款之規定內容

現行傳播相關法律規定中，有涉及黨政軍必須退出廣電媒體之條款，主要有如下四部法律，其中只有第一部有完整之「黨政軍」字樣，其餘三部廣電媒體法只有對黨、政兩者為相關之規定。

（一）國家通訊傳播委員會組織法

2005 年 11 月 9 日制定公布國家通訊傳播委員會組織法時，在第 1 條立法目的之條文出現黨政軍退出廣電媒體之字眼：「為落實憲法保障之言論自由，謹守黨政軍退出媒體之精神，促進通訊傳播健全發展，維護媒體專業自主，有效辦理通訊傳播管理事項，確保通訊傳播市場公平有效競爭，保障消費者及尊重弱勢權益，促進多元文化均衡發展，提升國家競爭力，特設國家通訊傳播委員會。」2011 年 12 月 28 日修正公布時，只是增加設置之主體為行政院，以符合行政組織法規定行政院設中央二級獨立機關之體例，此規定沿用至今，為現行有效之規定。

（二）廣電三法

1.廣播電視法

現行廣播電視法第 5 條之 1，係 2015 年 12 月 18 日修正，將 2003 年修正時之第 5 條與第 5 條之 1 之內容融合成 1 條：「I. 政府、政黨、其捐助成立之財團法人及其受託人不得直接、間接投資民營廣播、電視事業。II. 除法律另有規定外，政府、政黨不得捐助成立民營廣播、電視事業。III. 本法修正施

行前，政府、政黨、其捐助成立之財團法人及其受託人有不符前二項所定情形之一者，應自本法修正施行之日起二年內改正。IV. 政黨黨務工作人員、政務人員及選任公職人員不得投資廣播、電視事業；其配偶、二親等血親、直系姻親投資同一廣播、電視事業者，其持有之股份，合計不得逾該事業已發行股份總數百分之一。V. 本法修正施行前，廣播、電視事業有不符前項情形者，應自本法修正施行之日起二年內改正。VI. 政府、政黨、政黨黨務工作人員及選任公職人員不得擔任廣播、電視事業之發起人、董事、監察人及經理人。VII. 本法修正施行前，廣播、電視事業有不符前項情形者，應自本法修正施行之日起六個月內解除其職務。VIII. 本條所稱政黨黨務工作人員、政務人員及選任公職人員之範圍，於本法施行細則定之。」

倘有違反，處罰之依據為該法第 44 條之 2：「I. 民營廣播、電視事業有下列情形之一者，處新臺幣二十萬元以上二百萬元以下罰鍰，並令其限期改正，屆期不改正者，得按次處罰：二、違反第五條之一第一項至第三項規定。II. 廣播、電視事業違反第五條之一第六項、第七項規定，處新臺幣二十萬元以上二百萬元以下罰鍰，並令其限期改正，屆期不改正者，得按次處罰。」

2. 有線廣播電視法

現行有線廣播電視法第 10 條之內容，同樣是 2015 年 12 月 18 日修正時新增，將 2003 年修正版之第 19、20 條融合成為 1 個條文，內容與廣播電視法相似。違反時，有兩項處罰規定，一為第 12 條：「申請經營有線廣播電視服務之案件有下列情形之一者，中央主管機關應駁回其申請：五、違反第十條第一項至第三項規定。」另一為第 58 條第 2 項：「系統經營者違反第十條第一項至第三項規定，處新臺幣二十萬元以上二百萬元以下罰鍰，並令其限期改正；屆期不改正者，得按次處罰，或廢止其經營許可並註銷其執照。」

3. 衛星廣播電視法

現行衛星廣播電視法第 5 條之內容，其立法歷程與規定內容，基本上與前揭兩部法律相同，違反時，與有線廣播電視法之規定相同，依據該法第 10

條第 1 項之規定會影響業者之申請，以及依據第 50 條規定，處衛星廣播電視事業、境外衛星廣播電視事業或他類頻道節目供應事業罰鍰，並令其限期改正；屆期不改正者，得按次處罰，或廢止其許可並註銷其執照。

二、黨政軍退出廣電媒體條款分析

茲從上述 4 部訂有黨政軍退出廣電媒體條款法律之規定內容與立法理由分析如下：

（一）黨政軍退出廣電媒體條款之概念模糊

國家通訊傳播委員會組織法有完整提及黨政軍用語，但何謂其立法目的中規定之「黨政軍退出媒體精神」並無直接之定義，查其 2005 年制定時之立法理由中，可能涉及為何要黨政軍退出廣電媒體之內容，主要是第三點：「本會之設立目的為為彰顯憲法言論自由、維護廣電媒體專業自主，並參考通訊傳播基本法所揭示『尊重弱勢權益、促進多元文化均衡發展、通訊傳播健全發展』；確保通訊傳播市場有效競爭，保障消費者權益，提升國家競爭力。本會為獨立機關，故行使職權必須嚴守客觀、中立及專業立場，以確保前述公共利益之實現。」

由此立法理由似可推論出，立法者認為黨政軍參與廣電媒體，將無法彰顯甚至牴觸憲法言論自由、危害廣電媒體專業自主、不利多元文化之均衡發展，甚至無法確保傳播市場之有效競爭，或者損害消費者權益，因而黨政軍應退出廣電媒體，但由於本法為機關組織法，並無法進一步對於廣電媒體之行為進行規範，因此黨政軍退出廣電媒體之具體內涵，尚無法從此部法律探知。

至於廣電三法之黨政軍退出廣電媒體條款，實際上只有規範政黨、政府以及兩者之相關人員與其配偶親屬等為禁止特定行為之對象，正確而言應該稱為黨政退出廣電媒體條款（以下均以此稱之）。整體而言，黨政退出廣電媒體作為法律用語，因與實際適用對象之範圍不一致，而未臻明確。

（二）黨政退出廣電媒體條款之行為義務人

廣電三法之黨政退出廣電媒體條款，規定之行為人與禁止從事之行為有：1.政府與政黨不得直接或間接投資廣電媒體。 2.政黨人員與政務人員及選任公職人員不得投資廣電媒體，其配偶與親近親屬持有同一廣電媒體股份不得超過1%。 3.政府、政黨、政黨人員與政務人員及選任公職人員不得擔任廣電媒體之發起人、董監事及經理人等職務。 4.除法律另有規定外，政府、政黨不得捐助成立民營廣播、電視事業與衛星廣播電視事業。

（三）違反黨政退出廣電媒體條款之法律效果

當行為人違反黨政退出廣電媒體條款時，廣電三法乃以民營廣播、電視事業、系統經營者、衛星廣播電視事業、境外衛星廣播電視事業，以及他類頻道節目供應事業等為被裁處罰鍰之對象，至於政府、政黨，以及黨政相關人員與其配偶或親近親屬等實際從事違反規定之行為人，則不受任何處罰，形成違反義務者與受處罰對象不一致之奇特現象。再者，除受廣播電視法規範之廣播、電視事業外，違反有線廣播電視法與衛星廣播電視法之黨政退出廣電媒體條款時，系統經營者、衛星廣播電視事業、境外衛星廣播電視事業，以及他類頻道節目供應事業，在未遵守限期改正下，亦可能被廢止經營許可並註銷執照；而申請經營有線廣播電視服務、衛星廣播電視事業，亦會被主管機關以違反該條款規定為由，駁回其申請。

（四）黨政退出廣電媒體條款為黨團協商下之產物

查黨政軍退出廣電媒體條款之立法理由，廣電三法均載照黨團協商條文通過，至於如何協商之過程則未必均公開，就此，立法院法律系統僅公開2015年版增訂前之協商過程，但在最後階段之立法院朝野黨團協商僅公布協商結論，在未如其他修正條文均有立法理由記載下，外界對於廣電三法之黨政退出廣電媒體條款，僅知係經黨團協商而來，至於最終結論之理由為何，則不可得知。

查立法院委員會協商廣電三法之黨政退出廣電媒體條款時，就政府直接

投資廣電媒體部分，採完全開放，就間接投資部分，採實質控制理論，經過協商討論黨政軍間接持股比率之限制，最後決定採間接持股不超過 5% 之方案[1]。然而，最後送立法院院會時，在修正立法通過之前一天，即 2015 年 12 月 17 日之立法院朝野協商結論，已改成政府、政黨、其捐助成立之財團法人及其受託人不得直接、間接投資廣電傳播媒體。至於為何不採實質控制理論，而採全面禁止直接或間接投資，則未形諸任何文字。

　　按立法院職權行使法第 68 條第 1 項規定：「為協商議案或解決爭議事項，得由院長或各黨團向院長請求進行黨團協商。」由此可見黨團協商乃立法院解決議事爭議之一種方式，屬於國會自律與自治之範圍，但其決定仍應符合自由民主憲政秩序之原則[2]。因此，黨團協商結果作為立法理由時，其與其他載明立法理由之條文相較，即無法透過歷史解釋之法律解釋方法，以立法者之意旨作為解釋規定內容之準據，以致該條文規定之存在正當性即有所減弱，不僅得藉由另一次之黨團協商輕易改變其內容，在違憲審查時，對於實際未交代立法理由之法律規定，大法官應得對之進行高密度之法律規定合憲與否之審查，以維護受規範對象之權利。

三、黨政退出廣電媒體條款下之廣電媒體生態

（一）公營廣播電視台屹立不搖

　　雖然自 2003 年起，黨政退出廣電媒體條款已公布施行，且中視、台視與華視等老三台，也於之後確實脫離由黨政軍所有，但因廣播電視法第 5 條第 1 項前段規定：「政府為特定目的，以政府名義所設立者，為公營廣播、電視事業。」因此，在黨政退出廣電媒體條款公布施行後，依然存在有多數公營

---

[1]　立法院第 8 屆第 2 會期黨團協商會議紀錄，立法院公報，第 104 卷，第 98 期，頁 129 以下，協商日期：2012 年 11 月 1 日。

[2]　參，司法院釋字第 381 號解釋：「……屬議會自律之事項，均與憲法無違。至自律事項之決定，應符合自由民主憲政秩序之原則，乃屬當然，併此指明。」

廣電媒體，諸如公共電視、客家電視台、原住民電視台、已結束營運之宏觀衛視等電視台，以及教育部所屬教育電台、內政部所屬警察廣播電台、國防部所屬漢聲電台與復興電台、文化部所屬中央廣播電台、農委會所屬漁業電台，與北高兩市之市政電台(台北廣播電台、高雄廣播電台)等電台[3]，此類公營廣電媒體不受黨政退出廣電媒體條款影響，歷經兩次政黨輪替後，迄今仍以合法之方式繼續存在，甚至有擴大之趨勢[4]。

此外，與有線電視類似之中華電信多媒體內容傳輸平台（下稱中華電信MOD），透過雙向的寬頻網路將各種影音資訊傳至機上盒，再呈現到電視機上，使用者依其付費方式最多可以享受比有線電視訂戶更多之208個頻道，但因其適用電信法，而非有線電視法，以致雖然交通部持有中華電信35.29%股權[5]，為最大之股東，但中華電信MOD並不算由政府直接投資之有線電視媒體。

（二）政府間接投資廣電媒體之情形

政府間接投資廣電媒體，為政黨人員、公職人員[6]購買廣電媒體股票，導致廣電媒體受罰外，最主要之原因，從廣電三法主管機關國家通訊傳播委員會（下稱通傳會）之相關聽證會紀錄[7]，可以歸納政府間接投資廣電媒體之2個類型：

3　管中祥，黨政軍投資媒體不好嗎？2015 年 11 月 16 日，公民行動影音紀錄資料庫，https://www.civilmedia.tw/archives/38773，最後瀏覽日期：2020 年 10 月 22 日。

4　陳炳宏，政府要開辦電視台囉？台灣媒體觀察教育基金會，2017 年 3 月 25 日，https://www.mediawatch.org.tw/work/8733，最後瀏覽日期：2020 年 10 月 22 日。

5　中華電信官網，https://www.cht.com.tw/zh-tw/home/cht/about-cht/introduction/about-cht。

6　如行政院 2019 年 10 月 31 日院臺訴字第 1070210963 號訴願決定書，事涉某縣議員購買衛星廣播電視股票。

7　國家通訊傳播委員會 2011 年 7 月 28 日「廣播事業違反黨政軍不得投資媒體相關規定案」聽證會會議紀錄，當時邀請 1 家衛星廣播事業與 28 家有線廣播電視事業與會陳述意見，https://www.ncc.gov.tw/chinese/files/12020/37_23601_120209_1_C.PDF，最後瀏覽日期：2020 年 10 月 22 日。

1.台北市政府間接投資廣電媒體

　　台北銀行與富邦銀行合併後，台北市政府成為富邦金控之最大股東，對其有直接投資關係，而富邦金控透過旗下之公司，間接投資衛星廣播電視事業與有線電視事業，以致台北市政府與該衛星廣播電視及有線電視有間接投資關係，因此牴觸黨政退出廣電媒體條款。

2.政府基金間接投資廣電媒體

　　政府基金，如公務人員退撫基金、郵政儲金、勞退基金及勞保基金等所謂四大基金，以及國家金融安定基金持有日月光半導體公司股份，為直接投資關係，而日月光半導體公司再多層轉投資到有線電視業者，以致政府基金與有線電視有間接投資關係，進而牴觸黨政退出廣電媒體條款。

　　查 2020 年台灣股票上市公司之數量為 946 家[8]，上櫃股票有 777 家[9]，而許多政府基金為了理財，除求保本外，亦力求增加投資報酬率，因此在集中市場購買上市櫃公司股票，就禁止直接投資廣播電視廣電媒體部分，台北市政府與各政府基金向來均能遵守，但對於禁止間接投資之要求，則因公司間轉投資頻仍，無法在釐清層層投資關係中確實沒有廣播電視媒體股份後才進出股市，因此對於這種處於動態之投資關係，要求不准間接持有某上市櫃股票，實際上並不可能。

（三）廣電媒體主動傾向政黨或政府之現象

　　與黨政退出廣電媒體條款預設遏止之方向有別的是，廣電媒體不是被政黨或政府控制，而是廣電媒體基於自身利益考量，主動成為政黨或政府宣傳機器之現象。雖然說廣電媒體為社會公器，民營廣電媒體更應該發揮第四權之功能，以監督政府施政為天職，然而我國民營廣電媒體之收入來源主要來

8　財經研究室，台灣台股上市家數，https://stock-ai.com/eom-1-publiclyTradedCompanys，最後瀏覽日期：2020 年 10 月 21 日。

9　Mr. Market 市場先生，https://rich01.com/emerging-otc-exchange-compare/，最後瀏覽日期：2020 年 10 月 21 日。

自業主之廣告，廣電媒體業者主動向包含政黨或政府在內廣告主靠攏，乃正常現象[10]，尤其是在政府之文宣工作盛行採委外處理方式時，想要獲得政府公開招標案件之廣電媒體，為了獲得招標機關之青睞，或者為避免週期性換照時，受到偏袒政府施政之審查委員不良觀感之影響，而減輕甚至放棄監督政府力道者，時有耳聞，以致減損黨政退出廣電媒體之實益[11]。

按，黨政退出廣電媒體理念之宗旨，乃要求政黨、政府不要再介入廣電媒體之經營，讓廣電媒體之人事安排與節目製作有自主決定之空間，在刻意營造出來之自由傳播環境中，使廣電媒體能發揮其各項之功能，尤其是監督政府之施政。倘若現實之廣電媒體經營環境出現廣電媒體自動向政府靠攏之現象時，顯然制訂黨政退出廣電媒體條款時所採行之方法，已無法因應現實狀況，而有改弦易轍之必要。

四、黨政退出廣電媒體條款產生之實際影響

黨政退出廣電媒體條款施行後，通傳會對於牴觸該條款行為之執法可謂不遺餘力，而廣電媒體業者為規避該條款之束縛，也累積幾則引人注目之事件，更甚者，該條款也曾被濫用成為不當競爭之工具：

（一）違反黨政退出廣電媒體條款之裁罰一再被推翻

以下兩份通傳會之文件，可以大略說明黨政退出廣電媒體條款之施行績效：首先，對於廣播電視部分，通傳會自 2000 年起，陸續裁處廣電事業違反政黨、政府退出廣播電視案，結果除業者未再爭訟而使原處分確定外，通傳會之處分理由均未獲法院認可[12]。再者，對於有線廣播電視部分，通傳會之

---

[10] 關於台灣廣電媒體受政治介入現象，參，馮建三，公共傳媒的政治規劃、經濟安排與社會監督，月旦法學雜誌，第 170 期，2009 年 7 月，頁 21 以下。

[11] 巷仔內／黨政軍退出媒體　原來只是口頭禪？今日新聞 NOWnews，2020 年 5 月 15 日，https://tw.stock.yahoo.com/news/，最後瀏覽日期：2020 年 10 月 21 日。

[12] 國家通訊傳播委員會，「政府、政黨投資、控制廣播電視事業議題」意見徵詢，2014 年 1 月，當年陸續裁處 35 家業者，其中 3 家未再爭訟而使原處分確定，其餘 32 家陸續於 2012 年提起行政訴訟

裁罰亦因廣電三法條文規定之違規投資者與被處罰者不一致，歸責對象不合理，而使該會所為之裁罰處分均為行政院訴願決定[13]或法院撤銷[14]。

　　時至今日，通傳會在傳播政策白皮書上公開表示2003年廣電三法增修之「黨政軍條款」，其「維護新聞自由與民主健全發展，並排除政府、政黨以任何形式介入廣電事業的經營」之立法目的與正當性仍在，但容有調整空間，其並提出具體之改善方向，主要是政府投資依預算法之規定、政黨依政黨法不得投資或經營廣電媒體，以及修正歸責對象，使責任與處罰相符[15]。

（二）黨政退出廣電媒體條款下之亂象

　　黨政退出廣電媒體條款除裁罰廣電媒體外，亦成為廣電媒體合併申請時之緊箍咒，因而出現3個著名規避此條款之個案：1. 2008年中華電信與網路影音公司愛爾達擬合作在MOD進行奧運數位轉播，因交通部持有中華電信股權，牴觸規定，中華電信不得不從愛爾達撤資，後來由台達電買下愛爾達股份，始得以順利於中華電信MOD播放奧運數位轉播，自此中華電信MOD只能經營純平台業務，無法與有線電視業者公平競爭。2. 2009年台灣大哥大併購凱擘有線電視系統，因台灣大哥大母公司富邦金控之部分股份由台北市政府持有，遭通傳會駁回，後改由台灣大哥大正副董事長以私人名義成立大富媒體，規避該條款，始被核准併購。3. 2015年遠傳與摩根士丹利亞洲以迂迴方式入主中嘉集團，因為遠傳電信部分股權被政府四大基金持有，遂採買債不買股方式，認購摩根士丹利亞洲子公司公司債，規避黨政退出廣電媒體

　　後，業者均勝訴，https://www.ncc.gov.tw/chinese/files/14012/3146_31611_140124_1.pdf，最後瀏覽日期：2020年10月21日。

[13] 如行政院2019年10月31日院臺訴字第1070210963號訴願決定書，行政院訴願案件查詢，https://appeal.ey.gov.tw/Search/Search01/，最後瀏覽日期：2020年10月21日。

[14] 國家通訊傳播委員會，傳播政策白皮書，2020年2月，頁108，文中舉臺灣臺北地方法院107年度簡字第261號、簡字第263號、簡字第262號、簡字第264號等行政訴訟判決，均將通傳會之原處分撤銷，https://www.ncc.gov.tw/chinese/files/20032/5237_42741_200320_1.pdf，最後瀏覽日期：2020年10月21日。

[15] 國家通訊傳播委員會，傳播政策白皮書，2020年2月，頁106以下。

條款，成功間接掌握中嘉[16]。

　　此外，2016 年台灣數位光訊科技擬與荷蘭商合作，間接取得東森電視 65% 股權[17]，遂向通傳會申請許可，審理期間發生某縣議員及某黨特意各購買台灣數位光訊科技股票 1 張，並向通傳會檢舉，濫用黨政退出廣電媒體條款，企圖阻擾併購交易之進行，並使台灣數位光訊科技遭通傳會裁罰，雖然裁罰後來經行政院訴願決定撤銷[18]，但該併購案最後仍未能成功。

　　回顧 1995 年台灣教授協會提出之「黨政軍退出三台運動」[19]，點燃黨政軍退出廣電媒體之理念，經 2003、2015 年廣電三法之修正，正式成為有強制力之法律規定以來，但實際上僅形式上成功地改變老三台，至於政府與軍方直接經營之廣播電視之現象迄今仍存在，形成政府直接經營廣電媒體於法有據，但以投資獲利為目的之間接持有民營廣電媒體股票，即導致廣電媒體成為受處罰對象，以及廣電媒體向通傳會申請許可時，黨政退出廣電媒體條款成為障礙，而事實上出現規避與濫用該規定之現象，亦有認為係阻礙數位廣電媒體之發展[20]。

參、以傳播自由之保障與限制理論再檢視黨政退出廣電媒體條款

　　黨政退出廣電媒體條款既然成為具法律拘束力之規範，即需符合憲法賦

---

[16] 楊鎵民，黨政軍條款的爭議事件始末，卓越新聞電子報，2016 年 3 月 18 日，財團法人卓越新聞獎基金會，https://www.feja.org.tw/38696，最後瀏覽日期：2020 年 10 月 21 日。

[17] 東森電視要易主了！台數科砸 111 億元向凱雷買 65% 股權，鉅亨網記者張欽發，2016 年 10 月 14 日，https://news.cnyes.com/news/id/3576262，最後瀏覽日期：2020 年 10 月 21 日。

[18] 台數科訴願贏了，NCC：將返還 200 萬罰款，風傳媒，2018 年 3 月 21 日，https://www.storm.mg/article/414126，最後瀏覽日期：2020 年 10 月 21 日。

[19] 台灣教授協會通訊創刊號，1995 年 3 月，附錄，「黨政軍退出三台運動」宣言，https://taup.yam.org.tw/comm9503/tpdc5300.html，最後瀏覽日期：2020 年 10 月 21 日。

[20] 「過時黨政軍條款，阻礙台灣數位匯流發展？」公聽會，台灣數位匯流發展協會，2017 年 7 月 7 日，http://www.tdcda.org.tw/webc/html/act/01.aspx?num=22，最後瀏覽日期：2020 年 10 月 21 日。

予廣電媒體之傳播自由保障。

一、廣電媒體為負有社會公器任務之產業

（一）廣電媒體促進輿論形成之功能

　　在自由民主之法治國家，人民為國家主權之擁有者，一切公權力之行使，均應以民意之授權為依據，而人民公共意志之形成，有賴對於公共事務相關資訊之充分掌握，以及自由地交換彼此意見，因此，言論自由被認為是民主政治健全運作之重要關鍵[21]。大眾傳播媒體具有廣泛與快速傳遞之特性，可以滿足人民知悉公共事務動態之需求，加上媒體不僅單純地提供資訊，也依據其立場與偏好對公共事務發表見解，引導社會大眾對公共議題之討論，具有促進輿論形成 (Öffentliche Meinungsbildung) 之功能[22]，雖然在個人小眾傳播盛行之今日，傳統媒體之閱聽眾有逐年下降之趨勢，但廣電媒體仍具有引領輿論走向之地位，尤其是涉及重大之社會議題[23]，縱使廣電媒體是由私人經營之企業亦然。因此，廣電媒體亦為社會公器，國家應該盡最大之可能保障傳播自由。

　　然而，廣電媒體作為社會公器，不應因此成為應承擔額外法律義務之理由，尤其是對於私人經營之廣電媒體，不得以其被譽為社會公器，即課予其應承擔黨政退出之額外義務。社會公器之概念毋寧應該置於法治國家保障人權之理念下，就能增進廣電媒體社會公器功能之限度內，課予其促進多元意見自由形成之任務，而非要求承擔特定時期對廣電媒體特殊觀感之不利對待。

21　參，司法院釋字第 364 號解釋：「以廣播及電視方式表達意見，屬於憲法第十一條所保障言論自由之範圍。」釋字第 509 號解釋：「言論自由為人民之基本權利，憲法第十一條有明文保障，國家應給予最大限度之維護，俾其實現自我、溝通意見、追求真理及監督各種政治或社會活動之功能得以發揮。」

22　德國聯邦憲法法院認為廣電傳播自由具有典型的服務功能 (dienende Funktion)，BVerfGE 95, 220 (236).

23　Uli Gleich, Medienwirkungen auf den Prozess der öffentlichen Meinungsbildung, Media Perspektiven 12/2018, S. 608.

（二）嚴格管制廣電媒體需具正當化理由

在大眾傳播媒體依其傳播方式，區分為報章雜誌等平面媒體，以及廣播電視等廣電媒體下，歷來以廣電媒體所使用之頻道資源具有稀少性，認為應由政府作公平分配使用以免少數業者壟斷，影響輿論之自由形成[24]，故立法院刪除了出版法，但對於廣電媒體之規範，不僅廣電三法，仍不斷增訂相關之法律與規定。然而，這種見解在有線電視可使用之頻道數量遠超越使用者實際收看能力，以及個人社群廣電媒體發達，人人可以成為直播主，而各式資訊在匯流科技助勢下，無論是透過媒體間之跨業結合，或是單純之資訊來源相互採訪下，相同之傳播內容經常在不同傳播載具上出現，此時繼續維持僅對廣電媒體進行管制之策略，能否達成預期目的，即不無疑問。

由於媒體為社會公器理念，係對所有型態之媒體而言，我國對於不同型態之媒體，分別採取完全不立法與嚴格立法管制之作法，本身不無可議之處，尤其是當原本具有資源稀少性之廣電媒體，經傳播科技發達之後，也同樣具備複數多元存在之客觀條件時，政府直接對廣電媒體之管制即應鬆綁，而應改從消費者權利保護、公平競爭秩序之維護等作為限制廣電媒體之理由。

二、立法者對傳播自由制度性保障任務之實現

（一）立法者應採取積極作為之立法

傳播自由對於自由民主政治之運作，具有關鍵性之意義，但傳播媒體監督政府之第四權功能，除非是賦予公營媒體及其從業人員獨立自主之法律地位，否則通常僅能仰賴私營媒體發揮輿論監督政府之功能，但由於私營媒體在法律上並無義務履行促進公益之任務，只能被期待將發揮社會公器之功能。因此，要能實現廣電媒體監督政府之理想，即不應採取消極式之作為，而應

---

[24] 參，司法院釋字第364號解釋理由書：「廣播電視之電波頻率為有限性之公共資源，為免被壟斷與獨占，國家應制定法律，使主管機關對於開放電波頻率之規劃與分配，能依公平合理之原則審慎決定，藉此謀求廣播電視之均衡發展，民眾亦得有更多利用媒體之機會。」

選擇積極促成傳播媒體發揮第四權功能之方法[25]。

　　民主法治國家遵行依法行政與依法審判原則，法律規定具有引領行政與司法之地位，營造傳播自由環境之任務，即成為立法者之任務。由於傳播自由具有健全民主政治體制運作之作用，在施行自由民主政治體制之國家，立法者有義務履行對於傳播自由之制度性保障，建立讓整體之傳播廣電媒體發揮第四權功能之制度，而非如黨政退出廣電媒體條款般之單純課予廣電媒體義務之作法。

（二）建立廣電傳播法制之立法選擇可能性

　　立法者如何落實傳播自由之制度性保障，端視媒體環境之實際情況而定，德國法制所採之外部複數 (außenpluralistischer Modell) 與內部複數 (binnenpluraler Modell) 思考不失為得參考之對象：當媒體之成立門檻下降，客觀上能存在多數媒體時，如平面之報章雜誌媒體，即使個別媒體與社會上強勢地位結合，亦因各種意見均有發聲之管道，整體之平面媒體並無額外管制之必要，藉由其整體複數之存在，即可確保言論之多樣性；只有對於先天數量受限制之廣電傳播媒體，才需藉由特殊之法制設計，讓數量稀少之廣電媒體節目內部都能容納社會上各界之聲音，以內部複數設計達到多元意見均能利用廣電傳播媒體發聲之目的[26]。

　　台灣之廣電傳播媒體包含無線廣播電視、有線電視以及衛星廣播電視三大類，在有線電視透過光纖傳遞已可達到超越收視戶需求之頻道，而規定必載無線電視與衛星電視節目要求下，已建置光纖網絡之台灣，廣電傳播自由之客觀環境顯然已不同於根本沒有外部複數可能性之往昔，且除私營廣電媒

---

[25]　參，司法院釋字第 613 號解釋理由書：「憲法所保障之通訊傳播自由之意義，即非僅止於消極防止國家公權力之侵害，尚進一步積極課予立法者立法義務，經由各種組織、程序與實體規範之設計，以防止資訊壟斷，確保社會多元意見經由通訊傳播媒體之平台表達與散布，形成公共討論之自由領域。」

[26]　Vgl. Frank Fechner, Medienrecht, 11. Aufl. 2010, 10. Kapitel: Rundfunk, Rn. 50.

體外，尚有公營廣電媒體可望提供基本之服務，因此對廣電傳播之管制不應再維持過去之思維。

在媒體匯流以及媒體產業股權社會化，廣電媒體上市上櫃之股票各界可自由買賣下，倘一方面維持允許公營廣電媒體存在，另一方面卻對私營廣電媒體嚴格要求完全不得為黨政直接或間接投資，只消極地追求形式上沒有黨政分享廣電媒體所有權，而對於黨政利用各種可能性實質控制廣電媒體之現象，反而置之不理，則立法者對於傳播自由之制度性保障，即難謂已落實。

在傳播環境改變下，立法者要非以廣電媒體頻道之數量已大幅成長，透過彼此之競爭，已足以讓各種意見均可利用廣電媒體發聲，因而只要維持公平競爭秩序與消費者權益之保護，即為已足；或者從全面禁止黨政投資廣電媒體，改為要求所有與經營分離，對於純粹以獲利為目的之投資廣電媒體行為，僅在其對廣電媒體之經營實質產生控制力，會影響廣電媒體之言論傾向時才予以設限[27]；或者回歸廣電三法所規範廣電媒體不同歷史背景之本質，不再堅持政治上三法必須同一步調之規定[28]，而作符合廣電媒體事實狀態之分別立法，尤其是對於自始即以民營型態出現，且能使用之頻道已遠超需求之有線電視，黨政退出有線電視條款存在之正當性高度令人質疑。

三、對廣電媒體之裁罰不得牴觸法治國家原則

廣電三法為達成黨政退出廣電媒體之立法目的，採取行政處罰措施，作為遵守規定之擔保，雖然該條款是反映立法當時之傳播環境而作成之決定，但既然是行政處罰即無論如何，均必須符合行政罰法之基本原則：

---

[27] 莊春發，論以市場結構為基礎規範黨政軍退出媒體的適當性，中華傳播學會，2011 年 7 月 4 日年會論文，http://ccstaiwan.org/paperdetail.asp?HP_ID=1324，最後瀏覽日期：2020 年 10 月 21 日。

[28] 石世豪，目的事業參與結合之多重管制問題及其制度革新芻議——以通訊傳播領域為例，公平交易季刊，第 25 卷，第 2 期，2017 年 4 月，頁 72。渠稱黨政軍退出廣電媒體條款，為不折不扣「在地政治社會（轉型正義）特殊管制」。

（一）行政處罰以行為人有故意或過失為要件

行政罰法於 2006 年施行，雖然晚於黨政退出廣電媒體條款於 2003 年公布生效，但一方面行政罰法為行政裁罰之基本規定，再者，自司法院釋字第275 號解釋公布以來，行政罰應以故意或過失為責任條件，業已成為司法實務一致之見解，廣電三法以黨政退出廣電媒體條款裁處廣電媒體時，即必須證明廣電媒體對於黨政直接或間接投資廣電媒體，或者黨政相關人員，及該人員之配偶親近親屬等違反黨政退出廣電媒體條款，主觀上具有故意或過失始得裁處廣電媒體。

因此，除非廣電媒體聘請黨政相關人員作為其董監事，否則當廣電媒體公開上市或上櫃股票被黨政或其相關人士主動購買時，廣電媒體無論是對於直接或間接投資人之違法行為均無從知曉，不具備故意或過失之責任要件。

（二）黨政退出廣電媒體條款不罰行為人而處罰廣電媒體之誤謬

黨政退出廣電媒體條款對於政府與政黨等直接間接投資廣電媒體時，非以投資行為人而以廣電媒體作為處罰對象，以及以違反黨政退出廣電媒體條款作為廣電媒體申請不予許可之理由，無疑是本條款規定最受爭議之處，這也凸顯出立法時由黨團協商以政治方式決定條文之內容，沒有明載立法理由時，容易出現誤謬之處。尤其是當政府與政黨等間接投資廣電媒體之情形，不論其間是幾層之轉投資，均屬違法時，除被禁止轉投資廣電媒體之行為主體有可能不知道所購買股票間接有廣電媒體之股份外，被間接投資之廣電媒體，更難以決定其投資者之股份，不得為政府與政黨等間接持有，更甚者，以台北市因台北銀行與富邦銀行合併而持有富邦金控公司股份，當富邦金控持有台灣大哥大公司股票，而台灣大哥大再輾轉多層次轉投資於永佳樂有線電視，以致形成違反黨政退出廣電媒體條款時，即使永佳樂有線電視於知悉違反規定後，即要求台北市政府不再持股以改善違法狀況，但台北市政府並不願釋出對富邦金控之持股，可見法律雖規定廣電媒體為被裁罰對象，但其對於導致其被裁罰之違法行為，並無決定與改善之可能性[29]。

就此雖然曾有立法委員提案，透過修法終結現行規定行為人與受罰對象不一之荒謬情形，並增訂對於違反規定行為人之處罰，但終究如其間對此條款具有政治性之評價般，並無法成功地將此違反法治國原則之條款予以修正[30]。然而，黨團協商作成之政治性決定條款，當其內容違反法治國家自己責任之處罰原則[31]，以及要求被裁罰對象履行無期待可能性之行為義務時，該規定本身缺乏正當性，無繼續存在而持續侵害私營廣電媒體權益之理由。

肆、結論

俗稱之黨政軍退出廣電媒體條款，為我國獨特之政治性立法，由於條文內容實際上僅規定政府、政黨及相關人員應退出民營廣電媒體，對軍方並未規定，且軍本是政府的組成之一，因此正確用語應為黨政退出廣電媒體條款。

黨政退出廣電媒體條款之缺失，首先是未顧及廣電三法規範的是不同種類之廣電媒體，不僅各自之成立歷史背景不同，受傳遞資訊科技發達之影響，三類廣電媒體使用之資源並非均具稀少性，卻一體適用相同之黨政退出廣電媒體條款，實有未洽。再者，黨政退出廣電媒體條款所規定負有不行為義務之對象，與受罰之對象不相同，牴觸法治國家自己責任之基本原則，即使該條款具有本土政治上之特殊意義，亦不得因此侵害受處罰廣電媒體法治國家保障之權利。

廣電傳播自由對於民主政治之健全運作具有重要意義，黨政退出廣電媒體條款之立法過於粗糙，亦不符立法者對於傳播自由之制度性保障義務，縱使政治氛圍無法作完善之修正，亦不能繼續侵害廣電媒體業者之權利。

---

29 參，最高行政法院 101 判字第 981 號判決。
30 立法院第 9 屆第 5 會期第 13 次會議議案關係文書，院總第 1562 號委員提案第 22088 號，2018 年 5 月 16 日印發。
31 參，司法院釋字第 687 號解釋。

第十一篇

試借「競爭法」法律概念來思考「黨政軍條款」[*]

蘇倚德[**]

[*] 本論文原刊登於《教育暨資訊科技法學評論》期刊第 7 期，頁 49–63，2021 年 10 月。作者感謝天主教輔仁大學法律學院時任院長郭土木教授與學士後法律學系黃仁俊助理教授，邀約作者從公平交易法之觀點出發，撰寫關於檢討現行黨政軍條款之論文，並發表於「黨政軍條款的合憲性檢驗」學術研討會（2021 年 9 月 16 日）。作者也感謝該場次評論人吳志光教授、主持人鍾芳樺副教授及與會人莊春發教授之意見，使作者受益良多。本論文便是以當初研討會論文草稿為基礎，經調整修改而成。

[**] 國立臺北科技大學智慧財產權研究所專任助理教授，法國 Strasbourg 大學法學博士。

壹、前言

　　自 1949 年 5 月中華民國政府頒布戒嚴令，於同年年底遷台後持續實施戒嚴，至 1987 年解除該戒嚴令，在這段實行黨國體制之特殊時期，政府對所有傳播媒體進行嚴格控制，並分別以「政府」、「執政黨」、「軍隊」等主要代表力量依序出資成立並控制台視（1962 年）、中視（1968 年）、華視（1971 年）無線電視媒體，主要以推行政府政策和擁護政府施政為主要任務[1]，並加以控制輿論以及思想[2]，因此在解除戒嚴、逐步落實民主化，進而於政黨輪替後修正廣電三法，設置「黨政軍條款」（2003 年），嚴格禁止上述勢力直接或間接地投資或經營廣電媒體，以冀廣電媒體確保中立性以及資訊多元性，維護新聞自由與民主健全發展[3]。

　　然而，當代隨著科技發展、網際網路普及與數位匯流，該條款於實踐適用上衍生出部分不盡合理或窒礙難行之情形，最直接體現在若有黨政軍相關人士（行為主體）於公開股票市場上買入並持有廣電媒體之股票，便會違反直接投資之禁止規定，而政府機關單純理財亦可能違反間接投資之禁止規定，且責罰對象為「被動且無作為」之被投資人[4]，其並無可非難性及可歸責性[5]，該情形業阻礙該產業之正常發展。

　　當代數位匯流技術加劇媒體競爭墊高成本，相關事業退出市場或被併購整合之「市場集中化」與「財團化」成為全球趨勢，國內廣電媒體對內與境外（韓國、中國大陸、日本、美國等）節目競爭，對外與 OTT、IPTV 與社群媒體等新興媒體平台競爭[6]，若要避免成為「境外媒體內容消費之殖民市

1　蕭文生 (2020)，《傳播法基礎理論與實務》，3 版，頁 148–149，臺北：元照。
2　黃仁俊 (2020)，〈黨政軍條款的再省思廣電法與政黨法之交錯〉，《教育法學評論》，6 期，頁 44。
3　立法院公報處 (2003)，《立法院公報》，92 卷 57 期，頁 502–507，臺北：立法院。
4　參見 1999 年 11 月 18 日國家通訊傳播委員會第 327 次委員會議紀錄。
5　臺北高等行政法院 108 年度訴字第 99 號判決。
6　翁曉玲 (2020)，〈「黨政軍退出媒體」是憲法要求？——從廣電自由制度性保障和本國文化保護談

場」[7]，有論者認為可考慮適度調整黨政軍條款，使政府與被政府投資之法人得以投資挹注廣電媒體發展，以增強國際競爭力[8]。另外，亦有論者指出該條款之設置，並未真實促成廣電媒體之中立化，許多媒體仍具有鮮明政黨傾向與政治色彩[9]，而人民整體對新聞信任度持續低落[10]且每況愈下[11]，更甚者，廣電事業監理機關「國家通訊傳播委員會」(NCC)，即使認為該條款規定有不合時宜之處，但仍依法行政，業已反覆產生多起行政爭議案件[12]，部分爭議類型甚至常與行政法院相左而被撤銷行政處分，被生動地描述為「無限循環困境」[13]，上述各情形可能進一步惡化本就不易之媒體經營環境：首先，媒體即使有黨政軍條款之規制仍不脫其政治色彩，在欠缺中立性與專業性之同時，造成較低落之新聞信任度；其次，循環爭議加上投資廣電媒體受限，並不利於相關產業之發展。目前廣電事業監理機關為「國家通訊傳播委員會」，與「公平交易委員會」(FTC) 同為中央第二級獨立行政機關，屬於特殊專業化及政治中立化機關，須兼顧社會多元價值[14]，而上開兩獨立機關因其特定職能，又分別會以不同側重之方向對於媒體相關事業進行管制[15]。

起〉，《教育法學評論》，6 期，頁 79–80。

[7] 曾國峰 (2019)，〈「反媒體壟斷法」草案演進與規範辨證〉，《中華傳播學刊》，35 期，頁 33。

[8] 陳弘益 (2020)，〈我國廣電三法黨政軍條款修正芻議〉，《教育法學評論》，6 期，頁 63 以下。

[9] 翁曉玲，前揭註 6，頁 79。

[10] 陳弘益，前揭註 8，頁 63。

[11] Reuters Institute for the Study of Journalism at Oxford University. (2021 16 July), Digital News Report. Retrieved from https://www.digitalnewsreport.org/survey/2020/taiwan-2020/.

[12] 黃仁俊，前揭註 2，頁 48 以下。

[13] 何吉森 (2021)，〈立法者對黨政軍退出媒體的形成自由界限——再思黨政與媒體應有之距離〉，《教育暨資訊科技法學評論》，7 期，頁 6–12。

[14] 國家通訊傳播委員會組織法第 1 條：「行政院為落實憲法保障之言論自由，謹守黨政軍退出媒體之精神，促進通訊傳播健全發展，維護媒體專業自主，有效辦理通訊傳播管理事項，確保通訊傳播市場公平有效競爭，保障消費者及尊重弱勢權益，促進多元文化均衡發展，提升國家競爭力，特設國家通訊傳播委員會（以下簡稱本會）。」公平交易委員會組織法第 1 條：「行政院為維護交易秩序與消費者權益，確保自由與公平競爭，促進經濟之安定與繁榮，特設公平交易委員會（以下簡稱本會）。」蔡茂寅 (2006)，〈我國獨立機關建制之商榷〉，《行政院公平交易委員會第 14 屆學術研討論文》，臺北：行政院公平交易委員會。

　　誠然，任何規範都因一體兩面而有利有弊，黨政軍條款亦是，該條款欲除去「侍從媒體」[16]之同時亦衍生相應爭議，且所涉層面甚廣，將牽一髮而動全身，所以相關調整應審慎為之，甚至可考慮在更適當之替代方案出現前，暫先維持該條款之既存與適用。但若未來社會與立法機關已達修法必要之共識，在此情況下，本文借用「競爭法」（主要為公平交易法中「限制競爭」部分）之部分法理與概念加以思考，依序從現行黨政軍條款之**適用範圍（貳）**以及**管制方式（參）**兩種不同角度切入進行探討，以提供未來可能修法方向之思考。在此特別說明，由於我國軍隊之國家化進程順利，因此於探討黨政軍條款時，少有文獻特別論及「軍隊」部分，因此本文亦然，將規範行為主體部分之重心置於「政黨」與「政府」兩者進行探討。

貳、界定競爭範圍：黨政軍條款適用範圍

　　誠如美國聯邦貿易委員會（競爭法主管機關）前主任委員 Pitofsky 所言：「識多見廣之反托拉斯實務工作者一直都知道，在大部分的執法活動中，最重要之議題就是市場之界定，因其是如此之最重要憑據」[17]，申言之，欲分析事業是否具備「市場力量」（分子），必須先界定出「相關市場」（分母）之範圍[18]，此於公平會對個案之最終處理結果常有決定性影響[19]，然而所涉層面和因素繁多且複雜，該如何界定可謂是「人類智慧的黑洞」[20]。因此，行政機關與司法機關應盡可能建立客觀判斷規則，以增加事業之可預測性以及整體法律安定性。

---

[15] 其中又以 2010 年「旺中案」為代表。相關說明，請參閱：蕭文生，前揭註 1，頁 179–181。

[16] 何吉森，前揭註 13，頁 2–3。

[17] Pitofsky, R. (1990). New Definitions of Relevant Market and the Assault on Antitrust, *Columbia Law Review, 90(7)*, 1807: Knowledgeable antitrust practitioners have long know that the most important single issue in most enforcement actions—because so much depends on it—is market definition.

[18] 公平交易法第 5 條：「本法所稱相關市場，指事業就一定之商品或服務，從事競爭之區域或範圍。」

[19] 汪渡村 (2015)，《公平交易法》，6 版，頁 24，臺北：五南。

[20] 胡祖舜 (2021)，《競爭法之經濟分析》，2 版，頁 32，臺北：元照。

目前「量化分析」由於較能產生相對客觀之外觀而日益重要，而競爭者間彼此限制（尤其是價格上）之因素，往往離不開消費者端之「需求替代」，至少在這充滿眾多不確定因素之過程中，提供較為明確之要素。又，網路技術之普及改變媒體界之生態，若有特定不同類型媒體常被界定於同一相關市場，則有探討是否一併適用或不適用黨政軍條款之空間，亦或提出合理事由而為差別化對待。以下本文分別就**網路因素**㈠，以及**當代數位匯流發展之特殊環境**㈡來論述黨政軍條款可能之適用範圍。

一、市場界定之網路因素

傳統上，通訊與傳播相關產業分屬無線廣播、無線電視、有線電視、衛星電視、電信、網際網路等不同技術和傳播方式之產業，由於各自特性不同，通常各業別皆有單獨對應之管制法規，甚至是不同之主管機關，形成壁壘分明之垂直立法「穀倉 (silos) 模式」[21]，然而隨著數位科技媒體匯流，近用門檻較高之傳統大眾媒體間內部彼此界線開始模糊，且與外部近用門檻低廉之新興媒體發展並存與競合[22]。這樣之趨勢亦反映於近期各項法規之調整：於競爭法領域部分，公平交易委員會於 2021 年 4 月通過修正「公平交易委員會對於有線電視相關事業之規範說明」，將「有線電視系統市場」市場範圍與定義刪除，同時亦解除「有線電視系統集團的訂戶數不得超過全國總訂戶數 1/3」之結構面管制，反映出數位匯流趨勢下有線電視系統市場不再適合被視為獨立市場，而是透過個案認定來彈性處理與新興媒體之競合[23]；而於非競爭法領域部分，行政院於 2021 年所通過之著作權法部分條文修正草案，亦調

---

[21] Whitt, R. (2004). A Horizontal Leap Forward: Formulating a New Communications Public Policy Framework Based on the Network Layers Model, *Federal Communications Law Journal*, 56, 587–596.

[22] 蕭文生，前揭註 1，頁 9–11。

[23] 簡維克 (2021)，〈從「有線電視規範說明」修正看 CATV 面臨新媒體競爭管制改革〉，《台灣數位匯流網 TDC NEWS》，載於：https://www.tdcpress.com/Article/Index/4883（最後瀏覽日：01/09/2021）。

整「公開播送」與「公開傳輸」之定義，不再以網路技術區分（因為運用網路傳輸已過於普遍），改以「同時」或「可回看」區分[24]，並新增「再公開傳達權」以維護著作權人之權益[25]。

　　自 2017 年網路媒體涵蓋率超越電視，於 2019 年已達 93.5%，且網路媒體廣告量已超越其他不同類型傳統媒體的加總[26]，從各數據皆顯示網路已同時成為「閱聽眾」和「廣告業」者最常使用之平台，也得以間接推論出網路影響力可能已超越傳統大眾媒體。然而，現行法規對於近用門檻高但影響力漸弱之傳統媒體法規較完備，而對變化速度快、近用門檻低且影響力漸強之新興媒體，卻還未能建立完備規範，相比之下顯得管制寬鬆，造成整體媒體市場法規管制上輕重失衡之奇特現象，黨政軍條款亦是如此，僅加諸於傳統廣電媒體，但並無適用新興媒體[27]，因此，似有探討是否契合「比例原則」與「平等原則」等基本法理之空間，並值得進一步分析於此數位匯流之背景下，黨政軍條款是否應適用於所有媒體？抑或全部不適用？抑或闡明各媒體「本質上」之差異而為合理之區別對待？

二、其他之數位匯流因素

　　即使網路傳輸技術普及大幅提升各媒體數位匯流程度，也不適合一概將上開各媒體視為同一相關市場，否則將從穀倉理論走向另一個極端，蓋忽略

24　方文 (2021)，〈政院通過《著作權法》修正案　公開播送不因網路技術而有別〉，《台灣數位匯流網 TDC NEWS》，載於：https://www.tdcpress.com/Article/Index/4823（最後瀏覽日：01/09/2021）。

25　智慧財產局 (2021)，〈110/4/8　行政院會版本著作權法部分條文修正草案總說明〉，11：「再公開傳達係指將公開播送、公開傳輸之著作內容，於公眾場所同時再以螢幕、擴音器或其他機械設備向公眾傳達。例如：營業場所擺放一台電視機，打開電視機將無線、衛星電視電台正在播放之節目（包括以機上盒接收數位電視節目之情形）予以播出，或透過電腦將網路傳輸之著作內容同時予以播出，均屬再公開傳達行為。」

26　台北市媒體服務代理商協會 (2020)，〈2020 年台灣媒體白皮書〉，頁 5–7，載於 https://maataipei.org/download/2020%E5%AA%92%E9%AB%94%E7%99%BD%E7%9A%AE%E6%9B%B8/（最後瀏覽日：09/09/2021）。

27　翁曉玲，前揭註6，頁 77。

各自本質差異而為齊頭式平等對待也未必公允，應當回歸競爭法法理，就個案具體分析界定相關市場範圍，本文因此對當今媒體產業提出幾項值得觀察因素：

首先回歸各媒體間從閱聽眾面（消費者端）而言，是否具備需求替代關係，然而，在運用傳統之市場界定方法可能會遇到瓶頸，以「微幅但顯著之非暫時性之價格調漲」(Small but Significant Non-transitory Increase in Prices, SSNIP) 測試法[28] 為例，將所有暫定為同一相關市場中之各媒體（產品）價格進行維持一年以上（非暫時性）之 5–10% 漲幅（微幅但顯著），此理論上質化分析結果未必能反應實際上網路技術近用門檻低之情形，即消費者可能僅需支付網路服務費用，即可使用數位匯流下之各媒體內容，未必需就各媒體分別支付使用費用，或即使需分別支付但使用費用低廉，使「價格因素」被削弱，於各種傳統上重視價格因素之測試法似有不盡相容之處。

其次，新興技術可能會造就不同年齡層之世代差異，若不同年齡區段對不同媒體依賴度（可能涉及技術學習能力）和信任度不同（習慣性問題），自然會影響不同媒體間之需求替代性，因而即使皆是透過網路傳輸媒介之各媒體，未必能統一歸為同一相關市場。根據「2020 年台灣民眾科學媒體素養與科學新聞感知調查報告」[29] 表明：年齡與電視依賴度成正比（年紀越大通常花費電視之時間總量越多，並與其他媒體相比，電視使用比例越高），又鑑於對媒體內容之查證主要透過使用網際網路，顯示對電視依賴度與主動查證率成反比，由此，從使用（需求）替代性而言，上述透過網路傳輸之各媒體未必會被界定成同一相關市場。

雖然台灣民眾對報導新聞整體信任度僅 32.1%，但是平均對於電視新聞信任度 (36.2%) 明顯高於網路新聞 (20.3%)，這似乎能側面說明現行黨政軍條

28　胡祖舜，前揭註 20，頁 53–59。

29　新興科技媒體中心 (2020)，〈2020 年台灣民眾科學媒體素養與科學新聞感知調查報告摘要版〉，載於：https://smctw.tw/7559/（最後瀏覽日：09/09/2021）。

款僅存在傳統廣電媒體領域之正當性，因為該相關閱聽眾對於所接受之新聞內容與思想，有較高之信任度和較低之查證率，以致媒體內容有較低之辨別能力，而較容易受到影響之虞，若以避免思想操控之風險控管角度出發，進而嚴格禁止黨政軍之介入，但這又未必能說明為何資訊散布更不受時空限制，以及更容易產生「網路效應」[30]之新興媒體為何就可不必受到如黨政軍條款般嚴格之規範。

此外，競爭法對於界定市場時亦會考慮「潛在競爭」(potential competition)，即目前不在相關市場之事業，經必要投資可於不太長之時間內進入該相關市場，是否產生潛在競爭取決於相關市場之「參進障礙」[31]，其內涵包括本文上述多次提及之「近用門檻」因素。回顧戒嚴時代，政府將存在於自然界的有限電波之使用加以限制，透過廣播執照管制來控制無線廣播，而早期無線電視發展因著資金和技術較高（固定成本高、近用門檻高、參進障礙高），輔以其他法規限制，形成類似經濟學中之獨占狀態[32]，完全排除潛在競爭，以至於解嚴後專門針對廣電媒體設置黨政軍條款。

然而，戒嚴時期亦透過「報禁政策」[33]來控制平面媒體，但於解嚴後卻無黨政軍介入之爭議，從無針對該傳統媒體設置黨政軍條款，本文認為如此之區別對待，可能在於平面媒體之低近用門檻，即使於戒嚴時期仍有黨外刊物流通，難以完全禁絕多元資訊，並於解除報禁後平面媒體呈現百家爭鳴之局面[34]，即便是有個別民營平面媒體受到黨政軍投資或經營，可能會因其於相關市場占有率偏低而僅有有限影響力（市場力量），另外，台灣民眾對於紙本報紙與雜誌之信任度低落（常僅有個位數），且紙本報紙與雜誌的總體數量

30 陳志民 (2015)，〈智財策略及智財權的策略使用〉，《104 年競爭中心專題演講彙編》，頁 17–18，臺北：行政院公平交易委員會。

31 胡祖舜，前揭註 20，頁 41–42。

32 公平交易委員會 (2017)，《認識公平交易法》，18 版，頁 41，臺北：公平交易委員會。

33 李瞻 (1987)，〈我國報禁問題及解決之道〉，《報學》，7 卷 8 期，頁 37。

34 蕭文生，前揭註 1，頁 148。

漸少，於整體影響力偏弱之情形下，並未成為黨政軍條款規制之範圍。

　　鑑此，本文認為在界定數位匯流下媒體產業市場時，不適合單以時序直接區分傳統媒體和新興媒體兩大區塊，亦不適合僅以是否透過網路傳輸為媒介而區分，應依循競爭法一般界定分析方法，且須考量市場之參進障礙，此乃涉及資金、技術、法規要求等各種成本，因為傳統大眾傳播媒體為複雜資訊傳播之過程，原則上以法人型態成立公司，設立各部門專業分工，須有大量資金而使財政門檻不斷增高，但若透過網路傳播，與多由個體戶低成本經營之新興媒體使用相同網路傳播途徑[35]。

　　於界定市場範圍後，進一步探討黨政軍條款之適用範圍與程度時，應將閱聽眾對相關媒體之依賴度、信任度及查證率等關於實質影響力之因素納入考量，但亦須注意閱聽眾習慣和態度之變遷，例如近年 IPTV 與 OTT 崛起造成有線電視產業訂戶之流失[36]、COVID-19 新冠肺炎疫情爆發以來，網路充斥假新聞而對相關媒體之信任度浮動等。誠然，對影響力較大之媒體應有較高之期待與要求（規範），但亦應避免形成「懲罰優秀者」（規範過多或過嚴，導致經營成本墊高）之局面，否則會鼓勵「劣幣驅逐良幣」而劣化整體環境。

參、管制競爭方法：黨政軍條款規範方式

　　台灣競爭法領域之相關制度主要規定在「公平交易法」，其立法例有別於一般國際通例，未將規範「限制競爭」（競爭法、反壟斷法）與「不正競爭」兩部分區別立法，而是合為一法，甚至曾經涉及現行「營業秘密法」（1996年以前）以及「多層次傳銷管理法」（2014 年以前）之範圍。限制競爭法乃重視競爭行為對他事業競爭或交易之妨礙或排除[37]，需界定市場範圍以及評估市場力量，並且還須要考量「合理原則」與「當然違法」[38]，以維護「自

35　蕭文生，前揭註 1，頁 9–10。
36　蕭文生，前揭註 1，頁 20。
37　汪渡村，前揭註 19，頁 163。

由競爭」；相應地，不正競爭法則重視競爭行為之「本身」是否違反商業倫理及妨礙效能競爭[39]，以維護「公平競爭」，於法律評價上相對單純。以下本文將以狹義競爭法理，即「限制競爭」部分，分別就**產業面**㈠以及**事業面**㈡來論述黨政軍條款可能之規範方式。

一、媒體產業之特殊性：論階段性管制

十九世紀末美國鐵路網絡將地域性小市場彼此串聯成全國性大市場，出現了以卡內基標準石油公司 (Standard Oil) 為代表，透過規模經濟和價格優勢等措施惡意併購之大型托拉斯事業，擁有前所未見足以與國家抗衡之市場力量，促使美國國會於 1890 年通過當代競爭法之雛形「薛曼法」(Sherman Act)。然而，由於法條模糊以及二十世紀初之經濟蕭條，該法未被嚴格適用，直至 1918 年第一次世界大戰結束後，美國商品並無明顯國際競爭者，而國內商品價格被大企業壟斷、貧富差距加大及消費者權益嚴重受損，市場失靈無法自我調節，乃需藉由外部公權力介入來改善此情形。

該時期「哈佛學派」（又稱「結構主義」）之「SCP」三階段架構理論被實務界廣為採納，即市場「結構」(Structure)（第一階段）決定市場「行為」(Conduct)（第二階段），而市場行為又決定市場「績效」（第三階段）(Performance)（即產生不利競爭之結果），因此管制第一階段結構層面（即市場集中度）成為關鍵，美國競爭法主管機關嚴格控管事業合併、分解強大市場力量事業、嚴厲對待具優勢地位事業[40]，以達「正本清源」和「釜底抽薪」之效果。但是如此「大即是惡」之管制概念，隨著 1970 年代歐洲與日本商品競爭壓力，以及 1990 年代科技發展導致競爭型態快速變遷，美國競爭法主管機關面對美國商品已無法獨大，而開始調整管制之觀念，以利強化本國企業

---

[38] 胡祖舜，前揭註 20，頁 5–12。

[39] 汪渡村，前揭註 19，頁 163。

[40] 胡祖舜，前揭註 20，頁 12–16。

之經濟規模和資源綜效，但曾經占據實務界主流地位之結構主義理論，對於當代討論媒體產業市場管制方式時仍深具意義[41]（後詳述）。值得說明的是，就我國整部公平交易法而言，絕大部分規範是針對第二階段之「行為面」之規定[42]，而提早從第一階段之「結構面」就加以規制之情形，以管制「結合」為代表，但誠如上述所言，各國競爭法主管機關面對國際競爭之加劇，會在這部分執法保有彈性空間，以避免遏制本國企業之壯大機會。

傳統上，媒體素來為「國家內部」的行政權、立法權、司法權之外，第四種來自「國家外部」監督與制衡 (checks and balances) 政府之力量 (the Fourth Estate)，常被稱為「第四權」，且最初之廣電媒體，使用存在於自然界中電波，而頻譜 (spectral density) 具有稀缺性，理論上屬於公共資源，自然推導出相關使用應具備符合社會公共利益之「公益性」，此外，媒體亦具有文化與經濟等諸多特殊性，而有別於其他一般產業。須留意者，所謂維持媒體之多元性，並非限定於媒體「數量」和「類型」之多元性，更重要的是「資訊」、「內容」及「思想」之多元化性，因此純粹以競爭法理來處理所謂之「言論市場」，僅考量經濟層面，非但無法確定能達成多元性目標，事業甚至可能因商業考量而迎合主流，加劇弱勢少數之邊緣化，尤其是經濟規模較小之事業，無法承擔不確定之風險，更傾向複製類似之節目，進一步降低內容之多樣性[43]。

一般而言，管制階段越往前，對於事業之拘束越嚴格，而台灣現行禁止黨政軍影響廣電媒體主要便是在第一階段之結構面嚴格管制，若欲調整放寬，可以從三種不同階段來考慮：㈠結構面：於無法放寬直接投資之情況下，有

---

[41] Fu, W. (2003). Applying the structure-conduct-performance framework in the media industry analysis, *International Journal on Media Management*, 5, 277–284.

[42] 例如公平交易法不禁止獨占地位本身（結構面），但規範濫用獨占地位（行為面）。相關說明，請參閱：劉孔中、歐陽正 (2013)，《公平交易法》，頁 35，新北市：國立空中大學。

[43] 曾國峰，前揭註 7，頁 5–7。

論者應放寬間接投資，例如「間接投資三層次豁免」[44]以及「容許特定比例之間接持股」[45]；㈡行為面：放寬結構面之情形下，進行規範行為要件須滿足「減損媒體中立性與多元性之虞」之「行為」（可採較為嚴格之抽象危險概念），例如限制黨政軍表決權以及加強媒體獨立機制；㈢結果面：進行規範結果要件須滿足「減損媒體中立性與多元性之虞」（可採較為寬鬆之具體危險概念）或產生「減損媒體中立性與多元性」之「結果」（可採實害發生概念）；此上述三種不同管制階段間彼此可能會相互牽連與影響，且得同時並存和互補；當然亦有論者認為該條款侷限於特定時空背景，對於當今社會已不合時宜，應完全廢除[46]。

二、黨政事業之特殊性：論多角化結合

首先，從公平交易法所規範之主體為透過個案所認定之「事業」（第 2 條第 1 款），因此，同一行政機關所為之「高權行政」，並無本法適用，相反地，「國庫行政」之私經濟行為，若符合經常性與獨立性[47]，則適用之[48]，簡言之，政府並非不得被認定為事業。其次，當代民主社會之政黨政治，選民（被統治者）透過政黨來間接影響公共政策。而政黨亦得從事商業活動，可能被認定為「其他提供商品或服務從事交易之團體」或「其他依法設立、促進成員利益之團體」而被本法所規範。然而，不可否定的是，政黨具備匯聚民意並傳遞予政府（由下至上）以及回饋（由下至上）之功能，且政黨計畫與國家行為皆會影響民意形成而作為輿論對象，在某種程度上「與國家相似」[49]，

---

44 陳炳宏 (2013)，〈反對刪除「黨政軍退出廣電媒體」條款暨修法意見〉，《批媒‧眉批──陳炳宏的部落格》，載於：http://pxc24.blogspot.com/2013/01/blog-post_6.html（最後瀏覽日：09/09/2021）。

45 陳人傑 (1999)，《廣電事業股權規範之研究》（國家通訊傳播委員會委託研究報告），頁 154–155，新北市：財團法人電信技術中心。

46 黃仁俊，前揭註 2，頁 53。

47 公平交易委員會，前揭註 32，頁 19–21。

48 劉孔中、歐陽正，前揭註 42，頁 16–27。

49 林家暘 (2020)，〈絕對禁止政黨媒體持股規範之正當性──以德國相關法律見解為起點〉，《教育法

尤其是同時掌握行政權與立法權之執政黨。

由此，政府（統治者）、執政黨（類統治者）或在野黨（潛在統治者）對媒體（統治者之監督者、被統治者）之介入，本文認為該等性質極為特殊，尤其涉及投資與經營，無法以一般事業間互動等比視之，黨政軍條款正是因為基於主體（黨政軍）與標的（廣電媒體）本質上之特殊性所為之分離規定，類似之概念亦出現在金融控股公司法中之「產金分離政策」以及銀行法中「金金分離政策」[50]，即於金融業投資與經營特定事業方面有所限制，並須經主管機關之事前核准，以健全該領域之發展，但整體限制並不如黨政軍條款般如此之嚴格。

然而，所謂「本質上特殊性」亦難以定義，因此本文嘗試暫時排除該因素，單純借用公平交易法中「結合」規定之法理來討論此議題，由於事業結合之發展結果，有導致獨占發生或限制市場競爭之可能，但立法者又為兼顧經濟規模所帶來之優點，因而採用「事前申請異議」制度，即規定到達一定規模之事業結合須事先向主管機關申報，進行該案可能形成之「整體經濟利益」與「限制競爭之不利益」衡量[51]。而政府與政黨與廣電媒體並非立於同一產銷階段之競爭者（水平結合之要件），亦非為商業上下游關係（垂直結合之要件），相對符合多角化結合之概念，其主要優點有範疇經濟以及分散經營風險，但亦可能形成反競爭效果，有違媒體中立及多元之目標[52]。

事業須結合申報之規模門檻有以下三項（第 11 條第 1 款）：㈠事業因結合而使其市場占有率達三分之一；㈡參與結合之一事業，其市場占有率達四分之一；㈢參與結合之事業，其上一會計年度銷售金額，超過主管機關所公

學評論》，6 期，頁 24-25。

50 郭大維 (2018)，〈論我國對產金分離原則之規範──以金融控股公司與銀行業為核心〉，《華岡法粹》，65 期，頁 1-39。

51 公平交易委員會，前揭註 32，頁 63-73。

52 胡祖舜，前揭註 20，頁 428。

告之金額。若套用於政黨投資廣電媒體之情形[53]，於第一項（1/3 市占率）會因「黨政主體」與「媒體產業」分屬不同之市場，從本質上較難以適用；於第二項（1/4 市占率）適用時可能還須考慮政黨事業是否取得行政權，以及於立法權之分配情形（席次數量與比例），若依此理，政黨政治影響力越大，則更應被規制（影響力應與規制強度成正比），然而台灣政黨政治力量又常隨選舉活動而波動[54]，且所謂「政治力量」或「政治影響力」內容本身亦難以被劃定和定義，以上種種皆造成適用之困難。

　　而第三項（銷售額）看似具標準客觀，若考量到類似「不當黨產」等議題，其高度政治性可能會將問題複雜化，難以從單純法律層面評析。此外，有論者指出黨政軍條款之適用應以政府與政黨是否對廣電事業具有「實質控制力」為觀點出發，預防黨政透過投資媒體而成為其宣傳機器[55]，因此現行條文歸責對象並不合理，應可考慮由現行的「無可非難性及可歸責性之被投資人」，調整為有「主動行為之投資人」，以免有心人士濫用該條款以干擾廣電市場之秩序與營運[56]，如此亦較符合限制競爭規範中「應考量事業市場力量所產生之潛在反競爭效果」的法理。

肆、代結論

　　黨政軍條款有其特殊時空背景，其立法目的良善，希望確保廣電媒體之中立性以及資訊多元性，有益於維護新聞自由與民主健全發展遠程目標，但實際上運作上產生諸多問題，已有干擾相關事業正常經營，加上由於各種媒

---

[53] 本文認為亦應考慮地理因素，區分「全國性」政黨／媒體和「區域性」政黨／媒體。關於地理因素相關說明，請參閱：胡祖舜，前揭註 20，頁 73–79。

[54] 根據內政部資訊，共計有 375 政黨。相關資訊，請參閱：內政部政黨資訊網 (2021)，載於：https://party.moi.gov.tw/politics/party!list.action（最後瀏覽日：09/09/2021）。

[55] 林家暘，前揭註 49，頁 23。

[56] 陳耀洋 (2018)，〈大豐有線電視股份有限公司及台灣數位寬頻有線電視股份有限公司涉及違反黨政軍條款裁處不同意見書〉，頁 1–4，臺北：國家通訊傳播委員會。

體亂象，台灣民眾對於新聞媒體內容信任度逐年下降。另外，由於網路普及與數位匯流趨勢墊高大眾傳播媒體經營成本，該產業集中化以及集團化成為趨勢，若單純從經濟效益而言，黨政軍條款限制廣電事業發展速度，並不利於當今快速變遷之國際高度競爭環境，從而引起學界諸多討論和調整建議，然而該黨條款直接涉及法律、經濟、政治等錯綜複雜之因素，而具有高度複雜性，所以相關調整應審慎為之，甚至可考慮在更適當之替代方案出現前，暫先維持該條款之既存與適用。

　　但若未來社會與立法機關已有修法必要之共識，本文認為於探討調整該條款規定時，有必要先盡可能明確所謂「言論市場」之範圍[57]，始能分析各類媒體之市場影響力，而以競爭法對於相關市場之界定法理與測試法，便提供相關界定之參考操作工具。誠如上述之科技發展趨勢，使原先各媒體間所建構之市場邊界不再壁壘分明，界定相關市場範圍以及評估市場影響力應就個案具體分析，在新興媒體影響力逐漸增強之情形下，黨政軍條款僅適用於傳統廣電媒體之情形可能亦需調整。

　　此外，鑑於政府與政黨，分別立於統治者與類統治者地位，並非一般之事業（主體），而媒體為監督統治者之被統治者，亦非一般之產業（客體），無法單純適用競爭法之規則，但從「實質控制力」之觀點出發，將責罰對象調整成所謂之「主動行為人」，較符合競爭法法理中規制「事業之行為」的邏輯。目前黨政軍條款主要於結構面階段進行嚴格管制，若欲調整放寬，可以依序從結構面、行為面、結果面三種不同階段來考慮。通常而言，管制階段越往前，對於事業之拘束越嚴格，但各階段之管制間會相互牽連與影響，未必當然互斥，亦得並行而相互補充，例如適度放寬結構面之限制，但同時加設對行為面及／或結果面的限制規定。

---

57 關於詳細的言論市場相關說明，請參閱：莊春發 (2011)，〈媒體事業多角化經營對言論市場集中影響之研究——以中時集團為例〉，《公平交易季刊》，19 卷 4 期，頁 99–130；莊春發 (2017)，〈有線電視頻道市場集中度的研究〉，《傳播研究與實踐》，7 卷 1 期，頁 241–263。

　　另外，本文觀察到自 2008 年起許多經營版圖跨足兩岸之大型企業陸續購併媒體產業，使得即使通過第一階段側重於經濟層面的公平交易委員會「以負擔方式同意結合」後，第二階段的國家通訊傳播委員會仍會評估「抽象性言論市場集中化」問題、涉及特殊兩岸因素之風險管控、乃至媒體所有人是否會介入新聞與財經專業之適格性[58]。同時，除具有政治性的兩岸因素而帶出的「防止媒體壟斷」議題之外[59]，網路平台亦面對假新聞、網路霸凌、色情報復、被遺忘權等更直觀且日漸重要之法律議題，因而造成輿論更多是在討論如何更有效地「管制媒體」，相應地，「調整放寬黨政軍條款」似乎不是一般民眾較為關切之議題，甚至可能基於過去黨國體制印象，以及現今兩岸因素和媒體亂象而「直覺性地反對放寬」。

　　有鑑於此，本文認為若要引起輿論對調整（放寬／廢止）黨政軍條款之重視或不反對態度，乃至凝聚社會共識而進行修法，下述三種行為主體可各自朝以下方面努力：其一，媒體本身需建立保持專業自主、獨立、中立、多元之機制[60]，若民眾對媒體本身有相當信任度，該條款之存在必要性或重要性便會下降，從而降低相關修法阻力；其二，公平交易委員會和國家通訊傳播委員會既為特殊的獨立行政主管機關，應有意經營與維護超然中立及專業之形象，盡可能避免因執政黨異同而對相同事務有差異對待，進而在建立強大公信力之情形下，促使黨政軍條款之運用不會被視為是政治操作的工具，則應有助於修法討論之單純化（即去政治化）；其三，修法推動者必須完整闡明「維持現行規定」以及「調整放寬該條款」間利弊得失之權衡，分析在放寬或廢除該條款後，是否可能會有如「拆除最後一道老舊的防線」，無法改善或惡化現已不理想的媒體法律與商業環境？

---

[58] 曾國峰，前揭註 7，頁 10–12。

[59] 主要以 NCC 於 2013 年推出「廣播電視壟斷防制與多元維護法」草案、2017 年「媒體壟斷防制與多元維護法」草案以及 2019 年「媒體多元維護與壟斷防制法」草案等為代表。

[60] 曾國峰，前揭註 7，頁 27–30；蕭文生，前揭註 1，頁 171–185。

　　其次，若修法推動者認為該條款之調整有其必要性，在具體設計修法內容或替代方案之階段，本文建議可從以下幾點進行思考：其一，台灣自1980年代開始民主化歷程，業已歷經三次政黨輪替，民主基礎可謂相對穩固，當前民眾之民主素養應可逐步面對與接受民營媒體不可能「完全」免除政黨影響力之事實，所以修法推動者應思考如何建立民眾這部分之認知，進而產生開放心態以接受該條款之放寬；其二，在該條款本身就具高度政治性之情況下，所謂「兩岸因素」更是無法迴避的主題，因此在論及調整該條款，理應配套相應規定措施，以降低民眾疑慮和反對修法之阻力；其三，在設計與擬定修正草案內容之過程，除參考美國、英國、德國、日本等高度發展之法治國家規定外，亦可考慮適度參考韓國以及前東歐共產主義國家之相關規定，因為其無論是在市場規模、民主化進程、媒體技術發展、區域地緣政治挑戰，以及所衍生之相關議題方面，可能會和台灣情形較為相近。

　　然而，當論及具體的修法手段時，較為尷尬的是，無論是行政機關抑或立法機關有意推動該條款之修正草案，本身便會處於「直接利害關係當事人」（即修法放寬針對政府或政黨之自我限制）之窘困地位，並容易衍生出朝野政治性動員與攻防（從單純「法律問題」演變成「政治問題」），在鑑於各方修法推動者皆有「投鼠忌器」或「動輒得咎」之考量下，因而有論者認為透過違憲審查機制，才是最為可行的解決之道[61]。申言之，黨政軍條款運行多年，具高度複雜性且涉及層面廣泛，若欲調整，似應先有充分之學理論述和整體配套方案設計，以利與各界溝通和協調，使之逐步接受相關調整之可能性與合理性。

---

[61] 黃仁俊，前揭註2，頁59–60。

參考文獻

一、中文部分

方文 (2021)，〈政院通過《著作權法》修正案 公開播送不因網路技術而有別〉，《台灣數位匯流網 TDC NEWS》，載於：https://www.tdcpress.com/Article/Index/4823（最後瀏覽日：09/09/2021）。

公平交易委員會 (2017)，《認識公平交易法》，18 版，臺北：公平交易委員會。

立法院公報處 (2003)，《立法院公報》，92 卷 57 期，頁 502–507，臺北：立法院。

內政部政黨資訊網 (2021)，載於：https://party.moi.gov.tw/politics/party!list.action（最後瀏覽日：09/09/2021）。

台北市媒體服務代理商協會 (2020)，〈2020 年台灣媒體白皮書〉，載於：https://maataipei.org/download/2020%E5%AA%92%E9%AB%94%E7%99%BD%E7%9A%AE%E6%9B%B8/（最後瀏覽日：09/09/2021）。

何吉森 (2021)，〈立法者對黨政軍退出媒體的形成自由界限——再思黨政與媒體應有之距離〉，《教育暨資訊科技法學評論》，7 期，頁 1–27。doi: 10.6920/EITLR.202110_(7).0001。

李瞻 (1987)，〈我國報禁問題及解決之道〉，《報學》，7 卷 8 期，頁 37。doi: 10.30386/MCR.198705_(39).0001。

汪渡村 (2015)，《公平交易法》，6 版，臺北：五南。

林家暘 (2020)，〈絕對禁止政黨媒體持股規範之正當性——以德國相關法律見解為起點〉，《教育法學評論》，6 期，頁 15–42。doi: 10.6920/ELR.202011_(6).0002。

胡祖舜 (2021)，《競爭法之經濟分析》，2 版，臺北：元照。

陳人傑 (1999)，《廣電事業股權規範之研究》（國家通訊傳播委員會委託研究報告），新北市：財團法人電信技術中心。

陳弘益 (2020)，〈我國廣電三法黨政軍條款修正芻議〉，《教育法學評論》，6

期，頁 61–76。doi: 10.6920/ELR.202011_(6).0004。

陳志民 (2015)，〈智財策略及智財權的策略使用〉，《104 年競爭中心專題演講彙編》，臺北：行政院公平交易委員會，頁 15–29。

陳炳宏 (2013)，〈反對刪除「黨政軍退出廣電媒體」條款暨修法意見〉，《批媒・眉批——陳炳宏的部落格》，載於：http://pxc24.blogspot.com/2013/01/blog-post_6.html（最後瀏覽日：09/09/2021）。

陳耀洋 (2018)，〈大豐有線電視股份有限公司及台灣數位寬頻有線電視股份有限公司涉及違反黨政軍條款裁處不同意見書〉。臺北：國家通訊傳播委員會，載於：https://www.ncc.gov.tw/chinese/files/18082/67_40313_180905_1.pdf（最後瀏覽日：01/09/2021）。

莊春發 (2011)，〈媒體事業多角化經營對言論市場集中影響之研究——以中時集團為例〉，《公平交易季刊》，19 卷 4 期，頁 99–130。

莊春發 (2017)，〈有線電視頻道市場集中度的研究〉，《傳播研究與實踐》，7 卷 1 期，頁 241–263。doi: 10.6123/JCRP.2017.009。

翁曉玲 (2020)，〈「黨政軍退出媒體」是憲法要求？——從廣電自由制度性保障和本國文化保護談起〉，《教育法學評論》，6 期，頁 77–81。doi: 10.6920/ELR.202011_(6).0005。

黃仁俊 (2020)，〈黨政軍條款的再省思廣電法與政黨法之交錯〉，《教育法學評論》，6 期，頁 43–60。doi: 10.6920/ELR.202011_(6).0003。

郭大維 (2018)，〈論我國對產金分離原則之規範——以金融控股公司與銀行業為核心〉，《華岡法粹》，65 期，頁 1–39。doi: 10.6868/HKLR.201812_(65).01。

曾國峰 (2019)，〈「反媒體壟斷法」草案演進與規範辨證〉，《中華傳播學刊》，35 期，頁 3–41。doi: 10.3966/172635812019060035001。

新興科技媒體中心 (2020)，〈2020 年台灣民眾科學媒體素養與科學新聞感知調查報告摘要版〉，載於：https://smctw.tw/7559/（最後瀏覽日：09/09/2021）。

蔡茂寅 (2006)，〈我國獨立機關建制之商榷〉，《行政院公平交易委員會第 14

屆學術研討論文》，臺北：行政院公平交易委員會。

簡維克 (2021)，〈從「有線電視規範說明」修正看 CATV 面臨新媒體競爭管制改革〉，《台灣數位匯流網 TDC NEWS》，載於：https://www.tdcpress.com/Article/Index/4883（最後瀏覽日：01/09/2021）。

劉孔中、歐陽正 (2013)，《公平交易法》，新北市：國立空中大學。

蕭文生 (2020)，《傳播法基礎理論與實務》，3 版，臺北：元照。

二、英文部分

Fu, W. (2003). Applying the structure-conduct-performance framework in the media industry analysis, *International Journal on Media Management*, 5, 277–284. doi: 10.1080/14241270309390043.

Pitofsky, R. (1990). New Definitions of Relevant Market and the Assault on Antitrust, *Columbia Law Review, 90(7)*, 1807. doi: 10.2307/1122768.

Reuters Institute for the Study of Journalism at Oxford University. (2021 16 July), Digital News Report. Retrieved from https://www.digitalnewsreport.org/survey/2020/taiwan-2020/.

Whitt, R. (2004). A Horizontal Leap Forward: Formulating a New Communications Public Policy Framework Based on the Network Layers Model, *Federal Communications Law Journal*, 56, 587–596. Retrieved from https://www.repository.law.indiana.edu/fclj/vol56/iss3/5/.

第十二篇

我國廣電三法黨政軍條款修正芻議*

陳弘益**

---

* 本論文刊登於《教育法學評論》期刊第 6 期，頁 61，2020 年。
** 日本名古屋大學法學博士。

壹、前言

　　我國廣電相關法規，最早可以追溯至民國 65 年所制定之廣播電視法，其後分別為民國 82 年之有線廣播電視法及民國 88 年之衛星廣播電視法。民國 92 年間，為實現黨政軍退出廣電媒體目的，爰於廣播電視法第 5-1 條、衛星廣播電視法第 5 條及有線廣播電視法第 10 條規定：「政府、政黨、其捐助成立之財團法人及其受託人不得直接、間接投資」。排除政府、政黨以任何形式介入廣電事業[1]。此外按民國 94 年所制訂國家通訊傳播委員會組織法第 1 條規定：「……謹守黨政軍退出媒體之精神……維護媒體專業自主……特設國家通訊傳播委員會」，可以看出當時背景下對於黨政軍退出媒體之濃郁氛圍。

　　這樣的背景其實可以追溯到我國戒嚴時期及解嚴之初，傳播媒體受到高度管制的年代。以無線電視台為例，中視、台視及華視即分別為黨、政及軍相關機構所掌控。因此為了新聞自由之維護及民主健全之發展，爰於民國 92 年間於各該通訊傳播法律增訂黨政軍條款，加速黨政軍勢力退出媒體，促進我國媒體監督政府的第四權功能健全之發展[2]。

　　上開諸條款立意良善，然而於實務上卻有窒礙難行的情況發生，雖經多年討論卻仍然懸而未決。如國家通訊傳播委員會民國 103 年新聞稿指出：「……民國 92 年修正施行的黨政軍退出媒體條款，已達成黨政軍退出廣電媒體的立法目的。但其規定卻造成本意僅在單純理財的政府基金，因間接持有廣電事業少數股票，致其媒體投資或申設個案遭退回，如八大頻道投資案及

1　「……九十二年間修正施行之廣電三法，增訂黨政軍退出媒體條款，以匡正戒嚴時期黨政軍機關（構）及其相關團體壟斷或控制電視事業之不合理現象……」及「……該次修正主要目的係為使政府及政黨退出民營廣播、電視事業經營，以維護新聞專業自主空間，健全民主政治與公私媒體均衡多元之良性互動，增訂黨政軍退出媒體條款……」立法院第 8 屆第 1 會期第 9 次會議，立法院議案關係文書，院總第 979 號委員提案第 13401 號，2012 年 4 月 25 日印發。

2　立法院第 9 屆第 6 會期第 10 次會議，立法院議案關係文書，院總第 887 號政府提案第 16100 號之 2278，2018 年 12 月 21 日印發。

永佳樂有線電視申請擴增新北市經營區案，對此現象，朝野均認有必要作合理調整[3]。」

又如近期國家通訊傳播委員會民國 109 年傳播政策白皮書提到：「……2003 年廣電三法增修之黨政軍條款，其維護新聞自由與民主健全發展，並排除政府、政黨以任何形式介入廣電事業的經營之立法目的與正當性仍在，但容有調整空間[4]。」另外白皮書也提到：「……將以五大方向、朝全面性調整黨政軍條款規範模式為規劃策略，以利視聽傳播產業之正常化經營：限制政府其捐助成立之財團法人及其受託人經營媒體、政府投資部分回歸《預算法》規定、政黨部分依《政黨法》規定，禁止投資或經營媒體，廣電三法則規範改正義務、明確定義政黨黨務人員、政務人員及選任公職人員、及修正歸責對象，以使責任與處罰相符。」

由此可見，廣電三法中有關「政府、政黨、其捐助成立之財團法人及其受託人不得直接、間接投資」，雖然有促進黨政軍退出廣電媒體之目的實現，然而也不可忽視實務上政府基金單純理財所造成對媒體的間接持有情形，進而使得相關媒體權益受到侵害或限制。除此之外，本文認為民國 92 年間，為了促進新聞自由之維護及民主發展之健全，訂定黨政軍退出媒體條款，然而時隔至今已有 17 年，近年來隨著網路媒體興起以及假新聞屢見不鮮的情況，上開手段是否仍然能夠在最小侵害下，有效地實現立法目的，不無疑義。

根據英國牛津大學路透新聞學研究所的近期報告指出，台灣民眾對於新聞的信任度僅有 24%，在報告所調查的 40 個國家當中排名倒數第 3 名[5]。由此可見，我國除了解決當前黨政軍退出媒體條款所造成實務上窒礙難行情況

3　王幼芬，為數位匯流奠定基礎 NCC 盼早日通過廣電三法修正案，國家通訊傳播委員會，https://www.ncc.gov.tw/chinese/Chinese/news_detail.aspx?site_content_sn=8&cate=0&keyword=&is_history=1&pages=26&sn_f=32253，最後閱覽日期：2020 年 10 月 5 日。

4　國家通訊傳播委員會，傳播政策白皮書，2020 年 2 月。

5　Nic Newman et al., Reuters Institute Digital News Report 2020., Reuters Institute for the Study of Journalism 2019.

之外，尚需考量如何因應當前民眾對於新聞信任度逐漸低下以及傳統媒體影響力下降等議題。

　　此外隨著科技的日新月異，數位串流影音業務已經逐漸普及，例如中華電信所提供的 MOD 服務。惟依照現行法令，數位串流並非廣電三法射程範圍所及。然而考究黨政軍媒體條款的立法目的，在於實踐新聞自由之維護及民主發展之健全。因此除了上開討論提到手段無法最有效實現目的以外，尚有部分因為科技日新月異，媒體傳播方式更迭，終端用戶使用習慣變遷等，造成當前部分媒體存在立法空白的情況。

　　據此本文將從媒體歷史演進出發，首先觀察媒體作為傳播媒介，在人類歷史上是如何發展？以及隨著技術的突破有著如何的影響？其次從鄰國日本廣電制度發展脈絡，特別是日本所經歷的軍國主義時代，觀察日本廣電在不同時期的功能定位以及相關討論。再者，回歸我國當前廣電三法有關黨政軍條款討論，點出當前窒礙難行之處，梳理現行相關解決方案，思考我國在現行框架下有關可能的配套方案，促進相關法律規定與時俱進，最後對於本文相關討論進行小結。

貳、媒體歷史演進

　　為了進一步了解媒體的功能及角色定位，本文認為有必要先就媒體大的歷史演進有所掌握，才能夠從時間發展脈絡進行對比以及找出可行的解決方案。有關於此，日本媒體史研究學者佐藤卓己教授，對於資訊的歷史發展脈絡以及對於資訊的影響，相當值得參考[6]。即語言的發明，促使人類之間能夠相互表達意思，並透過記憶進行傳承。文字的發明，將語言轉換為文字，使得知識可以更為便利攜帶行動。活字版印刷的發明，則是將文字標準化，作為知識大量傳播的基礎。電報的發明，則是高速傳播訊息，縮短傳播時間

---

6 佐藤卓己，現代メディア史　新版，岩波書店，2018 年，頁 1–2。

並擴大傳播範圍。數位化的發展，則是可以將各種類型的訊息，以更為高速方式進行傳播。

本文認為，在此基礎之上我們可以再進行思考，例如：智慧型手機的普及，使得資訊傳播媒介轉換，人們獲取資訊的管道大幅度地整合到手機。另外當前 5G 通信的技術革新，意味著人們可以即時傳播接收影音訊息，未來個人行動通訊影音將會更為普及便利。

如果粗略對比活字印刷術及數位時代兩者的傳播，大致上從發行主體觀察，由於活字印刷術所需耗費的成本較高，所以通常並非一般人可以接近使用[7]。而數位時代的傳播，則只要簡單及幾乎零成本的方式透過智慧型手機就可以在社交平台發表言論。從內容觀察，活字印刷術發明以來的傳播，發表言論主體有一定門檻要求，其內容更是偏向公共正式的言論。而數位時代的傳播，幾乎是人人皆可以為之，更多是私人非正式言論表現。另外從傳播即時性而言，活字印刷術更多是傳遞思想知識的非即時分享。而數位時代的傳播，則包含許多個人主觀情感的即時分享。因此，不同的時空背景下，所運用的技術不同，也將造成傳播主體、內容及即時性等差異，這些都是立法者制定相關政策需要考量，俾使法令能夠與時俱進。

舉例而言，隨著人工智慧的高速發展，大數據時代的推進，以及大量機器學習，使得人工智慧產業日漸成熟，未來撰寫文章以及新聞播報將可能被人工智慧取代[8]。然而不可忽視的是，背後的演算法是如何設計？如果所涉及的演算法，更傾向發表有利於特定群體言論，抑或貶低特定團體論述，考量人工智慧高速產出等特性，將可能造成嚴重的後果。因此人工智慧所涉及的演算法，是否應該屬於商業機密？又或者在考量公眾利益下，需要適當揭露相關演算法機制，接受大眾檢驗？這些都是在技術革新下，為了保障新聞

7　同前註，頁 119–120。
8　同前註，頁 237–238。

自由及民主健全，所需要正視的相關議題。

　　因此，從媒體傳播歷史的發展。首先，可以觀察到傳播速度不斷地在提升，例如：對比活字版印刷術和電子媒體。其次，則是在觸及人群的廣度不斷地在加大，網路的無遠弗屆使得人們可以發送及接收來自四面八方的資訊。再者，傳播的主體也從過往國家政府及具有財力的資本家，到目前自媒體的時代，人人都可以透過部落格或直播等方式傳播意見及抒發情感。也有論者認為，當代是從出版資本主義走向網路資本主義[9]，意見的形成及影響力已經不為過去傳統的各類出版形式所主導，取而代之的是網路巨頭參與其中的意見形成，例如：近期大家經常討論臉書或推特影響美國總統大選的疑慮。又或者如同前述，將由人工智慧取代資訊收集、消化及形成意見。因此立法者需要經常檢視相關法令是否合乎時宜，進而促進相關立法目的之實踐。

參、日本廣電制度發展脈絡

　　前揭所介紹的黨政軍條款議題，其立法目的在於避免媒體受到黨政軍不當干預，避免戒嚴時期言論高度控制的情況再度發生，促進新聞自由及民主健全。本文認為鄰國日本，從軍國主義時代到二次大戰以後，廣電的角色功能轉變值得觀察及借鑑，因此以下分別就二次大戰前後日本廣電制度發展脈絡進行梳理。

（一）二次大戰以前：軍國主義色彩

　　從歷史發展進程觀察，日本電波最早的使用可追溯至 1895 至 1900 年間，一開始作為軍事用途，並且為國家專屬使用[10]。其後則是因 1914 年鐵達尼號沉沒後，世界各國開始討論 50 人以上國際航線船隻應配有無線電設備，以利救援，因此才開始有民間使用的情況[11]。隨後則是有 1923 年日本關東大地

9　佐藤卓己，メディア社会—現代を読み解く視点，岩波書店，2006 年，頁 213–216。
10　川端和治，放送の自由：その公共性を問う，岩波書店，2019 年，頁 17。
11　同前註，頁 17–18。

震，人們為了確認行蹤不明而遠在他鄉的家人去向，因此無線電開始逐漸在民間使用[12]，並在 1923 年 12 月制定「放送用私設無線電話規則」。由此可見，廣電一開始在日本僅為軍事所用，並且高度限縮在特定場域進行使用。

　　在二次世界大戰期間，日本各方面朝向總體戰（日文：總力戰）發展，因此日本全國各地的廣電節目企劃及編輯在 1934 年由日本放送協會底下放送編成會全國一元化及中央集權化管理[13]。1942 年更是有「戰爭下的國內傳播基本方針」，主要希望調動國內廣電網路，實現日本在大東亞戰爭的成功勝利。例如：每天早上七點半，播放「國民的誓言（原文：国民の誓）」；每天晚間六點半，播放「我們的決心（原文：我らの決意）」，用以激發人民的愛國心。此外也時有虛偽報導前方戰線的情況，例如：日美所羅門群島戰役中，日軍死亡人數達 25,000 人，但日方報導卻以美軍死亡人數達 25,000 作宣傳。據此可以看出在這一時期的日本廣電節目，主要是在落實或協助政令之推展，並非反映事實，而僅是作為政府宣傳 (propaganda) 的工具。

　　戰後日本由駐日盟軍總司令部[14]接管，1945 年 9 月及 10 月間，出版法、新聞紙法、國家總動員法、治安維持法等涉及言論管制法令加以廢除[15]。其後，日本 1946 年 11 月 3 日頒布新憲法，其中內容包含表現自由的保障。據此，駐日盟軍總司令部，要求日本通信省：以新憲法為基礎，制定相關通訊民主化及擺脫過往軍國主義的影響，以及實現相關通訊法令現代化[16]。隨後日本在 1950 年制定放送法、電波法及電波監理委員會設置法（電波三法），確立政府及民間兩者並行的傳播通訊形式，國家對於節目不會進行檢閱及監督，此外 NHK 節目不會受到政府行政命令的干預[17]。

---

12 同前註，頁 18–19。
13 同前註，頁 23–24。
14 1945 年 9 月 2 日，日本正式簽署《降伏文書》。隨後到 1952 年 4 月 28 日期間，盟軍最高司令官總司令部透過日本國政府實行所謂「間接統治」，主要大權均操在盟軍最高司令官總司令部手中。
15 同前註 10，頁 33–34。
16 同前註 10，頁 35–36。

（二）二次大戰以後：二元傳播管道體制建立

如同前述，1950 年電波三法制定後，確立國家及民間二元傳播管道體制建立。民間相關節目製作通常是以收視率、高效率及大眾化為導向，因此在商業化的高度競爭下，雖然能夠透過競爭使得節目品質提升，但往往無法呈現社會少數者聲音[18]。作為國家，有義務促進言論及相關表現活動的多樣性及品質維持，也就是日本 NHK 電視台設立的機能定位，與英國 BBC 電視台相同。據此可以觀察，這樣的發展是從最初「『權力』與『媒體及市民』」的兩極抗衡，再到因為資本主義下媒體壟斷疑慮「『權力』、『媒體』與『市民』」而形成的三極抗衡[19]。

具體而言，日本 NHK 電視台，從應然面而言，獨立於政府以外的主要面向有三：首先，節目的製作編輯自由需要獲得保障。其次，組織人事需要獲得獨立性保障。再者，預算及企業計劃不受政府干預[20]。然而從實然面觀察，論者指出 NHK 所需具備的三個獨立性卻沒有被徹底落實，導致政治權利介入的常態化[21]。

此外論者亦提出六大解決方案[22]：（一）獨立行政委員會（類似我國國家通訊傳播委員會）成立（二）避免 NHK 會長及經營委員選任受到內閣總理大臣干預（三）NHK 具有對外說明、公開及參加的責任，即 NHK 應該不只公開相關會議紀要，應該要公開各個重要會議的會談逐字稿，並且繼續維持 NHK 觀眾懇談會（視聴者のみなさまと語る会）制度（四）NHK 工作人員編輯製作權之保障獨立，避免製播內容受到干預，而無法確保報導之真實呈現（五）NHK 工會權利保障（六）全國觀眾組織監督之促進。

---

17 同前註 10，頁 43–44。
18 NHK　新版──危機に立つ公共放送，松田浩，岩波書店，2014 年，頁 24–25。
19 同前註，頁 20–21。
20 同前註 18，頁 50–51。
21 同前註 18，頁 52–53。
22 同前註 18，頁 217–225。

（三）小結

　　至此，大致可以初步了解日本廣電制度的發展歷程，從一開始為國家軍事所用，到後來作為關東大地震尋人及救難所用，以及其後二次世界大戰為了團結人民取得對外勝利，作為國家宣傳工具，發展成具有高度中央集權化特性。再到二次世界大戰戰後，日本由駐日盟軍總司令部接管時期，以日本新憲法為契機，逐步對於相關箝制言論自由的法令進行廢止，並且制定相關新法律，俾使言論自由不會受到國家政府恣意限制。此外，也可以歸納出若干媒體獨立要點 NHK 的組織、財政及人事應該要獲得獨立，才能避免受到政府的不當干預。為了實現上開目的，除了法律的約束以外，NHK 本身應該要揭露相關資訊，促進公正透明，避免密室協商情況產生。此外，應該保障工作人員能夠進行內部監督，並且促進觀眾進行外部監督等機制。

肆、我國廣電三法黨政軍條款

　　有關我國廣電三法黨政軍條款規定，見於廣播電視法第 5-1 條、衛星廣播電視法第 5 條及有線廣播電視法第 10 條規定：「政府、政黨、其捐助成立之財團法人及其受託人不得直接、間接投資」。此乃民國 92 年間為實現新聞自由之維護及民主健全之發展所增訂之條款，由於其目的在於排除黨政軍透過直接或間接投資等方式不當干預媒體，因此又稱「黨政軍條款」。我國戒嚴期間及解嚴之初，傳播媒體受到高度管制，當時的中視、台視及華視，即分別為黨、政及軍組織所掌控，作為相關政令及思想宣傳工具。值得注意的是，我國解嚴至今已過 30 餘年，此外媒體行業隨著近年來科技的日新月異也有所更迭，民國 92 年間所制訂的條款是否仍然適用現況，並且有助於實現新聞自由及民主健全之立法目的，不無疑問。此外，黨政軍條款實行至今也過了 17 載，相關實現成效也應該適時檢視，並且與時俱進調整相關不合時宜或窒礙難行法令，如此方能落實立法之目的。

　　有鑑於此，本文首先聚焦我國廣電自由在憲法中的定位，清楚界定廣電

自由的內涵。其次，以我國遠傳入主中嘉案為例，介紹黨政軍條款在執行層面中，有哪些應然面及實然面可能之落差。再者，檢視有關黨政軍媒體條款相關討論及實務上適用之情況。最後，輔以近期英國牛津大學所進行的各國民眾對於新聞信任度之實證數據，回顧我國黨政軍媒體相關成效。

（一）廣電自由在憲法中的定位

首先，關於廣電自由在我國憲法中的定位，有認為廣電自由乃複合式之基本權利[23]，亦即由憲法第 15 條工作權所保障之設立電台權以及憲法第 11 條言論自由所保障經營電台發表言論之自由兩者所構成。

對此，陳新民大法官於司法院釋字第 678 號解釋協同意見書提出：「……廣播自由是一種『程序保障』，讓人民的意見表達自由能夠透過廣播的方式來傳遞，並且能凝聚成公共意志。因此，主要的法益乃在於『公益』，特別在民主國家的社會，這種利益已經『上綱』到關涉國家憲政生命的程序與發展……」此外陳新民大法官也進一步提到：「廣播自由不再斤斤於個人人權享有的利益……伴隨而來的則是法律必須要給予仔細且周詳的規範，而不像一般個人自由以國家干涉越少越好，個人自由行使的界限越廣越佳。」

也有論者[24]再指出：「……廣電自由係制度性保障，以整體新聞與廣播業為對象……廣電自由除消極防禦國家之侵害外，亦積極要求國家給付，國家有義務創造新聞、廣電自由得以實現之環境……」論者也進一步指出：「……廣電自由比較接近工具性權力，為使大眾傳播媒體發揮應有功能並營造大眾媒體能正常運作的環境，國家可積極介入大眾傳播媒體之經營……」。此外，陳新民大法官於司法院釋字第 678 號也提出：「……而廣播自由主要在民營電台方面，則有待法律來使民營化實現。易言之，有待立法的肯認，方能導入民營廣播的體制，故德國稱之為由法規形塑出來之權利，不被視為是自然權

23　蕭文生，傳播法基礎理論與實務，元照出版，2020 年 7 月，頁 120–121。
24　同前註，頁 122。

利……」。

綜上，廣電自由作為一種程序保障，國家可積極介入大眾傳播媒體之經營，營造大眾媒體能正常運作的環境。回歸黨政軍條款討論，本文認為國家有義務檢視相關廣電條款是否能夠實現大眾媒體之正常運作。如同前述，英國牛津大學路透新聞學研究所報告指出：台灣民眾對於新聞的信任度僅有24%，在報告所調查的 40 個國家當中排名倒數第 3 名。此外根據該報告指出，我國民眾對於新聞信任度在近兩年更是年年下滑。因此無論是與全球相比或者與自身過往對照，大眾媒體從機能面上是否仍然正常運作？不無疑問。

（二）遠傳入主中嘉案

如同前述，我國廣電三法黨政軍條款規定：「政府、政黨、其捐助成立之財團法人及其受託人不得直接、間接投資」。其目的在保障新聞自由及民主健全，避免政府或政黨干預新聞媒體，然而在實務上卻多有窒礙難行之處。例如：遠傳入主有線電視系統商中嘉為例，因為遠傳本身有政府基金入股，而有違反黨政軍條款疑慮，無法透過投資方式入主中嘉，因此透過迂迴方式以持有公司債方式，進而規避黨政軍條款，擬藉此間接實質控制中嘉。據報導指出[25]：「……遠傳協理郎亞玲直言，透過以債權持有方式，遠傳對中嘉沒有持股，這樣迂迴的目的就是為了避開黨政軍條款，未來若條款放寬或解除，遠傳當然希望主導中嘉網路……」。此外亦有媒體報導[26]稱：「……遠傳財務長尹德洋坦言，複雜的交易制度是為迴避台灣現階段黨政軍條款，一旦條款解除，馬上會以債轉股，買進中嘉網路股權，成為大股東……」。

對此也有相關討論[27]指出：「……對於諸多政府機關（構）其本意僅在於

---

25 王憶紅、黃佩君，避黨政軍條款　遠傳繞道訂親中嘉，自由時報，https://ec.ltn.com.tw/article/paper/902678，最後閱覽日期：2020 年 10 月 5 日。

26 彭慧明，遠傳購債　間接入主中嘉，聯合報，https://paper.udn.com/udnpaper/PID0008/282756/web/，最後閱覽日期：2020 年 10 月 5 日。

27 同前註1，「……惟該規定於政府或政黨違反規定，直接或間接投資廣播、電視事業時，係以廣播、電視事業為處罰對象，致歸責對象不合理；且對以直接、間接投資以外之其他方式控制民營廣播、

單純理財，而於集中交易市場購買非廣播電視事業之上市公司股票……卻因現行無論直接、間接持股，一律均不得持有之規範方式，以致廣播電視事業於不知情下構成違反黨政軍退出媒體條款，面臨被處罰甚至廢止執照之結果，未盡合理……」。因此政府基金入股遠傳[28]，其實與欲實質控制特定媒體沒有必然關係，如果一概適用黨政軍條款，是否將使得條文操作流於文義，而欠缺對於實踐條文立法目的之考慮？不無疑問。

本件遠傳入主中嘉案，按有線廣播電視法、外國人投資條例及公平交易法，分別向經濟部投資審議委員會及公平交易委員會提出申請。本案相關主管機關，經調查事實與廣徵意見，認定符合有線廣播電視法有關外國人投資比例限制、產業水平限制及垂直限制，及不違反黨政軍條款限制。於 2016 年間在附加 20 項負擔許可下過關。

其中相關負擔條款如：限制經營具有影響力頻道「申請人與其關係企業及直接、間接控制之系統經營者，未經通傳會核准前，不投資衛星廣播電視節目供應事業，包含新聞台、財經台」、限制市場影響力「總體訂戶數（除法令許可外）合計不得超過全國總訂戶數三分之一；而頻道節目系統經營者及其關係企業供應者，不得超過可利用頻道之四分之一」、限制人事任免情況「不得為下列行為：經由契約或其他方式，而使遠傳電信股份有限公司直接或間接控制參與結合事業之業務經營或人事任免」等。

惟後續國家通訊傳播委員會，發現本案交易合約中要附件及其他利害關係人之法律文件並未提具，遂依行政程序法規定，要求申請人補齊相關交易文件。本案申請人於 2017 年間向國家通訊傳播委員會提出撤案，委員會遂於

電視事業之情形，亦未為規範。另在間接投資部分，對於諸多政府機關（構）其本意僅在於單純理財，而於集中交易市場購買非廣播電視事業之上市公司股票，購買時亦不知該上市公司已直接或間接持有，或事後直接或間接持有廣播電視事業之股份，卻因現行無論直接、間接持股，一律均不得持有之規範方式，以致廣播電視事業於不知情下構成違反黨政軍退出媒體條款，面臨被處罰甚至廢止執照之結果，未盡合理……」。

28　遠傳約有 2.89% 股權為政府機構持有。同前註 23，頁 183。

2017 年 2 月廢止先前所做出的負擔許可處分。其後宏泰集團在 2018 年入主中嘉。

（三）黨政軍條款相關討論

上開情況在實務中屢見不鮮，例如：近期緯來電視因其上層股東受有政府基金投資，進而導致其有違反黨政軍條款之情事[29]。

1. 緯來電視違反黨政軍條款案及相關訴願決定

有關緯來電視（「緯來綜合台」、「緯來日本台」、「緯來體育台」等頻道）黨政軍條款爭議，起因緯來電視於民國 106 年 1 月 24 日依衛星廣播電視法第 18 條第 1 項規定向國家通訊傳播委員會申請換發衛星廣播電視事業執照。惟經審查緯來電視有上層法人股東中國合成橡膠股份有限公司，其受行政院國家發展基金管理會投資，因而按衛星廣播電視法第 5 條第 1 項規定，有違反黨政軍禁止投資之情事。

後國家通訊傳播委員會於 106 年 7 月 26 日第 758 次委員會議決議，對緯來電視予以許可換照，並附款：「貴公司應自核准換照之日起 3 年內改正違反黨政軍條款情事；本會依行政程序法第 93 條第 2 項第 4 款規定，保留本行政處分之廢止權，**如未於期限內改正完成，本會得依同法第 123 條第 2 款規定，廢止許可並註銷執照。**」緯來電視不服許可處分所為之附款，提起訴願，訴願決定：「原處分撤銷，由原處分機關於 2 個月內另為適法之處分。」

根據訴願決定，國家通訊傳播委員會於 107 年 3 月 21 日第 793 次委員會議作成決議，即於許可換發衛星廣播電視事業執照同時，附加附款（保留廢止權），附款內容為：「貴公司應自許可換照之日起 3 年內改正違反黨政軍條款情事，**如未於期限內改正完成，本會得依行政程序法第 123 條第 2 款規定，廢止許可並註銷執照。**」原告不服該附款，再次提起訴願。如同前次訴願決

---

[29] 國家通訊傳播委員會重為緯來電視網股份有限公司所屬 3 頻道換照許可處分，期盼未來黨政軍條款合理修正，國家通訊傳播委員會，https://www.ncc.gov.tw/chinese/news_detail.aspx?site_content_sn=8&sn_f=44678，最後瀏覽日期：2020 年 10 月 10 日。

定結果：「原處分撤銷，由原處分機關於 2 個月內另為適法之處分。」

　　國家通訊傳播委員會於 107 年 12 月 12 日第 834 次委員會議作成決議，予以附附款許可換照，附款為：「貴公司應自許可換照之日起 3 年內改正違反衛星廣播電視法第 5 條第 1 項規定情事；本會依行政程序法第 93 條第 2 項第 4 款規定，保留本行政處分之廢止權，貴公司**如未於期限內改正完成，本會得依同法第 123 條第 2 款規定，廢止許可並註銷執照。**」緯來電視不服，遂提起行政訴訟。

2.臺北高等行政法院判決意見

　　對此，臺北高等行政法院民國 108 年 10 月 17 日作出 108 年度訴字第 99 號判決，認同緯來電視主張，即「衛廣法第 18 條第 1 項有關衛星廣播電視事業應填具申請書及換照之營運計畫向被告申請換照之規定，考其立法規範意旨，與系爭違反黨政軍投資情事間，實屬二事。**國家通訊傳播委員會對緯來電視系爭申請所為原處分之系爭附款，與原處分之目的欠缺正當合理之關聯，**違反行政程序法第 94 條不當聯結之規定。」

　　此外，臺北高等行政法院 108 年度訴字第 99 號判決也指出：「原告（即**緯來電視）對於國發基金持有原告法人股東中橡公司股票，及中橡公司持有原告股票等投資之行為，除事前知情，與之有意思聯絡，或是有防止發生之可能性外，處於被動狀態，應無預見可能性，**原告亦無法拒絕國發基金取得中橡公司股票及中橡公司取得原告公司之股份等投資之行為，**原告並無可非難性及可歸責性。**」

　　此外也進一步指出：「……原告為依證券交易法受金融監督主管機關核准而公開發行股票之公司，**任何人均得於公開市場上買受原告之股票，另基於公司法股票自由轉讓原則，均無從阻止他人買受股票等情，**為公司法第 163 條、第 167 條所明文規定……」

　　最後臺北高等行政法院認為：「……原告訴請撤銷該部分為有理由，應予准許。至於原告訴請判命被告應依原告 106 年 1 月 24 日之申請，作成無附款

之許可換照之行政處分部分，則應視被告依本判決之意旨，**重由委員會議行使充分完整之審議權後，另行作成適法專業之判斷結果而定……」**

3. 國家通訊傳播委員會相關意見

依臺北高等行政法院 108 年 10 月 17 日判決，國家通訊傳播委員會重為緯來電視換照進行委員會議審酌，並在 109 年 8 月 12 日第 922 次委員會議作出決議：「依衛星廣播電視法第 18 條第 1 項規定，附附款許可前開 3 頻道換照，並要求緯來電視應於 112 年 8 月 2 日前改正其違反黨政軍條款之情形。」，附款內容為：「該公司應於 112 年 8 月 2 日前改正違反黨政軍條款之情形；**如未於期限內改正完成，本會得不予換照。」**與先前附款「廢止許可並註銷執照」對照，「不予換照」的附款也可以看出國家通訊傳播委員會對此態度之轉變。

從近期國家通訊傳播委員會新聞稿，也可以再看出當前主管機關其實也認為條款有窒礙難行之處。如：「雖屬被動且間接受有政府投資之情形……促進通傳產業健全發展及維護媒體專業自主，並兼顧消費者權益，因此，NCC 決議以附附款許可換照方式處理，並明訂改正期限，藉由給予相當期限，**促使緯來電視能以較長之時間來排除黨政軍持股情形……」**及「……**NCC 表示，黨政軍條款確有不盡合理之處**，依日前公布的『傳播政策白皮書』，揭露黨政軍條款適當解禁方向，針對現行法衍生之種種窒礙，盼各界正視，期謀求黨政軍條款合理修正，以健全產業秩序。」

此外國家通訊傳播委員會在民國 107 年 4 月的「現行『廣播電視法』、『有線廣播電視法』及『衛星廣播電視法』黨政軍條款及其相關罰則之適用性」書面報告指出：「……在實務執行上，本會於 99 年起，陸續裁處 35 家廣播電視事業違反黨政軍規定案，該 35 家業者中，僅 3 家業者未再爭訟而使原處分確定，另外 32 家業者則陸續於 99 至 101 年間提起行政訴訟，這些已判決的案件本會處分理由均未獲法院認可，主要理由為該條款規定「不得直接、間接投資」之規管方式，因股票於證券交易所上市買賣或多層次投資使受投

資之廣播電視事業無從於事前預見該政府、政黨之投資行為，**欠缺預見可能性，且「間接投資」所形成之多層次微量持股情形，並無控制可能性**，亦無力阻止政府、政黨之投資結果，因此廣播電視事業對於此違法行為無行政罰上之可非難性與可歸責性，自不應受罰……」亦可見主管機關其實也早已認識到不合理之處。

值得注意的是，國家通訊傳播委員會在臺北高等行政法院 108 年度訴字第 99 號判決中也提出：「**實務上亦有東森電視事業股份有限公司、年代網際事業股份有限公司、全民電視股份有限公司等排除違反黨政軍投資情事**，是無論係黨政軍直接或間接投資情形，系爭附款並非客觀上不能履行，且亦非顯無期待可能性，或客觀上無法排除或不能排除。」亦即黨政軍條款雖然有不盡合理之處，然而亦有排除違反黨政軍投資情事者。

對此，臺北高等行政法院於判決中回應：「……東森電視以**買回持股**之方式；民視公司協助轉讓股票予其他受讓人之方式改正違反黨政軍投資情事乙節，然公司取得自己的股份，**將有悖於資本充實原則，是以公司法原則上禁止公司取得自己股份，僅於公司法第 167 條第 1 項或證券交易法第 28 條之 2 所列例外情形，始容許公司買回自己股份**，故被告此部分抗辯，即與法令相悖而不可採……」此外也指出：「……況東森電視、民視電視均非屬公開發行公司，其公司之股份並非在公開市場交易，亦與原告（即緯來電視）為公開發行股票公司之情形不同……」另外也提到：「……至年代電視雖由公司大股東買回股份以排除違反黨政軍投資情事，**惟要求原告請求投資者轉讓股份，亦受制於投資者有無意願出售股份，且亦須有第三人願意且有資力買受股份，均係仰賴第三人之意願及行為始能達成之事項**，衡情實難認為原告得以此不特定且不確定之方式履行系爭附款法律上義務……」

4. 相關實證數據

有關廣播電視法第 5-1 條、衛星廣播電視法第 5 條及有線廣播電視法第 10 條規定：「政府、政黨、其捐助成立之財團法人及其受託人不得直接、間

接投資」，排除政府、政黨以任何形式介入廣電事業，固然立意良善。然而如同前述，在近期英國牛津大學路透新聞學研究所的報告中提到，目前受訪台灣民眾對於新聞的信任度僅有 24%，在報告所調查的 40 個國家當中排名倒數第 3 名[30]。相較於平均受訪國家的 38% 以及排名首位芬蘭的 56% 相差甚遠[31]。因此對照全球先進國家媒體發展概況，顯然我國成效不彰。此外對比該調查報告歷年中有關台灣民眾對於新聞信任度，2019 年的 28%、2018 年的 32% 及 2017 年的 31%，更是可以看出近年來我國民眾對於新聞信任度下滑的趨勢。因此也難認當前相關法令有助於促進台灣民眾對於新聞信任度之增長。此外台灣民眾透過電視獲取新聞更是從 2017 年的 77% 下降至 2020 年的 62%，報紙的部分則是從 41% 下降至 21%[32]，與之對比的是手機用戶容易接近使用的電子新聞或社交媒體之使用比例增長。

5. 小結

　　從緯來電視案，可以發現黨政軍退出媒體條款，在實務適用上有窒礙難行的疑慮。畢竟公開發行股票之公司，任何人均得於公開市場上買受該公司股票，倘若因此而違反政府間接持有媒體禁止條款，對媒體本身實在有失公允。此外，緯來電視案雖然經臺北高等行政法院民國 108 年 10 月 17 日作出 108 年度訴字第 99 號判決，促使國家通訊傳播委員會重為緯來電視換照重新審議，然而僅為延長緯來電視排除黨政軍持股情形，上開情況仍然存在。此外，從國家通訊傳播委員會新聞稿中也表示黨政軍條款確有不盡合理之處，期謀求黨政軍條款合理修正，以健全產業秩序。

　　另外探究黨政軍退出媒體條款，考其立法目的在於實踐新聞自由及民主

30　Nic Newman et al., *Reuters Institute Digital News Report 2020* (Reuters Institute for the Study of Journalism 2019).

31　同前註。

32　Lihyun Lin，Reuters Institute Digital News Report 2020-Taiwan，Digital News Report，http://www.digitalnewsreport.org/survey/2020/taiwan-2020/，最後閱覽日期：2020 年 10 月 5 日。

健全，然而從民國 92 年實施至今已有 17 載，從前述英國牛津大學路透新聞學研究所調查報告中顯示近年數據，不論是與全球領先國家對比，又或者是與自身近年來發展相較，成效顯然不如預期。亦即黨政軍退出媒體條款的手段，並不能有效實現其立法目的，加上又有上述窒礙難行問題存在，造成業者、主管機關國家通訊傳播委員會及法院三者窘境，即業者在不知情下受到政府基金投資而違反黨政軍條款、主管機關須依法適用黨政軍條款，而法院則是在適用黨政軍條款發生窒礙難行情況後再行撤銷主管機關處分，主管機關再做出額外三年的期間讓業者排除黨政軍投資，此實非正常法律條文適用之應有常態，並且無端造成社會經濟成本增加，即業者為了解套需要提起行政訴訟，而行政法院再行撤銷處分，隨後國家通訊傳播委員會再做出一次三年內改正處分。

按照前揭有關廣電自由討論，即廣電自由作為一種程序保障，國家可積極介入大眾傳播媒體之經營，營造大眾媒體能正常運作的環境。從上述情況，顯見並非可稱為大眾媒體之正常運作環境。本文認為從國家通訊傳播委員會民國 103 年新聞稿「……民國 92 年修正施行的黨政軍退出媒體條款，已達成黨政軍退出廣電媒體的立法目的。但其規定卻造成本意僅在單純理財的政府基金，因間接持有廣電事業少數股票，致其媒體投資或申設個案遭退回……」提出至今已過了 6 年，相關情況顯然尚未獲得改善。觀諸國家通訊傳播委員會及台北高等行政法院目前意見，皆表示上開情況不盡合理之處。此外，也未能提升人民對於台灣新聞信任度。加上觀諸各國立法例，也未有見到黨政軍條款相關規定情事。本文認為，有關部門及朝野有必要儘速檢討黨政軍條款，俾使國家能夠形塑大眾媒體所應有的正常運作環境，促進廣電自由之實踐。

伍、相關修法建議討論

有關黨政軍條款相關實務上窒礙難行之處，國家通訊傳播委員會在民國

109 年傳播政策白皮書中提到：限制政府、其捐助成立之財團法人及其受託人經營媒體；**政府投資部分回歸《預算法》規定；政黨部分依《政黨法》規定，禁止投資或經營媒體，廣電三法則規範改正義務**；明確定義政黨黨務人員、政務人員及選任公職人員；及修正歸責對象，以使責任與處罰相符。再者，立法院議案關係文書院總第 1562 號委員提案第 22088 號也提出：「我國資本市場之公司相互投資狀況普遍且頻繁，且投資狀況隨時可能發生變動，投資人對於被投資公司再投資之狀況並非能完全預測掌握。投資人因間接投資而違反黨政軍條款時，不宜逕為裁罰投資人，**爰以先命改正之方式要求投資人符合現行法規，屆期不改正再為裁罰，以符比例原則。**」

此外，立法院議案關係文書院總第 887 號政府提案第 16100 號之 2278：「黨政軍條款目的在於避免政府、政黨控制廣電事業對言論自由產生不利影響，其規範重點應在如何避免政府、政黨對廣電事業具有『實質控制力』，現行條文『一股皆不能有』之限制，造成於間接投資限制規定下，發生投資者於投資時並不知違反規定，廣播電視事業亦不知被間接投資而違反規定之情形，且對於以直接投資及間接投資以外之其他方式控制廣播電視媒體者，漏未規範，為解決此不合理情形，配合實務監理需求，**應回歸黨政軍條款立法目的，導入『實質控制理論』，並為相關配套之修正。**」

對此本文認為：首先，黨政軍媒體條款是否真的有助於實現新聞自由及民主健全？不無疑問；其次，或有認為黨政軍媒體條款在民國 92 年開展至今確實已見成效，促使過去無線電視台，諸如：台視、中視及華視等，受黨政軍媒體影響大幅減弱。如是，現在是否仍有需要黨政軍媒體條款之存在？值得思考；再者，即使黨政軍條款仍有必要存在，考量實務上業者、國家通訊傳播委員會及法院對於目前法律窒礙難行的意見，以及國家通訊傳播委員會 107 年書面報告中提到，共計有 32 家業者因違反黨政軍媒體條款，而向法院提起訴訟，最終法院認定業者欠缺預見可能性，且「間接投資」所形成之多層次微量持股情形，並無控制可能性，如此豈非徒增社會經濟成本以及浪費

司法資源，相關條文難道不需要儘速修正？

　　本文認為上述立法修正建議均有可採之處，在修法方向上，可以參考日本學者前揭對於 NHK 的相關監督建議，包含電視媒體本身應該要揭露相關資訊，促進公正透明，避免密室協商情況產生，例如：相關會議有逐字紀錄向大眾公開。此外，應該保障相關內部工作人員多元意見的環境，避免媒體淪為特定組織傳話筒，並且促進觀眾進行外部監督等機制。當然從中嘉案也可以看出我國輿論對於媒體去除管制 (De-regulation)，常有「向業者利益妥協，降低業者公共責任，在程序上偏財團[33]」之顧慮，這也是立法者所需重視部分。

陸、結論

　　我國於民國 92 年間，為黨政軍退出廣電媒體目的之實現，於廣播電視法、衛星廣播電視法、有線廣播電視法增訂黨政軍條款：「政府、政黨、其捐助成立之財團法人及其受託人不得直接、間接投資」，排除政府、政黨以任何形式介入廣電事業。至民國 107 年止，共計有 32 家業者在不知情的情況下受到政府間接投資的情況，而違反黨政軍媒體條款，並因此對法院提起訴訟，最終法院認定業者欠缺預見可能性，且「間接投資」所形成之多層次微量持股情形，並無控制可能性。此外回顧中嘉案，也可以看到業者擬透過持有公司債方式規避現行黨政軍媒體條款，並在同意履行 20 項承諾負擔後取得國家通訊傳播委員會同意，然而後來因為輿論及要求補件而未果。此外，緯來電視案也突顯業者、國家通訊傳播委員會及行政法院，因為現行法令窒礙難行而發展出的特殊樣態，即國家通訊傳播委員會依法適用相關條文要求業者改善，而業者提起行政訴訟進而使得牌照得以短暫延長的循環，長期如此操作並非法治社會之常態，本文建議有關單位宜重視既已提出之相關修法建議，

---

33 彭芸，NCC 與媒介政策　公共利益、規管哲學與實務，風雲論壇有限公司，2012 年，頁 33–34。

並加速相關修法流程，一方面形塑權力、媒體與市民之間形成三極抗衡，他方面促進我國廣電自由之徹底實踐。

參考文獻

蕭文生，傳播法基礎理論與實務，元照出版，2020 年。

Nic Newman 等，2020 數位新聞報告 (Reuters Institute Digital News Report 2020)，英國牛津大學路透新聞研究所 (Reuters Institute for the Study of Journalism)，2020 年。

川端和治，放送の自由：その公共性を問う，岩波書店，2019 年。

佐藤卓己，現代メディア史　新版，岩波書店，2018 年。

佐藤卓己，流言のメディア史，岩波書店，2018 年。

林香里，メディア不信——何が問われているのか，岩波書店，2017 年。

彭芸，NCC 與媒介政策　公共利益、規管哲學與實務，風雲論壇有限公司，2012 年。

NHK　新版——危機に立つ公共放送，松田浩，岩波書店，2014 年。

佐藤卓己，メディア社会—現代を読み解く視点，岩波書店，2006 年。

輔仁大學法學叢書（一）教科書類

序號	書名	作者
1	民法債編通則	邱聰智
2	行政法總論	黃異
3	金融法講義	黃獻全
4	新訂債法各論（上、中、下）	邱聰智
5	民法總則	陳猷龍
6	民法債編通則	陳猷龍
7	民法債編各論	陳猷龍
9	民法親屬	陳猷龍
11	物權法講義	陳榮隆
12	行政法	吳志光

輔仁大學法學叢書（二）專論類

序號	書名	作者
1	公害法原理	邱聰智
2	票據法專題研究	李欽賢
3	民商法論集（一）	劉春堂
4	公法專題研究（一）	朱武獻
5	民法研究	邱聰智
6	家族法論集（一）	林秀雄
7	家族法論集（二）	林秀雄
8	國際海洋法論集	黃異
9	民商法論集（二）	劉春堂
10	動產擔保交易法研究	劉春堂
11	金融法論集	黃獻全
12	民法專題研究（一）	陳榮隆
13	公法專題研究（二）	朱武獻
14	民法專題研究（二）	陳榮隆
15	企業組織法論集	羅怡德
17	公司負責人對第三人責任	王麗玉
18	權利與救濟—以行政訴訟為重心	張文郁
19	人權保障機制的跨國性研究	吳志光
20	民商法論集（三）——人格權法專論	劉春堂
21	傳聞例外	張明偉
22	金融犯罪與刑事規則——褚劍鴻教授逝世十周年紀念	張明偉等
23	打開民主國家的媒體枷鎖 ——「黨政軍退出媒體」政策的再審思	吳志光

國家圖書館出版品預行編目資料

打開民主國家的媒體枷鎖：「黨政軍退出媒體」政策
的再審思／吳志光主編.——初版一刷.——新北市：
吳志光，2023
　　面；　公分

ISBN 978-626-01-0981-3 （平裝）
1. 媒體 2. 傳播政策 3. 獨占 4. 文集

541.8307　　　　　　　　　　　112000236

打開民主國家的媒體枷鎖——「黨政軍退出媒體」政策的再審思

主　　編	吳志光
製作銷售	三民書局股份有限公司
地　　址	臺北市復興北路 386 號
電　　話	(02)25006600
劃撥帳號	0009998-5
門 市 部	（復北店）　臺北市復興北路 386 號
	（重南店）　臺北市重慶南路一段 61 號
出版日期	初版一刷 2023 年 2 月
書籍編號	C01050
I S B N	978-626-01-0981-3